Der Autor begegnet in seiner psychotherapeutischen Praxis, in Gesprächen mit Kollegen und als Ausbilder von Psychotherapeuten seit geraumer Zeit einem Phänomen, das in der Psychotherapie bislang nicht oder nur am Rande berücksichtigt worden ist: Patienten mit psychischen Problemen leiden signifikant häufiger als früher unter einem Syndrom, das sich als Sinn-Verlust oder Sinn-Mangel bezeichnen läßt. Das Syndrom kann sich hinter allen möglichen seelischen und körperlichen Gebrechen verbergen und wird im allgemeinen erst nach einiger psychotherapeutischen Arbeit sichtbar. Positiv ausgedrückt, die Patienten suchen nach einem Sinn für ihr Leben, den sie bislang nicht gefunden haben, und ihre Probleme und Konflikte sind Ausdruck dieser Sinn-Suche. Der Autor untersucht das Phänomen unter den verschiedensten Gesichtspunkten, unter klinischen und historischen, unter individualpsychologischen wie unter transkulturellen, unter religiösen wie unter wissenschaftlichen. Er geht auf die Antworten ein, die die verschiedenen Religionen gefunden und angeboten haben, wie auch auf die Hilfestellungen, die die verschiedenen psychotherapeutischen Schulen theoretisch und praktisch anbieten. Einen breiten Raum nehmen die Untersuchungen über Religion und Glaube ein, den eigentlichen Brennpunkten menschlicher Suche nach Lebenssinn. Hier bringt der Autor sich und seine religiösen Überzeugungen in eindrucksvoller Weise ein, wohlwissend, daß man über Religion nur adäquat sprechen kann, wenn man sich von ihr getragen weiß. Doch Nossrat Peseschkian will nicht bekehren, sondern nur Richtungen weisen und Anregungen geben. Seinen Sinn muß jeder selbst finden.

Dr. med. Nossrat Peseschkian, Facharzt für Psychiatrie und Neurologie, wurde 1933 im Iran geboren. Schule und Abitur in Teheran, Medizinstudium in Freiburg, Mainz und Frankfurt am Main. Psychotherapeutische Ausbildung in der Bundesrepublik, in der Schweiz und in den Vereinigten Staaten. Seit 1969 psychotherapeutische Praxis in Wiesbaden. – Weitere Veröffentlichungen: ›Psychotherapie des Alltagslebens‹ (Bd. 1855); ›Der Kaufmann und der Papagei‹ (Bd. 3300); ›Positive Familientherapie‹ (Bd. 6761); ›Positive Psychotherapie‹ (Bd. 6783); ›33 und eine Form der Partnerschaft‹ (Bd. 6792) sowie ›Psychosomatik und Positive Psychotherapie‹ (Bd. 11713).

Nossrat Peseschkian

Auf der Suche nach Sinn

Psychotherapie der kleinen
Schritte

Fischer
Taschenbuch
Verlag

Geist und Psyche
Herausgegeben von Willi Köhler
Begründet von Nina Kindler 1964

Die Karikaturen von Hans Traxler
sind zuerst in der Zeitschrift
*Musik + Medizin: Internationale
Zeitschrift für Medizin* (1 / 1977
u. 1 / 1981) erschienen. Abdruck
mit freundlicher Genehmigung des
Verlages I. P. M. Verlagsgesellschaft,
Neu-Isenburg.

27.–28. Tausend: Juli 1995

Originalausgabe
Veröffentlicht im Fischer Taschenbuch Verlag GmbH,
Frankfurt am Main, November 1983

Lektorat: Willi Köhler
Umschlaggestaltung: Buchholz / Hinsch / Hensinger
Gesamtherstellung: Clausen & Bosse, Leck
Printed in Germany 1983
ISBN 3-596-26770-6

Gedruckt auf chlor- und säurefreiem Papier

Inhalt

tive Ansatz – Der inhaltliche Ansatz – Mikrotraumen-Theorie – Vier Formen der Konfliktverarbeitung – Medien der Liebesfähigkeit – Die fünf Stufen der Selbsthilfe

Körper – Seele – Geist – Drei Einstiegsmöglichkeiten – Krankheiten im Bereich des Körpers – Umweltfaktoren – Zeitgeist – Vergangenheit – Gegenwart – Zukunft

Ehe – Familie – Wechseljahre – Scheidung – Tod – Selbsttötung – Zukunft – Leben nach dem Tode – Kontakt – Zeit – Geduld – Zärtlichkeit – Primäre und sekundäre Fähigkeiten – Krankheit – Trennungsangst – Narzißmus – Ich-Stärke – Einsamkeit – Leid – Alkohol – Drogen – Schizophrenie – Depression – Praxis am Beispiel Ablösungsproblematik – Konzepte in der Politik

Was heißt Positive Psychotherapie – Übersetzung konventioneller Krankheitsbegriffe – Praktische Anwendung der Positiven Übersetzung – Adipositas – Alkoholismus – Ambivalente Haltung – Asthma bronchiale Anorexia nervosa – Angst – Angst vor der Bindung – Depression – Existenzangst – Erregbarkeit – Bettnässen – Eifersucht – Exhibitionismus – Ejaculatio praecox – Fetischismus – Frigidität – Geschwisterrivalität – Homosexualität – Hypochondrien – Hysterische Reaktion – Kriminalität – Magengeschwür – Manie – Masturbation – Narzißmus – Rheumatismus – Streß – Schizophrenie – Schwindel – Trotz – Verhaltensauffälligkeiten bei Kindern – Zwangsneurose – Praxis – Positive Aspekte der Verlassenheit

Psychotherapie – Selbsthilfe – Patient als Therapeut – Stufe der Beobachtung/Distanzierung – Stufe der Inventarisierung – Stufe der situativen Ermutigung – Stufe der Verbalisierung – Stufe der Zielerweiterung – Familiengruppe – Partnergruppe – Anwendung der fünf Stufen

Viele Fragen – viele Antworten – Erziehung und Psychotherapie – Psychologische Bedeutung der Zeit – Was verstehen Sie unter Grundfähigkeiten – Ist der Mensch seinem Wesen nach gut – Wo finden sich die Grundfähigkeiten – Welche Funktionen haben die Aktualfähigkeiten – Wie stehen Sie als Psychotherapeut zur Sexualität – Worauf bezieht sich Erziehung inhaltlich – Wie verhält sich Liebe und Gerechtigkeit – In welchem Zusammenhang steht Angst, Aggression und Nachahmung – Kann man das, was man versäumt hat, nachholen – Gute Absicht – Das Unbewußte – Mann und Frau – Was hat Glaube mit Psychotherapie zu tun – Was haben alle Religionen gemeinsam – Sieben Attribute – Wie kommt es psychologisch gesehen zu Vorurteilen – Religion und bekannte Persönlichkeiten – Warum sprechen die Gelehrten und religiösen Führer so schwer auf eine neue Religion an – Welche Erklärungen gibt es für das Vorhandensein eines Schöpfers – Warum kann man das Wesen von Gott nicht erkennen – Religion und existentielle Angst – Ist nicht mit dem Tod alles aus – Reinkarnation – Was sagen die Wissenschaftler über das Leben nach dem Tode

»Das ewige Leben«

Ein mächtiger König wandelte vor langer Zeit durch sein Reich. Auf einem sonnenbeschienenen Hang sah er einen ehrwürdigen alten Mann mit gekrümmtem Rücken arbeiten. Gefolgt von seinem Hofstaat trat der König näher und bemerkte, daß der Alte kleine, gerade ein Jahr alte Stecklinge pflanzte. »Was machst du da«, fragte der König. »Ich pflanze Dattelbäume«, antwortete der Greis. Der König wunderte sich: »Du bist schon so alt. Wozu pflanzt du Stecklinge, deren Laub du nicht sehen, in deren Schatten du nicht ruhen und deren Früchte du nicht essen wirst?« Der Alte schaute auf und sagte: »Die vor uns kamen, haben gepflanzt, und wir konnten ernten. So pflanzen wir nun, damit die, die nach uns kommen, ernten können.«

Der König hatte Gefallen an der Antwort und gab dem Mann ein Geldstück. Der alte Gärtner, niederkniend, dankte dem König. Der fragte: »Warum kniest du vor mir nieder?« »Ich habe nicht nur die Freude, junge Bäume zu pflanzen. Sie haben auch schon Früchte gebracht, denn du hast mir dieses Geld gegeben«, antwortete der Alte. Dies gefiel dem König wiederum so sehr, daß er dem Mann noch ein Geldstück gab. Wieder kniete der alte Gärtner nieder und sagte: »Die meisten Bäume bringen nur einmal Früchte, während die meinigen bereits zwei Ernten eingebracht haben.«

Der König lächelte und fragte: »Wie alt bist du?« Der Mann antwortete: »Ich bin zwölf Jahre alt.« »Wie kann das sein, du schaust doch sehr alt aus?« Der Gärtner antwortete: »In den Tagen deines Vorgängers war das Land von Kriegen und Sorgen geschüttelt, so kann ich dies nicht als einen Teil meines Lebens zählen. Aber seitdem du auf dem Thron bist, sind die Menschen glücklich und leben in Frieden. Und da es erst zwölf Jahre her ist, daß deine Herrschaft begann, so bin ich erst zwölf Jahre alt.« Dies erfreute den König so sehr, daß er, notgedrungen, dem Mann ein weiteres Geldstück gab und sprach: »Ich werde dich jetzt verlassen müssen, denn wenn ich dir noch länger zuhöre, verliere ich an dich noch all meinen Reichtum.«

(nach 'Abdu'l-Bahá)

Der Umgang mit den Fragen nach Sinn hängt eng zusammen mit dem Menschenbild des Therapeuten, seiner therapeutischen Schulung und mit der Gesellschaft, innerhalb deren er seine Behandlung durchführt.

Positive Psychotherapie

Einführung

Der Traum und sein Sinn

Ein orientalischer König hatte einen beängstigenden Traum. Er träumte, daß ihm alle Zähne, einer nach dem anderen, ausfielen. Beunruhigt rief er seinen Traumdeuter herbei. Dieser hörte sich den Traum sorgenvoll an und eröffnete dem König: »Ich muß dir eine traurige Mitteilung machen. Du wirst genau wie die Zähne alle Angehörigen, einen nach dem anderen, verlieren.« Die Deutung erregte den Zorn des Königs. Er ließ den Traumdeuter in den Kerker werfen. Dann ließ er einen anderen Traumdeuter kommen. Der hörte sich den Traum an und sagte: »Ich bin glücklich, dir eine freudige Mitteilung machen zu können: Du wirst älter werden als alle deine Angehörigen, du wirst sie alle überleben.« Der König war erfreut und belohnte ihn reich. Die Höflinge wunderten sich sehr darüber. »Du hast doch eigentlich nichts anderes gesagt als dein armer Vorgänger. Aber wieso traf ihn die Strafe, während du belohnt wurdest?« fragten sie. Der Traumdeuter antwortete: »Wir haben beide den Traum gleich gedeutet. Aber es kommt nicht nur darauf an, was man sagt, sondern auch wie man es sagt.«

Sinnfrage und Menschenbild

Wäre ich Physiker, Politologe oder Theologe, würde ich sicherlich manches anders angehen, auch wenn das Ziel das gleiche wäre. Zu einer meiner persönlichen Voraussetzungen, die ich im weiteren noch genauer zu definieren versuche, gehört jedoch der psychotherapeutische Ausgangspunkt.
Mein Weg, mich mit der Frage nach dem Sinn des Lebens zu beschäftigen, führt mich immer wieder auf eine Schlüsselsituation zurück: Die Begegnung von Menschen. Vieles von dem, was ich dem Leser mitteilen möchte, bezieht sich daher auf Erfahrungen mit Menschen, die mich in meiner Eigenschaft als Psychotherapeut oder Leiter psychotherapeutischer Seminare mit den Problemen der erlebten Sinnlosigkeit konfrontierten.

Diese Probleme gipfeln in der Frage: Welchen Sinn hat mein Leben? Sie differenziert sich bald in Fragen nach den Bereichen, in denen sich das Leben abspielt: Was für einen Sinn hat mein Beruf, meine Partnerschaft, meine Familie, meine Krankheit etc.? Das Gefühl der Sinnlosigkeit kann zur tödlichen Bedrohung werden; umgekehrt kann das Gefühl der Sinnerfüllung Glück und Zufriedenheit erleben lassen. Eine Antwort auf sie zu finden ist nicht einfach; erst recht nicht in einer Epoche, in der die bis dahin anerkannten Menschenbilder grundsätzlich in Zweifel gezogen werden.

Dies wurde mir vor allem am Beispiel der Psychotherapie deutlich. Denn der Umgang mit den Sinnfragen hängt eng zusammen mit dem Menschenbild des Therapeuten, seiner therapeutischen Schulung und mit der Gesellschaft, innerhalb deren er seine Behandlung durchführt. Während meiner 23jährigen ärztlichen und psychotherapeutischen Tätigkeit konnte ich immer wieder sehen, daß die Symptome, die ein Mensch als Krankheit anbietet, in einem Bedeutungszusammenhang stehen, der ihnen einen Sinn gibt: Hinter körperlichen Beschwerden verbargen sich oft berufliche Probleme, hinter diesen wieder partnerschaftliche und familiäre Schwierigkeiten. Mit allen diesen Fragen eng verknüpft erscheint die Frage nach der Zukunft: Der gesundheitlichen, beruflichen, gesellschaftlichen Zukunft und der Zukunft, die als Inbegriff vom Sinn des Daseins weniger durch harte wissenschaftliche Daten als durch den Glauben im weitesten Sinn abgedeckt wird. Dies ist das Spannungsfeld zwischen erlebter Sinnhaftigkeit und Sinnlosigkeit, Hoffnung und Hoffnungslosigkeit, Optimismus und Pessimismus, Vertrauen und Zweifeln, Ratlosigkeit und Trost, zwischen Ertragen und Ändern.

Sinnfrage in anderen Kulturen

Wie jeder einzelne versucht, auf die Sinnfrage eine Antwort zu finden, scheint es auch Lösungsversuche zu geben, die für Gruppen und ganze Kulturkreise typisch sind und deren geschichtliche und sozioökonomische Situation widerspiegeln. Fragt man jemanden aus dem westeuropäischen Kulturkreis: »Wie geht's dir?«, so erhält man die Antwort: »Viel Arbeit, viel Ärger, wie soll es gehen, man lebt, es muß gehen«, sofern diese Frage nicht als Höflichkeitsfloskel zurückgegeben wird. »Ich habe gelernt, immer eines nach dem anderen zu machen. Alles muß seine Reihenfolge haben. Erst kommt das Zähneputzen, dann das Waschen, dann rasiere ich mich, ziehe mich ordentlich an, setze mich an den Frühstückstisch, trinke zwei Tassen Kaffee, lese meine Zeitung, und dann gehe ich auf die Toilette. Wenn diese

Reihenfolge gestört wird, bin ich ganz durcheinander. Mein Stuhlgang klappt nicht mehr, und der ganze Tag ist für mich verloren« (35jähriger Volkswirt).

In anderen Kulturkreisen, ich denke hier an den Mittleren Osten, haben die Antworten andere Elemente: »Gott sei Dank, daß wir leben, wir sind zufrieden, es gibt viel Schlimmeres.«

Während in der ersten Gruppe auf das reibungslose Funktionieren der einzelnen Teile des Lebens, ihre Kontrolle und Beherrschung Wert gelegt wird und das sinnvolle Leben in dem Bild einer gut geölten Maschine erscheint, findet sich in der zweiten Gruppe ein mehr ganzheitliches Denken. Der Schwerpunkt liegt weniger auf dem aktiven und handelnden »Ich« als auf Projektionsgrößen wie der Familie, der Lebensgemeinschaft und einem religiös gefärbten Schicksalsbegriff.

Menschen, vor allem aus östlichen Kulturkreisen, sehen ihr Leben als »Durchgangsbahnhof«, als »Wartehalle«, und ihren Tod als »Tor zum Leben«. Für sie bietet der Tod einen tieferen Trost, obwohl sie oft neben dem Leben zu stehen scheinen: »Gott sei Dank ist mit dem Tod nicht alles aus. Nur weil ich das weiß, halte ich das alles aus« (36jährige Mutter eines 9jährigen Mädchens). Viele Menschen aus dem westlichen Kulturkreis meiden die Berührung mit diesen Fragen. Sie wollen jenes angsterregende Ereignis aus dem Bewußtsein und dem Erleben bannen.

Was will dieses Buch?

Ziel unserer gemeinsamen Überlegungen ist nicht, zu beweisen, daß ein System dem anderen an Sinnhaftigkeit überlegen ist. Für uns sind diese, gleichsam kulturellen Antworten auf die Sinnfrage ebenso Gegenstand der Erkenntnis wie die individuelle Kompromißbildung: Wir fragen, wie sich diese Haltungen entwickelt haben, welche Funktionen sie besitzen und wie sie sich auf das Alltagsleben auswirken. Dabei wird die Einbeziehung fremder Denk- und Lebensweisen für uns zu einer potentiellen Erweiterung unserer eigenen Möglichkeiten: Wir lernen, uns in den Menschenbildern der anderen zu spiegeln und damit besser zu erkennen, wir lernen aus den Erfahrungen der anderen und lernen neue Lösungsmöglichkeiten kennen und nützen.

Die Frage nach dem Sinn scheint universal zu sein. Es gibt keinen Bereich, der nicht von dieser Thematik berührt wird. Mir erscheinen vier Aspekte dieses Themas von besonderer Bedeutung, und zwar deshalb, weil sie zu tun haben mit der Entwicklung der Beziehung zum Sinn, der Veränderung von Sinngehalten und dem Versuch, wieder Zugang zum Sinn zu erlangen. Es sind dies die Erziehung, die Selbsthilfe, die Therapie am Beispiel der Psychotherapie und die transkulturelle Problematik. Diese vier Aspekte stehen nicht isoliert nebeneinander, sondern greifen ineinander und stellen das Rahmenmodell dar, innerhalb dessen wir versuchen, die Sinnfrage zu konkretisieren. Diese Fragen erscheinen zunächst erschreckend allgemein und enden, in diese undifferenzierte Allgemeinheit gestellt, fast notwendig mit dem Gefühl diffuser Sinnlosigkeit.

Psychotherapie der kleinen Schritte

Unser Weg dagegen ist ein Weg der kleinen Schritte, was nicht erstaunlich ist angesichts der Tatsache, daß sich jede Entwicklung in scheinbar kleinen Schritten vollzieht, aus denen sich qualitativ Neues entwickelt. Wir müssen uns Gedanken über das Ziel machen, aber auch darüber, wie wir uns ihm nähern können. Dabei stoßen wir auf eine Paradoxie, die in vielfältiger Weise unser Leben begleitet, nämlich, daß wir uns um etwas bemühen müssen, das wir bereits in uns tragen.

Warum nicht alles auf einmal?

Ich bin mir bewußt, daß die Suche nach Sinn auch im Rahmen einer umfassenden systematischen Philosophie erfolgen kann. Ich hielt es aber für sinnvoll, mir wesentlich erscheinende Fragen und Gesichtspunkte herauszugreifen, und zwar solche Bereiche, zu denen ich eigene Erfahrungen aus meiner psychotherapeutischen Praxis beitragen kann. Dabei hoffe ich, daß der aphoristische Stil des Buches auch Vergnügen und Freude beim Lesen bereitet. Diejenigen Leser, die sich für eine systematische Darstellung der Positiven Psychotherapie interessieren, möchte ich auf meine Bücher *Positive Psychotherapie, Positive Familientherapie* und *Psychotherapie des Alltagslebens* hinweisen. Wer Gefallen an den Geschichten findet, kann in dem Buch *Der Kaufmann und der Papagei* weitere Anregungen finden. Ansporn zur Abfassung dieser Arbeit war für mich die Reaktion der Fachleute und Leser auf meine Bücher. Meinen Sekretärinnen Frau Krieger und Frau Hofmann danke ich für Geduld und Sorgfalt. Meine Frau Manije und meine Söhne Hamid und Nawid haben zu dem Buch in vielfältiger Weise beigetragen.

Wiesbaden, April 1983   Nossrat Peseschkian

Erstes Kapitel:
Sinn und Mensch

1. Sinnlosigkeit als Ausdruck der Einseitigkeit

Willst du das Land in Ordnung bringen,
mußt du erst die Provinzen in Ordnung bringen.
Willst du die Provinzen in Ordnung bringen,
mußt du die Städte in Ordnung bringen.
Willst du die Städte in Ordnung bringen,
mußt du die Familien in Ordnung bringen.
Willst du die Familien in Ordnung bringen,
mußt du die eigene Familie in Ordnung bringen.
Willst du die eigene Familie in Ordnung bringen,
mußt du dich in Ordnung bringen.

Sinn und Einheitsverlust

Diese orientalische Weisheit beinhaltet ein Grundproblem jeder Sinnerfüllung, sei sie der Versuch, gesellschaftliche Verhältnisse zu ändern
und konkrete Lebensbedingungen zu bessern, das zwischenmenschliche Zusammenleben zu gestalten, auf Partnerschaft und Familie einzuwirken oder die Gesundheit einzelner Menschen zu fördern: Je nach
dem, was als primär angesehen wird, richtet sich das Augenmerk auf
politische Entwicklungen, die Veränderungen der Gesellschaft, die
Wandlung der zwischenmenschlichen Beziehungen, die Familie, den
einzelnen Menschen. Jede dieser Zielrichtungen setzt eine ideologische, weltanschaulich begründete Entscheidung voraus und geht von
konkreten Konzepten aus, die geschichtlich, kulturell und von spezifischen Interessen geprägt sind. Obwohl kaum ein Unterschied im
Wunsch besteht, Störungen, Schwierigkeiten, Mißverständnisse und
Sinnlosigkeiten zu lösen, geraten die Vertreter der verschiedenen Lösungswege miteinander in Widerspruch.
Wir sind uns angesichts dieser Situation bewußt, daß es so nicht weitergehen kann und daß in der heutigen Lebenssituation Entscheidendes
geschehen muß. Das Ziel scheint bekannt, die Wege dahin sind unterschiedlich. So sehr sich diese Einstellungs- und Reaktionstypen unterscheiden mögen, so sehr ähneln sie sich in einem Punkt: der Einseitig-

keit. Dies ist ein Grund, warum die Weltkrise der Gegenwart jedem Bemühen widersteht, sie unter Kontrolle normaler gesellschaftlicher Machtmittel zu bringen. Wenn wieder einmal ein Weltkrieg droht, nennen wir die Krise »politisch« und strengen uns an, sie mit Mitteln der Staatsmacht zu beherrschen. Spitzt sich eine wirtschaftliche Depression zu, bezeichnen wir die Krise als »wirtschaftlich« und versuchen, ihrer mit wirtschaftlichen Mitteln Herr zu werden. Es wäre genauso logisch, die Krise »religiös« zu nennen und eine Lösung vom Einfluß der Religion zu erhoffen. In Wirklichkeit ist die Krise politisch, wirtschaftlich, psychologisch, medizinisch, wissenschaftlich und religiös zur gleichen Zeit; aber die Menschheit besitzt kein verantwortliches, maßgebendes Machtmittel, das alle Faktoren aufeinander abstimmen und einen weltweiten Plan ins Leben rufen könnte, der alle Faktoren in Rechnung stellt. Es verwundert nicht, daß auch viele Menschen diesem Einheitsverlust ratlos gegenüberstehen.

Leo Tolstoi macht diesen Sachverhalt in ebenso erschütternder wie treffender Weise deutlich: »Pierre hatte jetzt nicht wie früher Zeiten der Verzweiflung, der Schwermut und des Ekels vor dem Leben; aber diese Krankheit, die sich früher in scharfen Anfällen bekundet hatte, war nun nach innen verdrängt und wich keine Sekunde von ihm. ›Wozu? Warum? Was geht in der Welt vor?‹ fragte er sich verständnislos im Laufe jeden Tages, wenn er unwillkürlich über den Sinn des Lebens nachdachte; aber da er aus Erfahrung wußte, daß es auf seine Fragen keine Antwort gab, so suchte er eilig von ihnen loszukommen, griff nach einem Buch oder machte, daß er in den Klub oder zu Apollon Nikolajewitsch kam, um dort über den Staatsklatsch zu reden. Es war eine zu schreckliche Empfindung, unter dem steten Druck der ungelösten Lebensfragen zu stehen, und so ergab er sich den ersten besten Vergnügungen, nur um jene Fragen zu vergessen ... Und es wollte ihm scheinen, alle Menschen suchten sich vor den schweren Fragen des Lebens zu retten, der eine durch Ehrgeiz, ein anderer durch Kartenspiel, ein anderer durch Abfassen von Gesetzen, ein anderer durch Weiber, ein anderer durch Spielereien, ein anderer durch Pferde, ein anderer durch die Politik, ein anderer durch die Jagd, ein anderer durch den Wein, ein anderer durch Amtstätigkeit.« (Vgl. Leo Tolstoi, *Krieg und Frieden*, VIII. Teil, Kap. 1.)

Ein Beispiel soll die Relativität von Sinn und Sinnlosigkeit belegen, die dem eigenen Verhalten zugeschrieben wird.

»Mein Mann ist mit seinem Beruf verheiratet.«

»Mein Mann ist ein ausgezeichneter Wissenschaftler. Alle sind von seiner Arbeit begeistert. Wenn er nur über seine Arbeit spricht, muß man irgendwie fasziniert zuhören. So sehr er aber auf seinen Geist achtet, so wenig nimmt er Rücksicht auf sein Aussehen und seine Gesundheit. Wenn er einmal in seinem kreativen Prozeß drin ist, arbeitet er Nächte hindurch, ißt kaum mehr etwas und trinkt literweise Kaffee, um sich munter zu halten. Meist endet das mit einer Magenschleimhautentzündung. Ich sehe dann bloß sein schmerzverzerrtes Gesicht, und wie er sich den Magen hält. Aber klagen habe ich ihn noch nie gehört. Seine Kleidung und sein Aussehen sind für ihn dann Nebensächlichkeiten. Unrasiert sieht er aus wie ein Räuber, nicht aber wie ein Wissenschaftler. Ich finde das sehr, sehr peinlich, wenn ihn andere Leute so sehen. Schließlich fällt seine Verwahrlosung auch auf mich zurück, und ich kann mir denken, was die Leute hinter unserem Rücken sagen« (48jährige Ehefrau eines Naturwissenschaftlers mit Depressionen).

Vor diesem Hintergrund sind beispielsweise die Interpretationsvorschriften zu sehen, nach denen in den verschiedenen Fachrichtungen Verhalten erklärt wird. In allgemeiner Form sind Theorien abhängig von Weltanschauungen, Menschenbildern und Ideologien.

Hoffnung und Ratlosigkeit

Analysiert man in entsprechender Weise die bestehenden Mißverständnisse und auf dem Gebiet der Psychotherapie die körperlichen und seelischen Leiden, läßt sich eine grundlegende Gemeinsamkeit feststellen: die Einseitigkeit, die umgekehrt als Verlust der Einheit (Einheitsverlust) gedacht werden muß:

Nach dem Krieg dreht sich das Leben im wesentlichen um das Essen. Die Phantasie bezog sich meist darauf, welche Speisen man essen könnte, wenn man nur Nahrungsmittel hätte.

Man war froh, die einfachsten Grundnahrungsmittel zu erhalten, und war bereit, Gold, Bilder, Kunstgegenstände, Familienschmuck für ein Essen oder eine Zigarette herzugeben. Der Zigarettengenuß war für viele so zum Zentrum der Wünsche geworden, daß nicht Geld, sondern Zigaretten die gültige Währung darstellten. Die grundlegenden Bedürfnisse standen im Vordergrund: einen Arbeitsplatz zu haben, eine Wohnung zu haben. Man war froh, wenn man diese Wohnung auch nur notdürftig einrichten konnte. Als nach der Währungsreform das »Wirtschaftswunder« langsam einsetzte, wurde die Frage der Freizeit und des Urlaubs bedeutsam. Reiseziele waren Österreich und Italien. Die Strände von Rimini, Riccione und Catolica waren bekannt als »Teutonengrill«. Schlagworte, die hierzu gehören, sind Safaris, Trekking-Touren, Angel- oder Jagdfahrten an den oberen Nil oder auch nur Abstecher vom Luxushotel in irgendein Neger- oder Indianer-Reservat. Heute ist es beinahe eine Beleidigung, jemanden zu fragen, ob er in

Italien gewesen ist. Denn die meisten waren bereits mehrere Male dort. Heute spricht man von weiteren, ferneren Reisezielen, wie den Fidschi-Inseln oder Hawaii, oft Träume, die man als Kind hatte. Jetzt gerät der Abenteuer-Urlaub in den Vordergrund, der einen Kontakt mit der ursprünglichen Natur, der primitiven Lebensweise bietet oder zumindest den Anschein davon. Die Kontakte zu Ländern, die touristisch bis dahin weniger Bedeutung hatten, wurden ausgebaut. Als neue Urlaubsziele kamen hinzu: Marokko, Algerien, Bulgarien, Jugoslawien, die man oft als primitiv bezeichnet hatte. Um für solche Erlebnisse Zeit zu haben, mußte man vermeiden, Kinder zu haben. Tiere sind modern: Hunde werden zu Ersatzkindern, Autos werden zu Prestige-Objekten.

Jetzt scheint dagegen, daß immer mehr die Bedeutung der Familien und der Partnerschaft in den Vordergrund rückt. Zur Zeit wird diese Freizeitgestaltung zum Beispiel durch Reiten und Tennisspielen aktuell. Der Ehemann hat jahrelang schwer gearbeitet. Nach seinem Tod vor etwa zehn Jahren lebt seine Frau, heute Oma, mit einer hohen Rente. Sie hat genug Geld, aber sie fühlt sich einsam, isoliert. Durch den Wohnungsbau wird diese Isolierung verstärkt.

Heute fragt man sich, was können wir mit unserem Geld machen? Wie können wir den nächsten Krieg verhindern? Wie können wir besser zusammenleben? Wie können wir den Weltfrieden erreichen?

Erziehung – Therapie und Sinnfrage

Die Prinzipien der Erziehung und Psychotherapie waren seit jeher von den Vorstellungen des Menschenbildes abhängig, das in dem jeweiligen Zeitalter Gültigkeit besaß. In dieses Menschenbild fließen die Erfahrungen ein, die man mit seinen eigenen Eltern und den Mitmenschen macht, ebenso die Erfahrungen, die man von anderen oder aus der Tradition entnommen hat. Erziehung lehrt, sich so zu verhalten, wie es in der sozialen Umgebung wünschenswert ist. Sie ist sowohl gruppenspezifisch als auch im weiteren Sinne abhängig von den Wertsystemen der jeweils gültigen Weltanschauung und Religion; das gilt für jede Form von Erziehung, so unterschiedlich sie auch sonst sein mag. Mit anderen Worten: Es werden durch die Erziehung Normen vermittelt, welche dem Kind Anhaltspunkte für ein konfliktarmes Zusammenleben bieten. Den Prozeß der Aneignung solcher Normen bezeichnen wir als Sozialisation.

Wie verhalten sich diese Normen gegenüber den Veränderungen, welche die Gesellschaft in ihrer Geschichte durchmacht, und gegenüber dem, was A. Toynbee als Vernichtung der Werte zu umschreiben sucht? In der Tat lassen sich heute keine festen, statischen Bezugssysteme für die »richtige Erziehung« definieren. Früher bot die Religion die Anhaltspunkte, Kriterien, Maßstäbe und Ziele für die Erziehung. Sie zeigte, was richtig, was falsch, was gut, was böse ist. Da die Religionen und Kirchen als moralische Institutionen die Anforderungen, Nöte und Bedürfnisse des Menschen in seiner sozialen Umgebung nicht zeitgemäß berücksichtigen, wurden sie von der emanzipierten Gesellschaft als Trägerin sozialer Normen abgelöst. Demnach liegt keine Vernichtung der Werte vor, sondern eine Verschiebung der Werte im Sinne eines Funktionswandels.

Es entstand eine Anzahl von zeitabhängigen Anschauungen darüber, was das Verhalten eines Menschen bestimmt und welche die verantwortlichen Instanzen für die Entwicklung und deren Störungen sind. Während früher der Körper als Ursache für körperliche und seelische Krankheiten galt, wird heute die Umwelt (Elternhaus, Schule, Gesellschaft und moralische Institutionen) als die verantwortliche Instanz gesehen.

Die Körper- und Umweltfaktoren sind selbst von einer anderen Dimension abhängig: der Dimension der Zeit.

Gesellschaftliche Veränderungen und Menschenbild

»Ich komme nicht mehr zurecht.« – »Ich halte es hier nicht länger aus. Früher hatte ich auf dem Land gewohnt. Seitdem wir in die Großstadt umgezogen sind, fühle ich mich unglücklich und unzufrieden.«

Die Anforderungen und Erwartungen, die sich dem Menschen und der Gesellschaft stellen, unterliegen einer ständigen Wandlung. Damit ändern sich auch die Bezugssysteme, Wertmaßstäbe und die jeweils zeitgemäßen Verhaltensnormen. Die Entwicklung der Gesellschaft läßt sich durch folgende strukturelle Änderungen beschreiben: (a) die Zunahme der Bevölkerung, die andere Regeln des Kontaktes und adäquate Formen der sozialen Beziehung erfordert; (b) die Verstädterung, also das Zusammenleben von Menschen in Ballungszentren, die einerseits die sozialen Beziehungen intensiviert, andererseits die Entfaltungsmöglichkeiten einschränkt; (c) die Differenzierung, die auf einer zunehmenden technologischen Entwicklung beruht und die Spezialisierung auf Teilfunktionen verlangt, und (d) die transkulturellen Probleme: Der technische Fortschritt ermöglicht einen Sachverhalt, den Toynbee als Vernichtung der Entfernung bezeichnet. Gemeint ist damit, daß man heute in kürzester Zeit über Informationsmedien oder Transportmittel Kontakt mit jedem beliebigen Punkt der Erde aufnehmen kann. Ein derartiger Trend bringt neue Probleme und Möglichkeiten mit sich, die wir als transkulturelle Problematik bezeichnen.

Diese Problematik zeigt sich in allen Schattierungen: Wenn man als Gastarbeiter oder Tourist in ein anderes Land kommt, wenn Menschen dieses Landes den »Eindringlingen« begegnen. Vergleichbare Probleme finden sich auf der ökonomischen, gesellschaftlichen und politischen Ebene.

Vergleicht man die heutigen gesellschaftlichen und sozialen Bedingungen mit denjenigen früherer Epochen, fällt uns folgendes auf: Im Jahre 1950 betrug die Weltbevölkerung etwa drei Milliarden Menschen. Für das Ende unseres Jahrhunderts wird mit einer Gesamtzahl von sieben Milliarden Menschen gerechnet, im Jahre 2030 mit zwölf Milliarden. Im Jahre 2070 werden es voraussichtlich 24 Milliarden Menschen sein. Diese Prognose bedeutet, daß im Jahre 1999 der Anteil der Hungrigen von 57 auf 75 % ansteigen wird, das heißt auf 5,6 Milliarden. Mit anderen Worten: Auf einen Menschen, der genug zu essen hat, kommen drei hungrige Menschen, deren Ernährung unzureichend ist. Im Jahre 1981 sind nach Angaben des UNO-Kinderhilfswerkes UNICEF in der Welt 17 Millionen Kinder an Unterernährung und mangelnder medizinischer Versorgung gestorben. Diese quantitative Entwicklung muß zwangsläufig eine Umstrukturierung einleiten.

Bei Menschen in Industriestaaten äußert sich dieser somato-psychosoziale Zusammenhang in den berühmten Todsünden der Zivilisation, den Risikofaktoren. Folgende fünf Faktoren sind bei der Entstehung und Entwicklung psychischer und psychosomatischer Erkrankungen, vor allem der sogenannten Zivilisationskrankheiten, beteiligt. Alkohol; Rauschmittel und Drogen; Rauchen; Übergewicht; Bewegungsmangel; emotioneller Streß (Angst und innere Spannungen):

Alkohol und Drogen: Rund 37 Milliarden DM haben die Bundesbürger im Jahr 1978 für Alkohol ausgegeben (Medical Tribune Nr. 50, 1978). Man schätzt, daß 37 Prozent der Erwachsenen in der Bundesrepublik Deutschland starke Trinker sind. Mindestens 1,5 Millionen Menschen sind Alkoholabhängige, davon sind 10 Prozent Jugendliche. Die Zahl der süchtigen, aus dem Arbeitsprozeß ausgegliederten Trinker hat sich während der letzten zehn Jahre verdreifacht. Im Bericht der vom Präsidenten der Vereinigten Staaten eingesetzten National Commission on Marijuana and Drug Abuse wird der Alkohol als die häufigst benutzte und am stärksten mißbrauchte Droge angeprangert. Über 50 Prozent der Verkehrsunfälle und Gewaltverbrechen sowie unermeßliche soziale, wirtschaftliche und gesundheitliche Schäden gehen in den USA auf das Konto des Alkohols.

Rauchen: 70 Prozent der Patienten mit Herzerkrankungen rauchen mehr als 30 Zigaretten täglich. Jährlich werden etwa zwanzig Milliarden Mark für Tabakwaren ausgegeben. Lungenerkrankungen wie Krebs und asthmatische Beschwerden werden zu einem Großteil auf Rauchen zurückgeführt.

Über- und Unterernährung: 55 Prozent aller Schüler sind übergewichtig. Bei 53 Prozent der Patienten mit Herzerkrankungen spielt fettreiche Nahrung eine Rolle. Die Belastung, die das Übergewicht auf das Herz und den Kreislauf ausübt, ist unübersehbar.

Bewegungsmangel: 90 Prozent der Fernseher sitzen während der Wintermonate drei bis vier Stunden an Wochenenden und Feiertagen vor dem Gerät: Die gleichen Nachrichten und Sportreportagen schaut man sich drei- bis viermal an. Sport treibt selbst nur der geringste Teil. Folgen der Bewegungsarmut für das Skelett, den Muskelapparat und die inneren Organe sind bekannt.

Emotioneller Streß: Nach einem 1975 veröffentlichten Bericht zur Lage der Psychiatrie in der Bundesrepublik Deutschland hat etwa jeder dritte Bundesbürger bereits einmal in seinem Leben eine psychische Krankheit durchgemacht oder leidet noch daran. Der auffälligste Indikator für einen Mangel an Rückhalt ist die Tatsache, daß in einer Gesellschaft im Überfluß, in einem Wohlfahrtsstaat, der Selbstmord zur zweithäufigsten Todesursache wurde. So nehmen sich in der Bundesrepublik Deutschland alljährlich etwa 14 000 Menschen das Leben, also etwa so viele Menschen, wie auf den Straßen den Verkehrstod sterben. Dazu kommen jährlich etwa 200 000 Selbstmordversuche, wobei die Dunkelziffer weitaus höher zu schätzen ist. 90 Prozent aller Herzkranken litten vor ihrer Erkrankung unter Überforderung und emotionellem Streß. Emotioneller Streß im hier gemeinten Sinne sind alle innerseelischen und zwischenmenschlichen Konflikte, bei denen ein unterschwelliges Mißverhältnis zwischen Belastung besteht und Belastbarkeit.

Einheit ist ein umfassendes Prinzip. Sie betrifft die Menschen ebenso wie die Gesamtheit der Natur. Es besteht ein Funktionszusammenhang. Wird ein Teil dieser Einheit in irgendeiner Art und Weise beeinträchtigt, werden die anderen Bereiche in Mitleidenschaft gezogen. Ein Beispiel hierfür ist die Umweltverschmutzung, die vom industriellen Bereich über den der Natur bis hin zum Menschen reicht.

Konsequenzen

Sinn und Zeit: Der Wandel der Umwelt bleibt nicht ohne Folgen für die Gesellschaft und die Menschen, die in ihr leben. Die Rollenerwartungen, die an die Menschen gestellt werden und die sie selbst stellen, verändern sich mit den Bedürfnissen, Nöten und strukturellen Besonderheiten der Umgebung. Wollte man einen Menschen heute so behandeln, wie es in der Gesellschaft der Jäger und Sammler üblich war, würde man ihn unabsehbaren Konflikten aussetzen, die aus einer Verschiebung der Dimension der Zeit herrühren.

Störungen und Konflikte: Angst vor Veränderungen; Neigung, einen gewohnten Zustand beizubehalten; mangelnde Flexibilität; Nachahmungstendenzen; Generationskonflikt; Abhängigkeit von der Meinung anderer; Ablehnung und Verdrängung der eigenen und kollektiven Vergangenheit; Fremdbestimmtheit; Flucht in Wunschwelten; Angst vor der Zukunft.

Selbsthilfe: Wir alle sind von Konflikten, Problemen und Schwierigkeiten im Verhältnis zu uns selbst, zu unseren Partnern, unseren Mitmenschen und schließlich zu unseren Lebenszielen betroffen. Es besteht daher ein Bedürfnis nach neuen Gesichtspunkten und Methoden der Psychotherapie und Selbsthilfe, die ebenso wirksam wie praxisnah sind.

Entwicklungskrise: Wir deuten unser Gegenwartsproblem nicht als eine vorübergehende Gleichgewichtsstörung der Industrieproduktion oder des Welthandels im Gefolge der industriellen Revolution, sondern als einen existentiellen Bewegungsablauf in der Menschheit als Ganzes. Gesund ist daher nicht derjenige, der keine Probleme hat, sondern derjenige, der in der Lage ist, mit ihnen fertig zu werden.

>Drei Dinge machen die Medizin:
Die Krankheit, der Kranke und der Arzt.
Alle Heilkunst aber ist vergebens,
wenn der Kranke nicht mitwirkt mit seinem Arzt.

Paracelsus

2. Sinn der Gesundheit

Die zerbrochene Schale

Eine verheiratete Frau hatte auf einer Reise einen Liebhaber kennengelernt und mit ihm eine schöne Zeit verbracht. Wieder zu Hause, dachte sie fortwährend an ihren Freund. Nichts konnte sie mehr begeistern. Der Erfolg ihres Mannes war ihr gleichgültig wie die Wolken am Himmel. Sie langweilte sich. Vor Trauer und Langeweile wollte sie weinen, konnte aber nicht, weil sie befürchtete, ihr Weinen könnte sie und ihre geheimen Wünsche verraten. Wie ungewollt ließ sie am Abend eine kostbare Schale fallen. Die Schale zerbrach, und die Frau begann zu weinen, so herzzerbrechend, daß ihr Mann ihr nicht böse sein konnte. Im Gegenteil, zusammen mit der Schwiegermutter tröstete er seine Frau und sagte: »Meine geliebte Frau, so schlimm ist es doch nun wieder nicht. Die Schale ist deine Tränen nicht wert.« Doch die Frau weinte sich ununterbrochen ihre Langeweile und ihren Kummer vom Herzen.

Körperliche Gesundheit

Es gibt nur wenig, was unsere Aufmerksamkeit mehr erfordert als unsere Gesundheit. Wenn wir jemanden auf der Straße treffen oder anrufen oder uns nach ihm erkundigen, fragen wir oder werden wir gefragt: »Wie geht es Ihnen?« Diese Frage ist sicherlich mehr als eine höfliche Floskel. Sie spiegelt eine unserer Hauptsorgen, nämlich die Frage nach unserer Gesundheit und, was für andere mitunter noch wichtiger ist, die Frage nach unserer Krankheit wider.

Diese Fragen berühren ganz fundamental unsere Existenz und unser Wohlbefinden. Wir alle waren krank und müssen mit weiteren Erkrankungen rechnen. Schließlich stirbt man durch Krankheiten. Es kann natürlich auch soweit kommen, daß sich das Gespräch in aller Ausführlichkeit und in allen Details nur noch um die Gesundheit dreht. »Was machen Ihre Bandscheiben?« »Ist es mit Ihrem Magen besser?« »Welche Erfahrungen haben Sie mit diesem oder jenem Arzt oder diesem oder jenem Medikament gemacht, müssen Sie auch mal versuchen, das ist mir gut bekommen.« Eine solche Unterhaltung kann durchaus makaber werden, wenn sich die Gesprächspartner gegenseitig mit ihren Leiden und Beschwerden zu übertrumpfen versuchen und Herzinfarkte gegen Krebsverdacht ausgespielt werden.

Beruf – Familie – Partnerschaft

Selbst im Beruf hat die Krankheit einen gewissen Prestigewert. Wir alle kennen jenen ironischen Witz, bei dem der Firmeninhaber zum Personalchef sagt: »Den Herrn müssen wir bald entlassen: Er ist schon fünf Jahre bei uns beschäftigt und hat noch keinen Herzinfarkt.« Unsere berufliche Leistungsfähigkeit ist eng verknüpft mit unserem gesundheitlichen Befinden. Diese Verknüpfung reicht sogar so weit, daß die berufliche Leistungsfähigkeit zu einem wesentlichen Kriterium der Gesundheit wurde. Wir kennen alle die Praxis, nach der der Wert eines Mitarbeiters unter anderem danach beurteilt wird, wie oft er in einem Jahr aus Krankheitsgründen gefehlt hat. Umgekehrt wird der berufliche Erfolg zu einem Signal der Gesundheit. Man fragt: Wie geht es Ihnen beruflich? Sind Sie zufrieden? Haben Sie erfolgreiche Geschäfte abgeschlossen? Haben Sie neue Grundstücke erworben? usw. Bewunderung und Neid gehören dem Erfolgreichsten. Wer genau hinhört, findet hinter diesen Fragen versteckt Erkundigungen nach der Gesundheit. Denn, so meint man, wer etwas leisten kann, müsse gesundheitlich intakt sein. Diesen Schluß könnte man mit Vorbehalt als eines der wesentlichsten Mißverständnisse unserer Zivilisation bezeichnen. Ein weiterer Konfliktaustragungsort, der sich in den Fragen der höflichen Konversation widerspiegelt, sind Partnerschaft, Ehe und Familie. Ganz zu Recht wird hier das Wohlbefinden des Gesprächspartners assoziiert mit der Privatsituation, in der er sich befindet: »Was macht deine Frau?« »Geht's deinen Kindern in der Schule wieder etwas besser?« »Bist du immer noch mit deiner Freundin zusammen?« »Was macht eigentlich deine Schwiegermutter? Ist sie immer noch der alte Drachen?« Aus den Antworten wird abgeleitet, ob es dem Gesprächspartner selber gut gehen kann oder ob er, von Sorgen belastet, Mitleid verdient.

Zukunft und Sinn

Beim genauen Hinsehen stellen wir fest, daß die Erkundigungen sich nicht nur auf den körperlichen Zustand, die Gesundheit und Krankheit beziehen, auch nicht nur auf die berufliche, familiäre und Privatsituation. Ein nicht unerheblicher Teil der Fragen thematisiert die Vergangenheit, Gegenwart und Zukunft, mit anderen Worten: die Dimension der Zeit. Auch wenn sie sich inhaltlich auf die vorigen Bereiche beziehen, nehmen sie doch eine eigene Funktion ein: »Wie war es im Urlaub?« »Was hast du jetzt vor?« »Wie soll es bei dir weitergehen?« »Früher hatte ich heftige Kopfschmerzen und ich litt unter Schlafstörungen. Jetzt geht es mir aber besser, nachdem ich nicht mehr rauche. Mein Arzt hatte mir gesagt, wenn ich so weiter rauchen würde, müßte ich mit schweren gesundheitlichen Schäden rechnen. Ich hoffe, daß ich jetzt noch einige Jährchen länger machen kann.« »Mir war alles über den Kopf gewachsen. Im Beruf kam ich nicht mehr zurecht. Immer hat man mich mit anderen verglichen. Ich empfand mein Verhältnis zu den Kollegen als schrecklich und konnte meinen Zustand nur unter Alkoholeinfluß ertragen. Zu Hause ging es dann auch noch schief. Meine Frau hat mich vor drei Jahren verlassen. Seitdem lebe ich nur noch mit der Flasche. Sie ist mein einziger Trost und mein einziger Halt. Alles andere hat sowieso keinen Zweck mehr. Ich sehe im Leben keinen Sinn mehr« (42jähriger Ingenieur, der wegen Leberzirrhose in ein Krankenhaus eingeliefert worden war). Aus diesen Fragen und Antworten geht hervor, daß die Zeit nicht nur ein formales Ordnungsschema ist, sondern die Dimension darstellt, in der Konflikte entstehen und bewältigt werden. Die Zeit läßt sich in verschiedener Weise nützen. Man läßt sie an sich vorbeistreichen und wartet, bis sich irgend etwas tut, gemäß dem Motto: »Kommt Zeit, kommt Rat.« Zeit läßt sich aber auch aktiv verwenden, indem man sie zur Befriedigung seiner Bedürfnisse oder zur Wiederherstellung seiner Gesundheit einsetzt. Inwieweit wir die Zeit nützen können, hängt u. a. davon ab, welche Einstellungen wir gegenüber Vergangenheit, Gegenwart und Zukunft haben und welchen Sinn wir in unserem Handeln sehen. Die aktive Auseinandersetzung oder passive Resignation und Fatalismus sind als Einstellungen bereits vorgegeben. Es besteht so etwas wie eine sich selbst erfüllende Prophezeiung. Wenn man die Zukunft pessimistisch beurteilt, ergeben sich fast automatisch andere Möglichkeiten, als wenn man optimistisch zu planen wagt.

Körper – Umwelt – Zeit

Was diese Beispiele aus dem täglichen Leben und den teilweise oberflächlichen Kontakten zeigen, ist, daß für unser Wohlbefinden nicht allein das von Bedeutung ist, was wir als körperliche Erkrankung bezeichnen. Diese ist vielleicht eher ein Aspekt, der unser Wohlbefinden beeinträchtigen kann. Andere Aspekte, die wir hier unter den Oberbegriff Umwelt und Zeit zusammengefaßt haben, erweisen sich ebenso als wirksam. Der Patient mit der Leberzirrhose kann uns als Beispiel dienen. Er hat eine manifeste Krankheit, für die jeder Internist seine Zuständigkeit anmelden würde. Diese Krankheit ist so schwerwiegend, daß sie als lebensbedrohend gelten kann. Dennoch erschöpft sich das Krankheitsbild nicht in diesem körperlichen Befund. Die Vorgeschichte belegt dies deutlich. Der Alkoholgenuß war ursächlich für die Lebererkrankung. Was war aber wiederum für den Alkoholgenuß ursächlich? Hier stoßen wir auf Konflikte im partnerschaftlichen und beruflichen Bereich (Untreue der Frau, Ungerechtigkeit im Beruf, die wiederum aus der Erlebnisstruktur und den Techniken der Konfliktverarbeitung plausibel werden). Die Geschichte zeigt uns, welche Bedeutung das Symptom und der jeweilige Konflikt haben. Was in einem solchen Fall wichtig ist, wäre neben der notwendig gewordenen körperlichen Therapie, die vielleicht nur den Fortgang der Erkrankung aufhalten kann, aus der Lebensgeschichte und den Lernmöglichkeiten des Patienten Wege zu finden, den nunmehr überaus schädlichen Alkoholgenuß zu meiden, belastende Konflikte zu bewältigen. Darüber hinaus muß der Patient lernen, mit seiner Situation fertig zu werden und im Rahmen seiner Möglichkeiten ein adäquates Verhältnis zur Zukunft zu finden. Das ursächliche Zusammenwirken und Nebeneinander von körperlicher Symptomatik, psychischer Symptomatik und psychosozialen Konfliktpotentialen kann auf einer Übersicht dargestellt werden.

Körperliches Symptom	Psychisches Symptom	Psychosoziale Konflikte
Leberzirrhose	Alkoholismus; Depressionen; Angst; Haltlosigkeit; innere Unruhe.	Untreue (des Ehepartners); Ungerechtigkeit (Bevorzugung von Kollegen); Fleiß/Leistung (überhöhtes Anspruchsniveau und Enttäuschung); Hoffnungslosigkeit; Resignation; passives Verhältnis zur Zukunft (es ist doch sowieso alles egal).

Diese Zusammenstellung besagt zunächst nichts über die tatsächlichen ursächlichen Zusammenhänge. Sie zeigt vielmehr nur, daß Zusammenhänge bestehen, wobei die Frage ihrer Richtung noch zu stellen wäre. Die folgende Tabelle zeigt drei Spalten; in diesen Spalten stehen einige

Krankheitsbegriffe, denen kasuistisch psychische Symptome und psychosoziale Konflikte zugeordnet sind.

Körperliches Symptom	Psychisches Symptom	Psychosoziale Konflikte
Kopfschmerzen	Abgeschlagenheit; Gereiztheit	Konkurrenzkampf; Ungerechtigkeit
Magengeschwür	Nervosität; Streß	ausgeprägter Ehrgeiz; Leistungswille; überhöhte Rollenforderung
Herzrhythmusstörungen	Angst; emotionale Labilität	Überempfindlichkeit in einzelnen Bereichen; betontes Ordnungs-verhalten
Leberzirrhose	Alkoholismus; Depressionen	Untreue; Hoffnungslosigkeit
Schlafstörungen	innere Unruhe; Gespanntheit	Angst vor der Verantwortung; Mißerfolgsvermutung; Pünktlichkeit
Asthmabronchiale	Angstzustände; Anklammerungs-tendenzen	Angst, die Bezugsperson zu verlieren; Kontakt-, Vertrauenskrise
Verstopfung	Depression; Gereiztheit	Diskrepanz zwischen Geben und Nehmen; Sparsamkeit
Sexualstörungen	Sexualangst; aggressive Abwehr	Sauberkeit, Ehrlichkeit; Höflichkeit; Treue; Eifersucht

Fünf Risikofaktoren

Körperliches Symptom	Psychisches Symptom	Psychosoziale Konflikte
Alkohol	Reizbarkeit; Bewegungsdrang; innere Unruhe; Versagungsangst; Depressionen; aggressives Verhalten	Alkohol ist die Droge, die das Gefühl von Wärme, Geborgenheit mit Sicherheit vermittelt und damit Funktionen einnimmt, die auch der intakten Familie zugeschrieben werden. Selbstheilungsversuch, ein Weg, Probleme zu lösen.

Körperliches Symptom	Psychisches Symptom	Psychosoziale Konflikte
Rauchen	Streß; Nervosität; innere Unruhe; Gespanntheit; Gereiztheit; symptomatische Depression und Angstzustände	Unsicherheit, Bedürfnis nach Prestige, Angst vor Versagen, der Wunsch, Leistungsbereitschaft aufrecht- zuerhalten, Nachahmungsbedürfnis, Gewohnheit, Konformismus (sich vor die anderen oder wie bestimmte Vorbilder verhalten).
Bewegungs- mangel	Abgeschlagenheit; Depression; Streß; Apathie; Zieleinschränkung; Herzrhythmusstörung; Kopfschmerzen	Kontaktarmut, Einseitigkeit, passive Beziehung gegenüber dem eigenen Körper, mangelnde Motivation für körperliche Leistungen, Über- bewertung intellektueller Leistungen und der Phantasietätigkeit gegenüber den körperlichen Leistungen, mangeln- der äußerer Anreiz, mangelnde Gelegenheit für körperliche Betätigung durch berufliche Überforderung, kultur- und religionsabhängige Ein- schränkungen, mangelnde Information über geeignete Bewegung und Betätigungsmöglichkeiten.
Über- und Unter- ernährung	Depression; Angst, dick zu werden; Abgeschlagenheit; Anklammerungs- tendenzen; Nervosität; Streß; innere Unruhe	Eßtradition (schön sein heißt dick sein – viel Essen ist Maß für Gesundheit; Probleme mit den Eltern (in der Familie); Kummer, Verlust eines Angehörigen, Langeweile, Essen als Ersatzhandlung; besondere Bewertung des Eß- und Geschmackserlebnisses.

Das Körper-Seele-Problem (Psychosomatik)

Ärger schlägt auf den Magen

In unserer Umgangssprache haben wir einen trefflichen bildhaften Vergleich. Wir sagen: Jemand frißt alles in sich hinein, allen Ärger, allen
Kummer. Jemand, der dies tut, ist sicherlich ein höflicher Mensch,
denn er belästigt ja mit seinen Sorgen und seinem Ärger nicht seine
Umgebung. Er ist zugleich aber seinen eigenen Bedürfnissen gegenüber
unehrlich, indem er nicht etwas nach außen trägt, sondern immer nur
nach innen hineinfrißt. Ein in dieser Weise unbewältigter Konflikt
kann wieder zu seelischen und körperlichen Störungen führen. In der
modernen Medizin haben wir dafür ein Fachwort, das auch in die Um-

gangssprache eingegangen ist. Wir sprechen von Erkrankungen, bei denen seelische und körperliche Faktoren mitspielen, von psychosomatischen Erkrankungen, und nennen den Bereich der Medizin, der sich damit beschäftigt, Psychosomatik. Um die Bedeutung psychosomatischer Zusammenhänge zu veranschaulichen, einige Beispiele: Wenn man Schnupfen hat, läuft nicht nur die Nase, man fühlt sich auch abgeschlagen, arbeitsunlustig, allgemein unwohl. Wenn man zu wenig geschlafen hat, kann es passieren, daß man sich selbst und die Welt nicht mehr ausstehen kann. Das sind Beispiele, die wir wohl alle aus eigener Erfahrung kennen. Sie zeigen, wie sehr unser seelisches Empfinden von unserem Körper abhängig ist. Umgekehrt hängt unser körperliches Befinden auch von unserem seelischen Zustand ab. Oben haben wir einige Beispiele dafür genannt. Obwohl uns aus unserer eigenen Erfahrung derartige Zusammenhänge zwischen Erlebnissen und körperlichem Befinden zugänglich sind, fällt es sicherlich vielen von uns, ja sogar vielen Ärzten schwer, diesen Zusammenhang einzusehen. Wir sind jetzt an einer Stelle angelangt, an der wir fragen müssen: Wie kommt es eigentlich zu den Erregungen und emotionalen Belastungen? Mit dieser Frage können wir den Teufelskreis der psychosomatischen Krankheiten aufbrechen.

Sinn und psychosomatische Zusammenhänge

Vielen Menschen fällt es schwer, die Hintergründe von Symptomen zu erkennen, insbesondere, wenn sie selbst oder enge Angehörige davon betroffen sind. Es geht hier darum, vom Symptom zum Konflikt zu kommen. Genauso wie ein Patient mit Recht erwartet, daß ein Arzt ihm erklärt, wie ein Befund zustande kommt, versuchen wir, dem Patienten und seiner Familie zu erklären, wie sich seine Symptome auf der Grundlage der Konflikte entwickelten. Ich habe die Erfahrung gemacht, daß eine solche Belehrung, die schon recht früh im Behandlungsverlauf erfolgt, sich günstig auf die Motivation der Patientenfamilie auswirkt. Dazu benutze ich öfter die Geschichte eines fiktiven Konfliktes, welcher Elemente der psychosomatischen Krankheitsentstehung beinhaltet:
Fallbeispiel: Stellen Sie sich einen sympathischen, erfolgreichen jungen Mann vor. Dieser Mann hat eine reizende, sorgfältige und ordentliche Frau. Er hat aber auch eine nette, hübsche Freundin, bei der er sich sehr wohl fühlt. Der Mann empfindet gleich ein zweifaches Glück. Die Ehefrau ist glücklich, weil sie von der Freundin nichts weiß. Die Freundin ist glücklich, weil sie meint, daß sie der Ehefrau vorgezogen wird. Alle sind glücklich. Nur steht dieses Glück auf sehr wackligen Füßen. Den-

ken wir den Fall weiter. Die Freundin fordert nach einiger Zeit: »Entweder sie oder ich. Ich brauche eine klare Entscheidung.« Die Ehefrau schöpft ihrerseits Verdacht, kommt auf die Schliche ihres Mannes und fordert »Sie oder ich«. Der Mann steht in der Mitte, besser gesagt, »er sitzt zwischen zwei Stühlen«. Er fühlt sich von beiden angezogen, empfindet aber Angst vor den Konsequenzen. Wie sieht es im Erleben dieses Mannes aus? Man kann sich vorstellen, daß er innerlich unruhig wird, leicht erregbar, aggressiv oder sich zurückzieht; er will von allem nichts mehr wissen und entwickelt Depressionen. Er kann plötzlich Kopfschmerzen bekommen, wacht vielleicht in der Nacht nach Angstträumen auf und kann nicht mehr richtig schlafen. Er kann im Büro nervös werden, sich nicht mehr richtig konzentrieren. Es kann aber auch sein, daß ihm dieser ganze Ärger auf den Magen, auf die Galle schlägt. Es können sich infolge der Aufregungen und des Konfliktes Herzbeschwerden, ja sogar rheumatische und asthmatische Beschwerden einstellen. Der junge Mann, der zuvor gleich zwei Frauen sexuell beglückte, wird vielleicht schon bei einer versagen. Er wird die Welt nicht mehr verstehen.

Das Kennzeichen der Störung in unserem Beispielfall ist, daß der Betroffene zwischen zwei Möglichkeiten, die beide ihre Licht- und Schattenseiten haben, in Konflikt steht. Das braucht nicht nur im sexuellen Bereich zu geschehen. Konflikte können in allen möglichen anderen Lebensbereichen entstehen: im Beruf, in der Beziehung zu den Eltern, den Kindern, den Mitmenschen, aber auch in der Beziehung zur Religion und den Weltanschauungen.

Auch Beispiele aus der Suggestionsforschung können zum Verständnis psychosomatischer Prozesse beitragen, die auf den Zusammenhang von Gedanken oder Erwartungen und körperlichen Antworten abheben.

Drei Beispiele

In Chicago wurden durch ein Versehen drei Männer in einem Kühlhaus eingeschlossen. Sie konnten die Türen von innen nicht öffnen und auch anderweitig nicht auf sich aufmerksam machen. Die Männer wußten, daß in etwa drei Stunden die Kühlaggregate des Kühlhauses zu arbeiten beginnen würden. Da sie keine Schutzkleidung trugen, sondern leichte Sommerkleidung, war ihre Überlebenschance gleich Null. Am nächsten Tag wurden die drei Männer entdeckt. Sie waren tot und zeigten alle Erfrierungszeichen. Erstaunlich dabei war allerdings, daß die Kühlanlage an diesem Tag nicht eingeschaltet worden war, die Männer also an der Angst vor dem Erfrieren gestorben waren.

In den Vereinigten Staaten haben Experimentatoren – Psychologen – einem zum Tode Verurteilten erklärt, daß er durch Verbluten zu Tode kommen würde. Sie stachen mit einer Kanüle in die Vene des Armes. Der Verurteilte sah das Blut heraustropfen. Daraufhin verband man ihm die Augen und ließ ihn in der Annahme, daß sein Blut weiterhin abtropfe. Dabei war es ein mit Wasser nachgeahmtes Geräusch, das der Verurteilte hörte und für das Tropfen des eigenen Blutes hielt. Obwohl dem Verurteilten nur einige Tropfen Blut abgenommen worden waren, trat nach etwa einer Stunde der Tod ein. Auch hier erfolgte der Tod aus einer Erwartungshaltung und Angst.

Ein Asthmatiker wurde in seinem Bett von einem schweren Asthmaanfall überrascht. Es war dunkle Nacht, und er befand sich in einem Hotel und meinte, er müßte ersticken. Er stürzte zur Tür, öffnete sie und atmete mehrfach tief durch. Die frische Luft tat ihm gut und sein Asthmaanfall ließ bald nach. Als er am nächsten Morgen erwachte, stellte er fest, daß er nicht die Tür des Zimmers geöffnet hatte, sondern lediglich die Tür des Kleiderschrankes.

Diese Informationen an die Patientenfamilie sind ein therapeutischer Versuch, deren Krankheitskonzept zu modifizieren und den Sinn des psychotherapeutischen Geschehens für die Patientenfamilie durchsichtig zu machen.

Konsequenzen

Selbsthilfe: Wie reagieren wir, wenn jemand zu einer Beratungssitzung zu spät kommt, lautstark seinen Stuhl rückt und die Beratung stört? Wie würden Sie in diesem Fall reagieren: Neben Ihnen sitzt jemand, dessen Haar ungepflegt ist, auf dessen Hemd Fettflecken sind und der für Sie unangenehm riecht? Wie reagieren Sie einem Partner gegenüber, den Sie bereits mehrere Male darum gebeten haben, Ordnung zu machen, der aber alles in schönster Unordnung zurückläßt? Was denken, fühlen und sagen Sie, wenn Ihr Partner zuviel Geld ausgibt, obwohl Sie eigentlich sparen müssen? Was empfinden Sie, wenn Sie irgend jemandem etwas Wichtiges anvertraut haben, der aber Ihr Vertrauen enttäuscht?

Wir sehen also, daß solche Ereignisse, die uns tagtäglich begleiten, nicht spurlos an uns vorübergehen. Was wir hören, sehen, erfahren und erleben, müssen wir verarbeiten. Wenn jemand uns beleidigt, hören wir das. Unsere Sinne, hier unsere Gehörorgane, leiten die Informationen an das Gehirn weiter. Nach den vorhergehenden Informationen wird die neue Information bewertet. Wenn man beispielsweise die Erfahrung gemacht hat, daß das Wort »Dummkopf« eine herabsetzende, das

Selbstwertgefühl störende Beleidigung ist, wird man wohl an die Decke gehen, wenn einer zu einem sagt: Du bist ein Dummkopf. Jemand, der das Wort »Dummkopf« nur in seiner zärtlichen Bedeutung erlebt hat, wird sich, überspitzt formuliert, darüber freuen, wenn man ihn einen Dummkopf nennt. Eines wird ganz deutlich: Wie man etwas erlebt, hängt von den Vorerfahrungen ab, davon, in welcher Situation das Erleben stattfindet, wer etwas sagt und auf welche Art und Weise er dies tut. All diese Informationen werden blitzschnell miteinander verrechnet.

Das Erlebnis kann bloß gespeichert werden. Es kann aber auch dazu führen, daß man sich aufregt, ärgerlich wird, Aggressionen entwickelt oder Ängste. Insgesamt spielen bei derartigen Verarbeitungen folgende Bereiche eine Rolle: Mittel der Sinne, Mittel der Tradition, Mittel der Vernunft, Mittel der Intuition, Mittel des Unbewußten und schließlich die Mittel der körperlichen Funktionen. Wenn wir uns diese Entwicklungskette anschauen, sehen wir, daß wir uns in einer unangenehmen Situation nicht notwendigerweise ängstigen oder ärgern müssen. Wir können auch anders reagieren. Das heißt: Wir sind nicht nur das Produkt unserer Vorerfahrungen und unserer Umwelt, sondern können auch selber unser Erleben beeinflussen. Von daher sehen wir Möglichkeiten, selber aktiv in unser Leben einzugreifen und Risikofaktoren abzubauen: Praktisch sind hier drei Schritte zu berücksichtigen:

1. Worüber ärgere ich mich eigentlich? Was bereitet mir Angst, Unbehagen und Freude?
2. Welche Möglichkeiten habe ich, das Problem zu lösen?
3. Welche Ziele stehen hinter meinem Handeln? Was würde ich machen, wenn ich keine Probleme und Beschwerden hätte?

Therapeutisch bietet die Positive Psychotherapie eine wirksame Methode, die ihren Schwerpunkt darauf legt, die dem Menschen innewohnenden therapeutischen Fähigkeiten zu aktivieren.

3. Positive Psychotherapie: Antwort auf die Sinnfrage

Ein Beispiel für das positive Vorgehen

Das positive Vorgehen läßt sich auf folgende Situation anwenden: Ein Mann stellte fest, daß er Schulden hatte. Dieser Gedanke ließ ihn nicht mehr schlafen. Er litt unter Depressionen und wollte aus dem Leben scheiden. Dies klagte er einem guten Freund. Der hörte sich geduldig die Sorgen an. Anschließend sprach er jedoch nicht über die Schulden. Das verwunderte den Mann sehr. Sein Freund sprach statt dessen von dem, was der Mann noch als Eigentum besaß, vom Geld, das er hatte, und von den Freunden, die bereit waren, ihm zu helfen. Plötzlich sah dieser seine Situation mit anderen Augen. Indem er seine Energie nicht mehr auf die vergeblichen Sorgen um die Schulden verwandte, sondern sie im Verhältnis zu seinem tatsächlichen Vermögen sah, hatte er genügend Kräfte frei und Wege offen, sein Problem zu lösen.

Berechtigte Fragen

Kann angesichts der unterschiedlichen Erziehungssituationen, der verschiedenen ökonomischen Bedingungen, der Unzahl von Lebensgeschichten, der Individualität des einzelnen, der Besonderheit seiner Bedürfnisse, kann angesichts all dieser Faktoren überhaupt allgemein Gültiges zur Sinnfrage des Menschen gesagt werden? Auch gibt es eine Unzahl von Interessen, Gemeinschaften, Nationen, Rassen und Völkern auf dieser Welt, die sich durch unterschiedliche Gebräuche, Geschmacksrichtungen, Temperamente und Moralauffassungen unterscheiden, und ferner die Gedanken, Ansichten und Meinungen der Einzelmenschen. Muß dann nicht ein Sinneskriterium, das für alle Gültigkeit besitzen will, zu einem Leisten werden, über den alle geschlagen werden? Auf der anderen Seite ist die Vielfalt der gesellschaftlichen und individuellen Bedingungen Anstoß für soziale Konflikte unerhörten Ausmaßes. Das führt zu zwei grundsätzlichen Fragen: Was haben alle Menschen gemeinsam? Wodurch unterscheiden sich die Menschen?

Ich werde versuchen, meine eigenen Voraussetzungen zu analysieren und die Bedingungen zu reflektieren, mit denen ich mich beschäftigt habe.

Das Duell der Ärzte

Zwei rivalisierende Ärzte demonstrierten bei Hofe ihre Fähigkeiten. Der eine fertigte eine schreckliche Pille an, die den Magen zerreißen und unter Krämpfen den Tod herbeiführen sollte. Sein Gegner lächelte und schluckte sie zusammen mit einer Arzneikugel eigener Erfindung, die die gefährliche Pille zu einem harmlosen Stück Zucker machte. Dann war er an der Reihe, seine Kunst zu beweisen. Er ging zu einem Blumenbeet, pflückte eine Rose, hauchte einen Zauber darauf und gab sie dem Rivalen. Der hatte den Vorgang nervös beobachtet, stopfte aber die Blüte in seinen Mund und fiel tot um.

Psychotherapie statt Psychopathologie

Medizinische, psychologische und psychiatrische Begriffe werden nicht voraussetzungslos gebraucht. Sie stehen in Bezug zu den Theorien und wissenschaftlichen Konzepten, von denen sie geprägt wurden, und haben einen Anteil an deren Geschichte. So erhält ein Begriff im Zusammenhang mit seiner Theorie eine Bedeutung, die sowohl die theoretischen Voraussetzungen, die diagnostischen Möglichkeiten und therapeutischen Folgen vorwegnimmt. Zum Verständnis des Wortes Über-Ich ist eine Kenntnis wenigstens der Grundzüge der psychoanalytischen Theorie notwendig. Wer wissen will, was Verstärkung in der Psychotherapie heißt, braucht Informationen über die Lerntheorie und deren Anwendung in der Verhaltenstherapie.

Die Positive Psychotherapie, die auf der Differenzierungsanalyse beruht, besitzt ebenfalls ein eigenes Konzept, das sich in vieler Hinsicht von den bekannten Ansätzen unterscheidet und ein Umdenken in neue Begriffe und andere Bedeutungsinhalte von bekannten Begriffen erfordert. Mir geht es nun nicht darum, der bereits unübersehbaren Vielfalt von Theorien, Methoden, Konzepten und Verfahren noch weitere hinzuzufügen, sondern ich denke an eine grundsätzliche Erweiterung: Die traditionelle Psychotherapie und die Medizin beziehen ihr Menschenbild aus der Psychopathologie. Man spricht von Krankheiten und setzt stillschweigend voraus, daß der gesund ist, dem Krankheit fehlt. Der Philosoph Lichtenberg sprach dies aus: Das Gefühl der Gesundheit erwirbt man erst durch Krankheit. Freud formuliert in diesem Sinne: Erst wenn man das Krankhafte studiert, lernt man das Normale verstehen.

Folge dieses Konzeptes ist, daß man sich zwar damit beschäftigt, was man gegen Krankheiten und Störungen tun kann, weniger aber damit, was sich für die Gesundheit machen läßt. Unsere zwischenmenschlichen Beziehungen, die Partnerschaft und die Erziehung gehorchen allem Anschein nach in weitem Maße diesem Konzept. Allein schon unsere Sprache, mit der wir uns unseren Partnern verständlich machen wollen, geht von dem »Nein-Prinzip« aus: »Tu das nicht, tu jenes nicht«, »Warum bist du wieder zu spät gekommen«, »Eine solche Unordnung ist nicht zum Aushalten«, »Du hast schon wieder gelogen«, »Warum bist du untreu geworden«, »Deine Faulheit stinkt zum Himmel«, »Mit einem solchen Halsabschneider möchte ich nichts zu tun haben«, »Er weiß nicht, wie man sich benimmt« usw. Diese Konzepte haben den Ärger zur Folge, wie ein Gebet das Amen. Darüber, wie weit ihre Konsequenzen reichen, ist man sich meistens nicht im klaren: Muß man aber erst geschieden sein, um zu wissen, wie gut eine Ehe ist? Muß man erst einen Herzinfarkt gehabt haben, um beurteilen zu können, wie wichtig die körperliche Gesundheit ist? Muß man erst einen Selbstmordversuch unternommen haben, um sich über die Bedeutung der seelischen Gesundheit klar zu werden? Muß man erst im Gefängnis gesessen haben, um zu wissen, wie gut die Freiheit ist? Muß man erst seinen Wagen zu Schrott gefahren haben, um zu wissen, daß zu dichtes Auffahren im Straßenverkehr ein erhöhtes Unfallrisiko in sich birgt? Konflikte und Störungen entstehen, wenigstens in der Regel, nicht in der psychotherapeutischen Praxis, sondern im Alltagsleben, Eheprobleme beispielsweise entstehen zunächst in der partnerschaftlichen Beziehung, und dort im Verhältnis zu sich selbst und den übrigen sozialen Kontakten. Wenn z. B. der Ehepartner oder Freund fremdgegangen ist, kann man nicht nur mit dem Schrotgewehr oder dem Schnappmesser »Gerechtigkeit« und »Ehre« wiederherstellen, sondern man kann auch auf andere Weise reagieren. Man kann Alkohol trinken und so den Kummer ersäufen; man kann Drogen nehmen und mit ihrer Hilfe eine bessere Welt suchen; man kann Rache üben und selbst fremdgehen. Doch man kann auch die Chance nutzen und aktiv in das Problem eingreifen. All dies ist Selbsthilfe. Nur haben einige dieser Selbsthilfemaßnahmen den Nachteil, noch mehr Ärger und Schwierigkeiten hervorzurufen. Es kommt daher darauf an, solche Maßnahmen der Selbsthilfe zu finden, die für beide Parteien annehmbar und durchführbar sind. Auf solche Methoden weist das Buch hin.

Seitdem vor neun Jahren (1974) mein erstes Buch *Schatten auf der Son-nenuhr; Erziehung – Selbsthilfe – Psychotherapie* erschienen war, ha-ben sich die dort skizzierten Überlegungen zu einem systematischen und praktischen psycho- und familientherapeutischen System entwik-kelt. Der Schwerpunkt liegt auf den drei therapeutisch relevanten Di-mensionen: Erziehung, Selbsthilfe und Psychotherapie. Hinzu kommt die transkulturelle Problematik, die sich als ein Brennpunkt unseres therapeutischen Ansatzes erweist. Das bedeutet, daß wir nicht bei der Beschreibung pathologischer, das heißt gestörter oder krankhafter Zu-stände stehenblieben: Anstelle einer Psychopathologie des Alltagsle-bens, wie sie Sigmund Freud schrieb, ergab sich aufgrund des be-stehenden Bedürfnisses und der derzeitigen Entwicklung der Psycho-therapie für uns die Aufgabe, eine Psychotherapie des Alltagslebens darzustellen. Dabei konnten wir uns nicht auf die Erscheinungsformen des Unbewußten beschränken, sondern gingen vorrangig von den zwischenmenschlichen Beziehungen und den dem Menschen inne-wohnenden Fähigkeiten aus. Unterdrückte und einseitig ausgeprägte Fähigkeiten zeigten sich als mögliche Quellen von Konflikten und Störungen im innerseelischen und zwischenmenschlichen Bereich. Sie können sich in Depressionen, Ängsten, Aggressionen, Verhaltensauf-fälligkeiten und psychosomatischen Störungen äußern.

Mit diesem System, das wir die Positive Psychotherapie nennen, be-schäftigen sich die Mitglieder der Deutschen Gesellschaft für Positive Psychotherapie (DGPP), als deren Vorläuferin die Psychotherapeuti-sche Erfahrungsgruppe Wiesbaden (PEW) zu sehen ist. Obwohl die Positive Psychotherapie als therapeutisches Verfahren Ärzte und Di-plom-Psychologen anspricht, wendet sie sich als Methode der Selbst-hilfe an alle: Sozialarbeiter, Krankenpfleger und Mitarbeiter von Ge-sundheitsbehörden. Darüber hinaus richtet sie sich an Lehrer, Juristen, Geschäftsleute, Heimerzieher, Eltern, Studenten, Jugendliche und an alle, die vor den Problemen der zwischenmenschlichen Beziehungen nicht die Augen verschließen.

Den Grundlagen der Positiven Psychotherapie folgend, umfaßt meine Arbeit vier Themenkreise: Erziehung – Selbsthilfe – Psychotherapie-transkulturelle Probleme.

Theoretischer Rahmen ist die Positive Psychotherapie. Deren Begriff des Positiven leitet sich von dem lateinischen »Positum« ab, der das »Tatsächliche«, das »Vorgegebene« bedeutet. Tatsächlich und vorgege-ben sind nicht nur die Störungen, Krankheiten, Konflikte, Einseitig-keiten und Vorurteile, sondern auch die Fähigkeiten, die Möglichkeiten der Konfliktverarbeitung und die Chance, sich gegenseitig kennen-zulernen und zusammen, statt gegeneinander zu arbeiten.

Grundzüge und Techniken dieser Methode sind in meinen Büchern *Positive Psychotherapie* und *Positive Familientherapie* ausführlich dar-gestellt. In der vorliegenden Arbeit geht es vor allem um die Anwen-dung dieses Konzeptes im Rahmen der Sinnfrage.

Die vier Aspekte der Positiven Psychotherapie – Erziehung, Selbst-hilfe, Psychotherapie und transkultureller Ansatz – sind wichtige Ele-mente einer Psychotherapie, die vorbeugend wirken kann und den Menschen in seinem sozialen und ökonomischen Umfeld begreift.

Erziehung

Erziehung ist ein Prozeß, in dem ein Mensch Lösungsmöglichkeiten lernt für die Probleme, die ihm seine Umwelt aufgibt. In ihr werden die Beziehungen zu sich selber und zum Partner, der Kontakt zu an-deren Menschen und Gruppen vermittelt sowie die Beziehung zur Zu-kunft, die durch Begriffe wie Hoffnung und Vertrauen oder Glauben umschrieben werden kann. Zugrunde liegt ein Modell, das von der Familie als der sozialen Basiseinheit ausgeht bzw. von familienähn-lichen Institutionen. In ihnen werden Wert- und Verhaltensmuster vermittelt. Folglich richtet sich dieser Themenkreis an Eltern, Erzie-her und Lehrer. Schwerpunkte sind: Bildung und Ausbildung, Men-schenbild und Erziehung, Inhalte der Erziehung und Techniken ihrer Vermittlung, die Rolle des Kindes, transkulturelle Alternativmodelle, Selbsterfahrung von Eltern und Lehrern und Konzepte der Erzie-hung.

Selbsthilfe

Selbsthilfe betrifft den Umgang mit seelischen, sozialen und psychoso-matischen Störungen, soweit er im außertherapeutischen Bereich ge-schieht. Die Selbsthilfe ist die ursprüngliche Form der Konfliktbewäl-tigung, die leider bisher noch nicht genügend in dieser Bedeutung ge-würdigt wurde. Lange bevor Psychotherapie sich als eigene Institution entwickelte, halfen sich Menschen im Rahmen einer Selbsthilfe. Das Selbsthilfe-Thema umfaßt eine Reihe von Unterthemen: allgemeine Selbsthilfe, Selbsthilfe, bezogen auf bestimmte Berufsgruppen (z. B. Ärztegruppen, Lehrergruppen, Juristengruppen, Gruppen mit Füh-rungskräften etc.), Selbsthilfemaßnahmen in der Familie (Familien-gruppe, Partnergruppe) und der Umgang mit konkreten Problemsitua-tionen:

– Wie gehe ich mit meinem depressiven oder schizophrenen Partner um?
– Wie verhalte ich mich gegenüber meinem ängstlichen Kind?
– Wie verhalte ich mich gegenüber meinem ungerechten Chef? etc.

Strategien der Selbsthilfe und Selbsterfahrung werden erarbeitet und eigene Erfahrungen im Umgang mit entsprechenden Problemen ausgetauscht. Ziel ist es auch hier, Alternativmodelle im Sinne der Positiven Psychotherapie praxisnah zu vermitteln.

Psychotherapie

Im Zentrum dieses Themenbereiches steht die Positive Psychotherapie. Sie beinhaltet folgende Aspekte: das positive Vorgehen, das inhaltliche Vorgehen sowie eine fünfstufige Behandlungsstrategie. Der Schwerpunkt liegt auf neuen Erfahrungen im Umgang mit dem Instrumentarium der Positiven Psychotherapie (differenzierungsanalytisches Inventar, vier Bereiche der Konfliktverarbeitung, vier Vorbilddimensionen, Aktualfähigkeiten und Grundfähigkeiten, positives Umdenken, Konfliktprozesse etc.). Die Positive Psychotherapie beinhaltet individual-, gruppen- und familientherapeutische Aspekte und integriert die Selbsthilfe insoweit in ihr Vorgehen, als sie den Patienten zum Therapeuten seiner eigenen psychosozialen Situation einsetzt. Wir legen in diesem Konzept besonderen Wert auf die interdisziplinäre Zusammenarbeit. So werden neben Arbeiten aus der Positiven Psychotherapie auch themenverwandte Arbeiten bekannter Wissenschaftler und Psychotherapeuten berücksichtigt.

Transkulturelle Problematik

Der transkulturelle Ansatz durchzieht wie ein roter Faden die gesamte Positive Psychotherapie. Wir berücksichtigen ihn deshalb gesondert, weil der transkulturelle Gesichtspunkt auch Material zum Verständnis individueller Konflikte bietet. Darüber hinaus besitzt dieser Aspekt eine außerordentliche soziale Bedeutung: Gastarbeiterprobleme, Probleme der Entwicklungshilfe, Schwierigkeiten, die sich im Umgang mit Mitgliedern anderer kultureller Systeme ergeben, Probleme transkultureller Ehen, Vorurteile und ihre Bewältigung, Alternativmodelle, die einem anderen kulturellen Rahmen entstammen. In diesem Zusammenhang können auch politische Themen angesprochen werden, die sich aus der transkulturellen Situation ergeben. Das tragende Motiv für meine Arbeit ist der transkulturelle Ansatz, der sich mir aufgrund meiner eigenen transkulturellen Situation (Deutschland – Iran) anbietet.

Genauso lag mir die Verwendung von Geschichten als Hilfsmittel, Medien und Kommunikationshilfen in meinem Fachgebiet, der Psychotherapie, denn Geschichten sind transkulturelle Vermittler. Als Traditionsträger werden Geschichten zu Repräsentanten von Kulturen. Sie geben die in einer Kultur gängigen Spielregeln, Konzepte und Verhaltensnormen wieder. Die Inhalte der Geschichten bieten einem selbst als Mitglied der jeweiligen kulturellen Gemeinschaft Verstärkung und Rückversicherung. Der für unsere Zeit schmerzlichen Erkenntnis, man habe Vorurteile, Ressentiments, kann durch transkulturelle Geschichten begegnet werden. Man lernt fremdes Denken kennen und übernimmt es vielleicht sogar für sich selbst. Allerdings repräsentieren Geschichten nicht unbedingt die heute noch gültigen, typischen Denkformen einer Gesellschaft. Als Anregung zum Denken, Infragestellen bestehender Vorstellungen und als Vermittler fremder, unbekannter Konzepte wirken sie jedoch – selbst als Anachronismen – im Sinne einer Zielerweiterung.

Mit der transkulturellen Problematik schließt sich wieder der Kreis zur Erziehung und Psychotherapie: Genauso wie es Kulturkreise gibt, gibt es Erziehungskreise, in deren Rahmen jeder sein eigenes »kulturelles System« entwickelt, mit dem er auf andere »Systeme« stößt. Das Prinzip der transkulturellen Problematik wird damit auch zum Prinzip der zwischenmenschlichen Beziehungen und der innerseelischen Konfliktverarbeitung. Es wird zum Gegenstand der Positiven Psychotherapie.

Wohin führt dieses Buch?

Wie wir sehen konnten, wird die Antwort auf die Frage nach dem Sinn weitgehend danach ausfallen, unter welchen Voraussetzungen diese Frage gestellt wird. Dies gilt besonders für ein Buch, das mit seiner Frage nach dem Sinn nicht über dem Problem steht, sondern mitten drin.

Auf der ganzen Welt gibt es eine Vielzahl von Menschen, ich möchte behaupten, es ist die Mehrzahl, welche den Weltfrieden befürwortet und für das einzige Mittel hält, die menschlichen Sinnfragen zu lösen. Gegenüber der Verwirklichung dieser Idee besteht aber bei vielen Menschen eine unübersehbare Skepsis, ein Mißtrauen und sogar eine innere Abwehr:

Begründet wird diese Haltung damit, daß die Mißstände dieser Welt so groß seien, die Schwierigkeiten so gravierend und die Charaktere so unterschiedlich. Alle Religionen und eine Unzahl von Weltanschauungen hätten seit jeher das Paradies versprochen, alle seien es jedoch schuldig geblieben. Statt des Paradieses hätten sie oft genug die Hölle gebracht. An dieser Stelle werden dann Religions- und Glaubenskriege genannt.

Einem anderen Argument begegnet man häufig: »Wir haben genug wissenschaftliche Methoden, Möglichkeiten, Ideen, Normen und Wertvorstellungen, mit denen sich schon Generationen beschäftigen. Warum sollen wir wieder mit etwas Neuem anfangen, neue Forderungen auf uns nehmen, wir können ja mit dem Alten noch viel ändern.«

Mit den sozialen Mißständen werden die persönlichen Probleme verbunden: »Wenn es schon bei mir, in meiner Familie, im Beruf so viele Schwierigkeiten gibt, mit denen ich nicht fertig werde, um wieviel schwieriger ist es, mit den Problemen, welche die ganze Menschheit betreffen, fertig zu werden.« Einige für mich sehr wichtige Erfahrungen möchte ich jedoch hier an den Anfang stellen. Von besonderem Interesse für mich sind folgende vier Bereiche:
1. die transkulturelle Begegnung;
2. die religiös-weltanschaulichen Konzepte;
3. der Beitrag des wissenschaftlichen Denkens;
4. das Leben des einzelnen.

1. Die transkulturelle Begegnung

Der transkulturelle Ansatz setzt eine Antwort auf die beiden Grundfragen voraus: Was haben alle Menschen gemeinsam? Wodurch unterscheiden sie sich?

Die Grundfähigkeiten bilden das Fähigkeitspotential, das jeder Mensch unabhängig von seiner körperlichen und seelischen Gesundheit und seiner sozialen Situation hat. Sie sind die Basis der menschlichen Beziehungen und die Bereiche, in denen die Menschen trotz aller individueller und kultureller Unterschiede Gemeinsamkeiten finden können.

Da die Positive Psychotherapie sich mit elementaren menschlichen Fähigkeiten beschäftigt, ist sie in der Lage, Menschen aus unterschiedlichen sozialen Schichten anzusprechen und transkulturelle Probleme zu erhellen.

Gesellschaftliche Zusammenarbeit als eine der möglichen Ausdrucksformen des Gruppenbewußtseins kann entworfen und planmäßig eingesetzt werden, indem man versucht, gemeinsam die künftigen Prinzipien einer vereinten Menschheit zu schaffen. Hier gilt – wesentlich – das Prinzip der Entwicklung, das verhindert, daß die Organisation sich mumifiziert und ihren eigentlichen Sinn verliert.

2. Die religiös-weltanschaulichen Konzepte

Die geschichtliche Erfahrung lehrt, daß die Religionen hinsichtlich ihrer Unterschiede, nicht aber ihrer Gesamtheit betrachtet werden. Religiöser Haß und Religionskriege legen davon blutiges Zeugnis ab. Uns interessiert weniger die theologische Begründung und Rationalisierung der religiösen Differenzen, uns interessiert in diesem Zusammenhang die Religion einerseits als die Institution, die den Glauben, der eine menschliche Fähigkeit darstellt, organisiert, andererseits die psychologischen Zusammenhänge, die mit der gesellschaftlichen Institution (Kirche und Religion) für das Individuum bestehen. Obwohl die Tendenz besteht, Religion zu ignorieren, läßt sich nicht bestreiten, daß Religion im Sinne von Moraltradition, aber auch im Sinne eines aktiven Glaubensbekenntnisses das Leben des einzelnen bis in die privatesten und intimsten Bereiche beeinflußt. Ohne auf eine inhaltliche Analyse der Religion genauer einzugehen, können wir sagen, daß ihre Grundanliegen trotz aller Unterschiede gleich sind. Die funktionelle Theorie der Soziologie und Psychologie lehrt, daß eine institutionelle Struktur im Hinblick auf Religionen gebildet worden ist, um eine Funktion zu erfüllen. Die Institution muß ein praktisches Bedürfnis der Gesellschaft und des Einzelmenschen erfüllen. Wenn sie keinen Sinn und keine Aufgabe hat, wird sie aufhören, zu existieren, oder, wie es leider häufig der Fall ist, versuchen, sich durch Fixierungen und Dogmatisierung über die Zeit zu retten. Auch hier ist als grundlegendes Prinzip die Entwicklung, die Dimension der Zeit zu sehen.

Dieser Gesichtspunkt ermöglicht es, die Religionen als Einheit zu sehen, jenseits aller Differenzen, die sie trennen. Zudem ergibt sich unter der Voraussetzung der Fähigkeit des Menschen, zu glauben, die innere Notwendigkeit der Religion als Einheit.

3. Der Beitrag des wissenschaftlichen Denkens

Aufgabe der Religion ist es, dem Menschen Werte, Ziele und Sinn darzustellen (Sinngebung), während die Wissenschaft Erklärungen sucht und logische Gesetzmäßigkeiten herstellt (Sinnfindung).

Es gibt eine Vielzahl von Wissenschaften, die sich unterschiedlicher Blickwinkel bedienen, um sich der Wirklichkeit zu nähern. Auch hier finden sich die Konkurrenz einzelner Wissenschaften mit ihren Ansprüchen auf Absolutheit des eigenen Systems und die Rivalität zu den anderen Systemen. Diese Zusammenhänge zeigen uns, daß die Vorentscheidungen einer Wissenschaft, ihr Themengebiet, ihre Fragestellungen und Methoden von geschichtlichen, gesellschaftlichen, weltanschaulichen und religiösen Voraussetzungen abhängig sind. Nicht nur durch die geographischen Verbindungen ist die Menschheit zu einer funktionellen Einheit geworden. Vielmehr hängen die Elemente ihrer Zivilisationsstruktur wechselseitig voneinander ab. So sind Bereiche wie Politik, Handel, Erziehung, Wissenschaft, Philosophie, Psychologie und Religion durch ein ganzes Netz von Beziehungen miteinander verknüpft. Praktisch wirkt sich dieser Sachverhalt so aus, daß Politik nicht mehr ausschließlich Sache der Politiker, Wirtschaft nicht mehr Sache der Wirtschaftler ist und Erziehung nicht nur die Sache der Eltern. Alle Bereiche treten in irgendeiner Weise miteinander in Beziehung.

Die heutige Situation macht – angesichts der Gefahr der unmenschlichen Verselbständigung der Technologien – ihr Zusammenwirken notwendig.

4. Das Leben des einzelnen

Wenn wir fragen, woher ein Mensch seine Eigenarten, Ansichten und Werturteile hat, kommen wir mit großer Wahrscheinlichkeit auf die Umgebung zu sprechen, in der er aufgewachsen ist, nämlich seine Familie. Die Kontinuität der Gesellschaft erhält sich über die Spielregeln, die ein Mensch in seiner Familie erworben hat, und über die gemeinsamen Werteinschätzungen, die als Gruppenziele eine Gesellschaft zusammenhalten.

In diesem Spannungsfeld kulturspezifischer, weltanschaulich-religiöser und wissenschaftlicher Sinnangebote steht der einzelne Mensch. Er kann zwischen den Mühlsteinen miteinander konkurrierender Systeme zermahlen werden, wenn keines der Angebote eine hinreichende Möglichkeit bietet, sich mit ihm zu identifizieren.

Das Problem der Sinnlosigkeit hat seine Ursache kaum darin, daß es an Angeboten dafür fehlt, was für den einzelnen Sinn sein könnte. Hier ist, ähnlich wie auf dem Markt der Konsumgüter, die Auswahl groß und unübersichtlich. Dennoch bleibt das Bedürfnis nach dem Sinn unbefriedigt, auch dort, wo kulturelle, weltanschauliche, philosophische und religiöse Systeme genug Antworten bereitstellen.

Für den Menschen ergibt sich daraus, daß er selber in dieser Einheit eingegliedert ist und sich gewissen Ordnungen, Naturgesetzen und unumgänglichen Regelhaftigkeiten beugen muß und daß er gleichzeitig die Fähigkeit der Unterscheidung und damit der Verantwortung besitzt, die sich daraus ergibt, daß er nicht passiv der Natur untergeordnet ist, sondern aktiv innerhalb der Bandbreite der gegebenen Möglichkeiten sein Schicksal selber bestimmt.

Konsequenz

Hilfe zum Standortwechsel: Diese vier Grundregeln gewährleisten eine optimale Funktion der Zusammenarbeit. Sie richten sich gleichsam als Forderung oder Anregung an den einzelnen und garantieren die notwendigen und hinreichenden Voraussetzungen für ein stabiles und dennoch flexibles Gruppen-Ich. Wir wollen uns mit diesen Bereichen, die eigentlich jeden Menschen angehen, näher befassen, Gründe erfragen, Annahmen prüfen, angemessene Lösungen finden.

„Junge, was soll bloß aus Dir werden, wenn ich mal nicht mehr bin!"

Zweites Kapitel:
Sinngebung und Sinnfindung

Ihr seid alle die Blätter eines Zweiges
und die Früchte eines Baumes
Bahá'u'lláh (Begründer der Bahá'i-Religion).

1. Transkulturelle Begegnung

Wissen ist Macht, Sehen ist Allmacht

Avicena, der große Arzt, war aus seiner Heimatstadt vertrieben worden. So, wie es heißt, daß der Prophet nichts im eigenen Lande gilt, gilt oft auch der gute Arzt nichts in seiner Stadt. Avicena reiste nach Bagdad; sein Ruf als Arzt eilte ihm voraus. Vor den Toren Bagdads, am Ufer des Euphrat, sah Avicena eine große Menschenmenge, die einen Hakim umstand. Der verkaufte Pillen, Tränklein, legte Blutegel an und stellte seine Diagnosen.

Während Avicena ihm zuschaute, trat eine ältere Frau an den Hakim heran und reichte ihm ein Fläschchen mit Urin. Der Hakim hob das Fläschchen gegen die Sonne und erklärte: »Dieser Urin ist von deinem Herrn.« Die Frau stimmte erstaunt zu. »Dein Herr wohnt im Osten der Stadt.« Wieder mußte die Frau dies bestätigen. Der Hakim blickte nochmals in den Urin hinein: »Er ist Jude.« Den Umstehenden blieb vor Erstaunen und Wundern der Mund weit offen. »Und außerdem«, fuhr der Hakim fort, »hat dein Herr heute Joghurt gegessen.« Das Erstaunen aller hatte keine Grenzen mehr. Der Hakim gab der Frau ein Beutelchen mit Pillen, die gut für ihren Herrn wären.

Nachdem sich die Menschenmenge verlaufen hatte, trat Avicena an den Hakim heran, lobte ihn für seine Kunst und fragte ihn: »Wie hast du das bloß gemacht?« Der Hakim antwortete: »Genau so wie ich weiß, daß du Avicena bist.« Jetzt war Avicena an der Reihe, zu staunen. Kopfschüttelnd wollte er wissen: »Woher weißt du das?« Der Hakim lächelte und sagte: »Du warst der einzige, der verständige Fragen stellte. Dich kannte ich nicht aus Bagdad. Ich wußte aber, daß du kommen wirst, und so war es nicht schwer, dich zu erkennen.« »Wie konntest du aber so viel über diese Frau und ihren Herrn sagen?« »Das war nichts als Beobachtung. Die Frau trug eine Kleidung, wie sie bei uns nur Mägde tragen. Der Urin, den sie in diesem wertvollen Fläschchen brachte, war also mit großer Wahrscheinlichkeit der ihres Herrn. Sie trug die Zeichen, die sie als Jüdin kenntlich machen. Als Jüdin diente sie sicher nicht einem mohammedanischen oder christlichen Herrn. Ihr Herr mußte also Jude sein. An ihrem Ärmel sah ich die Reste von frischem Joghurt. Alles sprach dafür, daß ihr Herr heute eine Speise mit Joghurt aß. Alle meine Beobachtungen und Schlüsse waren richtig und haben mir selbst auch einen großen Dienst getan.«

Avicena, der Arzt, horchte auf. Der Hakim fuhr fort: »Dadurch, daß ich so viel über den Urin sagen konnte, brauchte ich ihn nicht auf Zucker hin zu kosten, denn das tue ich, bei Allah, überhaupt nicht gern.«

Gastarbeiter als notwendiges Übel

»Bis vor kurzem habe ich die Gastarbeiter als ein notwendiges Übel betrachtet. Das habe ich auch meinen Kindern erzählt. Heute erkenne ich, daß das ein Vorurteil war. Das kam so: Eines Nachts stand ich mit meinem Auto, das sich nicht mehr vom Fleck rührte, am Rand einer Bundesstraße und versuchte Wagen anzuhalten, um Hilfe zu bekommen. Einer nach dem anderen fuhr vorüber. Schließlich hielt jemand. An der Sprache erkannte ich sofort, daß er Ausländer war. Zunächst versuchte er den Defekt zu finden. Als das nach über einer Stunde nicht gelang, machte er den Vorschlag, mich abzuschleppen. Sein Wagen erwies sich jedoch als zu schwach. Dann nahm er mich 25 Kilometer bis zur nächsten Großstadt mit, wo er wohnte, und holte dort mitten in der Nacht einen Freund aus dem Bett, der in einer Reparaturwerkstatt arbeitete. Ich sah bei dieser Gelegenheit zum erstenmal, in welcher Enge eine Gastarbeiterfamilie hauste. Die Frau goß uns noch einen Kaffee auf, dann fuhren wir zurück zu meinem Wagen. Es war inzwischen zwei Uhr nachts. Nach einer Viertelstunde lief mein Wagen wieder. Geld wollten die beiden kaum annehmen. Ich habe sie zu mir nach Hause eingeladen. Ich muß sagen, ich habe langsam meine Einstellung geändert. Die ersten Bedenken kamen mir schon damals in der Nacht: Ich erkannte, wie unbegründet meine Abneigung war. Zumindest war sie nicht gegenüber allen Fremden berechtigt. Ich wollte der Sache nachgehen und habe mir deshalb Informationsmaterial beschafft« (35jähriger Betriebsleiter).

Vorurteile beruhen, gleichgültig, ob sie positiv oder negativ sind, hauptsächlich auf einem allgemein eingeschränkten Wertgesichtsfeld. Eine Fähigkeit wird einseitig hervorgehoben und aus der Persönlichkeit des Partners herausgelöst. Mit dieser Fähigkeit werden Erwartungen, Haltungen und Einstellungen verknüpft: Du bist und bleibst immer unordentlich. – Wer einmal lügt, dem glaubt man nicht. – Du hast mich immer enttäuscht, du brauchst mir nichts vorzumachen. – Ich habe es selbst gelesen, und das stimmt auch. – Ich weiß selbst, was richtig und was falsch ist.

Vorurteile haben nicht etwa die Neigung, sich selbst zu korrigieren, sondern in andere Vorurteile überzugehen. Man ändert lieber die Welt als ein Vorurteil. Warum lassen sich Vorurteile so schwer abbauen? Oft merken die Menschen gar nicht, daß sie ein Vorurteil haben. Um das Vorurteil nicht einer Prüfung aussetzen zu müssen und es nicht in Frage stellen zu lassen, versucht man unwillkürlich Auseinandersetzungen, die es ins Wanken bringen können, zu vermeiden. Wie kann aber ein Mensch jemals wissen, ob er etwa einem Irrtum (in Form eines Vorurteils) verfallen ist, wenn er sich nie der Erfahrung aussetzt, die dies an den Tag bringen könnte? Wie kann man, um das anfängliche Beispiel wieder aufzugreifen, behaupten, ein Kind sei unehrlich, der Partner untreu, ohne ihm überhaupt die Möglichkeit einer Rechtfertigung zu geben? Wie können wir merken, ob wir Vorurteile haben oder nicht, wenn wir nicht bereit sind, anderen, die gänzlich unterschiedliche Ansichten und Eigenschaften haben als man selbst, zu begegnen und uns mit ihnen auseinanderzusetzen?

Ein Vorurteil ist ein unzeitgemäßes Urteil, das zumeist stark mit Gefühlen besetzt ist. Auf Vorurteilen basieren viele zwischenmenschliche Konflikte. Zwischenmenschliche Konflikte und transkulturelle Probleme sind oft nicht unausweichliches Schicksal oder das Produkt eines bösen Willens, sondern die Folge des Teufelskreises der Vorurteile. Ein Versuch, diese Wertvorstellungen zu objektivieren, ist der Vergleich der in einem Staat gültigen Gesetze und Rechtsnormen. Vielschichtiger, schillernder, für mich interessanter sind die alltäglichen Verhaltensweisen, auftretenden Konflikte und deren Verarbeitungsmöglichkeiten, wie sie in einer Kultur typisch, das heißt immer wieder zu beobachten und regelhaft sind.

Weshalb Psychotherapie transkulturell sein muß

Wir Menschen haben in den letzten fünfundsiebzig Jahren etwa 105 Millionen Menschen umgebracht, Menschen, die wir nicht einmal mit Namen kannten. Die Analyse der heutigen Weltsituation konfrontiert uns mit einem Meer von Blut und Tränen und voll entsetzlicher Leiden und Quälereien. Es ist soweit gekommen, daß Tausende von Toten und verwüsteter Landstriche, die durch Naturkatastrophen oder Kriege entvölkert wurden, uns weniger erregen, als wenn man uns das abendliche Bier vorenthalten oder das Fernsehen ein Länderspiel nicht übertragen würde. Wir verbringen unsere Zeit damit, kunstvolle Ausreden für unser Verhalten zu drechseln, mit denen immer jemand anders verantwortlich gemacht wird und immer ein anderer uns retten soll.

Eine wichtige Motivation für meinen Ansatz mag gewesen sein, daß ich mich in einer transkulturellen Situation befinde (Deutschland–Iran). In dieser Situation wurde ich darauf aufmerksam, daß viele Verhaltensweisen, Gewohnheiten und Einstellungen in den verschiedenen Kulturkreisen häufig unterschiedlich bewertet werden.

Was auf den Tisch kommt, wird gegessen

Eine deutsche Frau, die im Iran zu Besuch war, wurde krank. Sie litt unter Verdauungsstörungen und klagte: »Ich kann kein Essen mehr sehen. Seit einer Woche bin ich hier. Fast jeden Tag war ich bei einer anderen Familie zu Gast. Meine Gastgeber waren sehr lieb und verwöhnten mich, wo sie nur konnten. Nur das mit dem Essen habe ich nicht verkraftet. Wenn ich meinen Teller leer gegessen hatte – das Essen schmeckte immer ausgezeichnet –, wurde mir sofort wieder nachgegeben, um nicht unhöflich zu sein, habe ich auch das noch aufgegessen. Aber dann wurde mir wieder aufgegeben. Dies ging so lange, bis mir fast schlecht wurde und ich aus reiner Selbsterhaltung keine Rücksicht mehr auf meine Gastgeber nehmen konnte und das Essen einfach stehenließ. Ich hatte dabei aber ein schlechtes Gewissen, weil die Leute so nett und freundlich waren.«

Die Besucherin hätte kein schlechtes Gewissen zu haben brauchen, wenn ihr bekannt gewesen wäre, daß das, was sie zum Schluß getan hatte, nämlich einen Teil des Essens stehenzulassen, im Iran beste Sitte ist.

Dies bedeutet nicht, daß das eine Modell besser ist als das andere, sondern daß verschiedene Wertsysteme einander viel zu sagen haben, daß sie sich gegenseitig ergänzen können.

Jedes Verhalten hat einen Sinn

Um ein beobachtbares Verhalten zu verstehen, brauchen wir Hintergrundinformationen, die uns erst Maßstäbe für das spätere Urteil geben. Das bedeutet, sowohl die transkulturellen Bedingungen zu berücksichtigen, als auch die Bedingungen, die in der persönlichen Lebensgeschichte einem Verhalten erst einen Sinn geben.

Bei den Massai in Kenya ist es üblich, die Ohren an mehreren Stellen zu durchbohren, um verschiedene Schmuckstücke einsetzen und anhängen zu können. Das untere Ohrläppchen wird durchlöchert und nach und nach mit immer größeren Gegenständen erweitert. Diese Sitte, die sich aus der Tradition der Massai verstehen läßt, ist auch der europäischen Tradition nicht fremd, so unglaublich es auf den ersten Blick zu sein scheint. So fand ich einen Sinnspruch, der wohl etwa hundert Jahre alt ist, aber in seiner Tradition bis in das Mittelalter zurückreicht.

Ringlein in die Ohren
laß ich mir nicht bohren,
wenn sie aber nützen
und vor Krankheit schützen,
dann will ich mal sehen,
ob es mag geschehen!

Wir sehen, daß auch hier eine volksmedizinische Begründung herangezogen wird. Man versucht, Krankheiten zu verhindern, bzw. im Falle der Massai, wichtige Körperfunktionen wie das Sehen zu stärken, die gerade für das Überleben in der Steppe außerordentlich wichtig sind. Auch wenn die wissenschaftliche Neurophysiologie noch keine eindeutige Erklärung dafür entwickelt hat, geht ein anderes traditionelles Verfahren, die chinesische Akupunktur, in noch differenzierender Weise von dieser volksmedizinischen Vorgehensweise aus.

Das ursprünglich nur fremde und damit befremdende Verhalten wird dadurch verständlich, daß wir uns um Informationen bemühen und nach Ähnlichkeiten in uns selber und in unserem Kulturbereich suchen, die es uns dann sinnvoll erscheinen lassen. Sinnvoll bedeutet hier, daß das Verhalten einem Zweck dient, den wir anzuerkennen bereit sind.

Diese Erfahrungen und Überlegungen führten mich dazu, den Menschen – auch in der Psychotherapie – nicht als isoliertes Einzelwesen zu begreifen, sondern seine zwischenmenschlichen Beziehungen und – wie es meiner eigenen Entwicklung entspricht – seine »transkulturelle« Situation zu berücksichtigen, die ihn erst zu dem machen, was er ist.

Beim transkulturellen Vorgehen beschäftigen wir uns mit den in einer Kultur gültigen Konzepten, Normen, Wertvorstellungen, Verhaltensstilen, Interessen und Perspektiven. Der transkulturelle Ansatz durchzieht wie ein roter Faden die gesamte Positive Psychotherapie. Teil meiner Arbeit ist es, den Zusammenhang zwischen Kultur und Krankheit sowie zwischen den kulturellen Auffassungen in fünfzehn verschiedenen Kulturkreisen zu untersuchen.

Transkulturelle Psychotherapie steht daher im Knotenpunkt zwischen der individuellen Einzigartigkeit und dem sozialen, zwischenmenschlichen Wesen des Menschen. Erst wenn man die Psychotherapie nicht isoliert, sondern in ihren Bezügen zu anderen Gruppen und gesellschaftlichen Systemen sowie zum Individuum sieht, wird es möglich, das ökologische System zu erfassen, in dem Probleme und Konflikte entstehen und in dem sie gelöst werden können.

Die transkulturelle Arbeitswelt gewinnt neben der transkulturellen Privatsphäre und der transkulturellen Politik immer mehr an Bedeutung, gleichgültig ob in einem Land Gastarbeiter Aufnahme finden oder es Gastarbeiter »exportiert«. Nach der sich andeutenden Entwicklungslinie ist zu erwarten, daß die transkulturelle Problematik eine der wesentlichen Aufgabenstellungen der Zukunft sein wird.

„Nun nehmen Sie sich doch mal zusammen, Mann!"

Die Grundfähigkeiten sind die Basis der menschlichen Beziehungen und die Bereiche, in denen Menschen trotz aller individueller und kultureller Unterschiede Gemeinsamkeiten finden können.

Positive Psychotherapie

Grundfähigkeiten

Sinn der Gemeinsamkeit

Eine dicke Bohne, die zusammen mit anderen Gemüsen in einem
Kochtopf lag, drehte sich mit Abscheu von einer Linse weg: »Wer ist
dieses kleine Scheusal?« Die Linse lächelte und sagte: »Sei nicht so
stolz, denn Gemüse wie dich und mich gibt es mehr als genug. Was
gekocht wird, wird gegessen. Was für ein Unterschied besteht zwischen Linse und Bohne? Du glaubst, außer dir gäbe es in diesem Kochtopf nichts Gleichwertiges!« (Nach P. Etessani, persische Dichterin)
Bei der Beobachtung der transkulturellen Situation stellen sich uns die
Fragen: Was haben alle Menschen gemeinsam? Wodurch unterscheiden
sich Menschen?
Sucht nicht gerade der Mensch des zwanzigsten Jahrhunderts nach
einer Hochkultur, die von gleichberechtigten Partnern getragen wird,
eine Kultur, in der alle ihre Fähigkeiten entwickeln? Eine Kultur, in der
man die Verwandtschaft mit allen anderen Menschen fühlt, die Einheit
mit allem Leben und mit dem Schöpfer des Alls? Sucht nicht der moderne Mensch das Innenleben solcher Menschen zurückzugewinnen,
aber in Verbindung mit dem äußerlichen Leben der Wissenschaftlich-
keit und mit einem neuen Ethos?
Derartige Fragen und Erlebnisse lenkten meine Aufmerksamkeit auf
die Bedeutung psychosozialer Normen für die Sozialisation und die
Entstehung zwischenmenschlicher und innerseelischer Konflikte. Dabei fand ich, ausgehend von der Psychotherapie, sowohl bei orientalischen als auch bei europäischen und amerikanischen Patienten im Zusammenhang mit den bestehenden Symptomen Konflikte, die auf eine
Reihe immer wiederkehrender Verhaltensweisen zurückgehen. Ich
versuchte daher, diese Verhaltensnormen zu sichten und einen Über-
blick über derartige Phänomene zu erhalten. Eng zusammengehörende
Begriffe wurden zusammengefaßt und schließlich ein Inventar erstellt,
mit dessen Hilfe sich die inhaltlichen Komponenten der zentralen Konfliktbereiche beschreiben lassen. Was sich auf dem erzieherischen und
psychotherapeutischen Sektor als Konfliktpotential und Entwick-

lungsdimension darstellte, fand sich im Bereich der Moral und der Religion im normativen Sinn als Tugend wieder.

Dem Konzept der Positiven Psychotherapie liegt die Auffassung zugrunde, daß jeder Mensch – unabhängig von seiner derzeitigen Entwicklung (Alter, Geschlecht, Rasse, Klasse, Typologie, Krankheiten oder sozialen »Abnormitäten«) – über die beiden Grundfähigkeiten, die Erkenntnisfähigkeit und die Liebesfähigkeit (Emotionalität) verfügt.

Beide Grundfähigkeiten gehören zum Wesen eines jeden Menschen. Je nach den Bedingungen seines Körpers, seiner Umwelt und der Zeit, in der er lebt, werden sich diese Grundfähigkeiten differenzieren und zu einer unverwechselbaren Struktur von Wesenszügen führen.

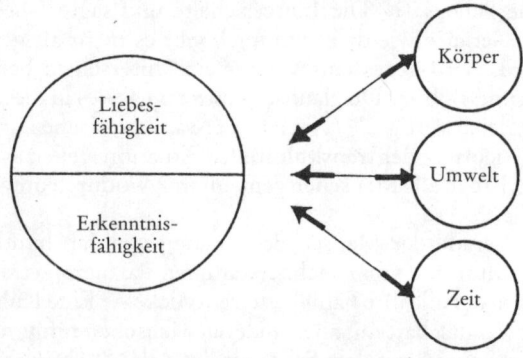

Grundfähigkeiten und ihre Entwicklungsbedingungen

Was ist Liebesfähigkeit?

Die Liebesfähigkeit ist der Bereich der Emotionalität, der Gefühle und der Triebe. Als Hauptausdrucksform zwischenmenschlicher Beziehungen umfaßt sie die Fähigkeiten, zu lieben (aktiv emotionale Beziehungen aufzunehmen) und geliebt zu werden (emotionale Zuwendungen zu ertragen). Die Liebesfähigkeit ist nicht gleichgültig gegenüber dem, worauf sie sich richtet: Wenn wir etwas lernen, erwerben, schaffen, hängt der Zweck und der Sinn dieser Tätigkeit davon ab, für was und wen dies geschieht: Für uns selber? Für unseren Partner und unsere Angehörigen, für unsere Interessengruppen, Staaten? Nationalitäten? Für die Menschheit? Für die unmittelbare und ferne Zukunft? Oder gegen sie?

Die Liebesfähigkeit führt in ihrer weiteren Entwicklung zu den primären Fähigkeiten wie Liebe, Vorbild, Geduld, Zeit, Kontakt, Sexualität, Vertrauen, Zutrauen, Hoffnung, Glaube, Zweifel, Gewißheit und Einheit. Liebe, eine emotionale Beziehung, ist durch ein wechselseitiges Verhältnis von Geben und Nehmen gekennzeichnet. In der frühesten Form tritt sie in der Beziehung zwischen Mutter und Kind (primäre Zwei-Menschen-Beziehung) auf. Das Kind ist angewiesen auf die Befriedigung seiner vitalen Bedürfnisse durch eine Bezugsperson, gewöhnlich die Mutter. Es braucht während der Kindheit die emotionale Zuwendung der Mutter, die als Vorbild dient und Geduld und Zeit aufbringt. Auf dieser elementaren Stufe entwickelt das Kind ein grundlegendes Vertrauen oder, sofern mangelnde Bedürfnisbefriedigung vitale Ängste in den Vordergrund rückte, die habituelle Einstellung des Mißtrauens. Das Nehmen besitzt für das Kind ganz natürlich den Vorrang vor dem Geben. Die Mutter, in der weiteren Entwicklung auch andere Bezugspersonen, wie Vater, Geschwister, Großeltern, Verwandte, das soziale Umfeld, unterstützen die in dem Kind als Fähigkeit vorhandene Liebe oder unterdrücken sie, so daß es später scheint, als sei zuwenig von dieser Fähigkeit vorhanden, oder es zur Umkehrung der positiven emotionalen Beziehungen in Mißtrauen, Neid und Haß, Aggressionen und Ängste kommt.

Was ist Erkenntnisfähigkeit?

Jeder Mensch versucht, die Zusammenhänge in der Wirklichkeit zu erkennen. Er fragt, warum ein Apfel zu Boden fällt; warum ein Baum wächst, warum die Sonne scheint, warum ein Auto fährt, warum es Krankheiten und Leid gibt. Er interessiert sich dafür, was er eigentlich ist, woher er gekommen ist, wohin er gehen wird. Die Eigenart des Menschen, solche Fragen zu stellen und Antworten darauf zu suchen, ist die Erkenntnisfähigkeit. Erzieherisch baut sie auf der Wissensvermittlung auf. Die Erkenntnisfähigkeit gliedert sich in die einander ergänzenden Fähigkeiten, zu lernen und zu lehren, d. h. die Fähigkeiten, Erfahrungen zu machen und sie weiterzugeben. Das Mißverhältnis von Lernen und Lehren liefert eine besondere Konfliktquelle: Wenn wir ein kompliziertes technisches Werkzeug bedienen wollen, müssen wir diese Bedienung erst einmal lernen. Wenn wir dieses Gerät an andere weitergeben, sind wir eigentlich verpflichtet, sie zu unterrichten, sie zu lehren. Tun wir das nicht, brauchen wir uns nicht zu wundern, wenn die anderen das kostbare Gerät durch unsachgemäße Bedienung zerstören. Das Mißverständnis von Lernen und Lehren führt zu einem Mißverhältnis, das in der Erziehung, Partnerschaft und in der Generationenbeziehung breiten Raum einnimmt. Aus der Erkenntnisfähigkeit entwickeln sich die sekundären Fähigkeiten, wie Pünktlichkeit, Ordnung, Sauberkeit, Höflichkeit, Ehrlichkeit, Sparsamkeit, Gerechtigkeit, Zuverlässigkeit usw.

Die primären und die sekundären Fähigkeiten bezeichnen wir als Aktualfähigkeiten. Träger sind Religionen, Kulturen, Ahnen, Eltern und kulturelle Institutionen. Die Aktualfähigkeiten hängen somit von den historischen wie von den herrschenden gesellschaftlichen Bedingungen ab. Erkenntnis- und Liebesfähigkeit dagegen gehören zum Wesen eines jeden Menschen.

Entwicklung der Grund- und Aktualfähigkeiten

So, wie ein Samenkorn eine Fülle von Fähigkeiten besitzt, die durch die Umwelt, z. B. den Boden, den Regen, den Gärtner, entfaltet werden, so entwickelt auch der Mensch seine Fähigkeiten in enger Beziehung zu seiner Umwelt. Daher treffen wir beide Grundfähigkeiten nicht rein an, sondern in den Erscheinungsformen, zu denen sie durch die Beziehungsstrukturen in Familie und Gesellschaft und durch Lernerfahrungen aus der Lebensgeschichte geworden sind. Aus den Grundfähigkeiten und ihrer Entfaltung in der Umwelt entwickeln sich alle anderen Fähigkeiten. Diese beiden Grundfähigkeiten stehen als zusammenfassende Kategorien hinter den primären und sekundären Fähigkeiten. Sie sind jedoch nicht nur formal die höhere Abstraktionsstufe der Aktualfähigkeiten, sie stellen vielmehr die Gesamtheit der menschlichen Fähigkeiten in einem noch undifferenzierten Stadium dar, »wie die Flamme in der Kerze verborgen ist und die Strahlen des Lichtes nur als Möglichkeiten in der Lampe vorhanden sind« (Bahá'u'lláh).

Aus den Grundfähigkeiten differenzieren sich im Verlaufe der individuellen Lebensgeschichte die Ausprägungen der Aktualfähigkeiten, die wir dann als persönliche und unverwechselbare Eigenschaften ansehen. Trotz erfolgter Differenzierung in Aktualfähigkeiten haben wir eine in ihrem Ausmaß nicht abschätzbare Menge von Entwicklungsmöglichkeiten, die in den Grundfähigkeiten ruhen. Die Aktualfähigkeiten wirken in allen Kulturen. Nur ihre relativen Ausprägungen unterscheiden sich kulturell. Unter Erziehung verstehen wir nach dem bisher Gesagten die Einflußnahme auf die Entwicklung, Differenzierung (Unterscheidung) und Integration eines Menschen. Entwicklung bezieht sich vornehmlich auf den Körper und dessen Funktionen, insofern sie aufgrund des genetischen Programmes sich im Laufe der Zeit entfalten. Darunter fallen aber auch alle seelischen Funktionen, die unmittelbar von der Reifung, beispielsweise des Nervensystems, abhängig sind.

Die Differenzierung, die auch im körperlichen Bereich als Differenzierung der Organfunktionen zu beobachten ist, betrifft insbesondere die Differenzierung der fünf Erkenntnismedien: Mittel der Sinne; Mittel der Vernunft; Mittel der Tradition; Mittel der Intuition und Mittel des Unbewußten.

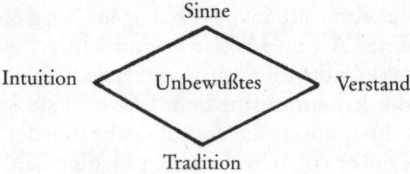

Modellfunktionen bei der Entwicklung der vier Medien der Erkenntnisfähigkeit

Die einzelnen Erkenntnismedien differenzieren und verfeinern sich selber im Verlaufe der Entwicklung und entsprechend dem Angebot der Umwelt. Die besondere Differenzierung hinsichtlich der Mittel der Sinne und hier besonders des Hörens ist in verschiedenen Musikerfamilien zu beobachten. Beethoven und Mozart sind hierfür die berühmtesten Beispiele.

Hier werden zweifelsohne veranlagte Fähigkeiten hoch differenziert und spezialisiert. Mit anderen Worten: Mozart wäre wohl ohne den erzieherischen Einfluß seines Vaters nicht Mozart geworden. Er wäre es auch nicht geworden, wenn ihm nicht von seiner Entwicklung und Einzigartigkeit her besonders entwicklungsfähige musikalische Fähigkeiten zur Verfügung gestanden hätten. Ebenso wie sich die Erkenntnismedien differenzieren, werden die sozialen Bezüge (Formen der Liebesfähigkeit) unterschieden. Die Beziehung zum Ich; die Beziehung zum Du; die Beziehung zum Wir und die Beziehung zum Ur-Wir.

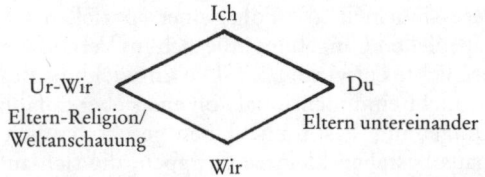

Modellfunktionen bei der Entwicklung der vier Medien der Liebesfähigkeit

Der äußeren Unterscheidung der sozialen Bezüge entspricht eine innere Schwerpunktsetzung und Bewertung.

Integration: Ebenso wie der Körper nicht bloß das beziehungslose Nebeneinander einer Vielzahl von Zellen ist, sondern die Zellen eine differenzierte und spezialisierte funktionale Einheit bilden, sind auch die psychischen Fähigkeiten aufeinander bezogen. Wird eine dieser Fähigkeiten in irgendeiner Art und Weise beeinträchtigt, wird zugleich die gesamte Persönlichkeit davon positiv oder negativ betroffen.

Betrachten wir die Erkenntnismedien: Obwohl sie jedem Menschen zur Verfügung stehen, unterscheidet sich nahezu jeder von allen anderen dadurch, wieviel er von den einzelnen Medien hält, von welchen er Gebrauch macht und welche er aktiviert und trainiert.

Fragen wir nach den Bedingungen dafür, lassen sich verschiedene Quellen ausmachen: Zunächst könnte man eine besondere Veranlagung für eine besondere Ausprägung eines Erkenntnismediums, beispielsweise des Verstandes, verantwortlich machen. Diese Erklärung hat zwar viel für sich, erklärt aber zuwenig. Es ist anzunehmen, daß eine bestimmte Umwelt diese Bevorzugungen hervorrief:

Im Vergleich verschiedener Kulturen werden solche Bevorzugungen im jeweiligen Wertsystem schon festgelegt. Die abendländischen Kulturen bevorzugen vor allen anderen Erkenntnismedien in unserer Zeit das Mittel des Verstandes. Die Entwicklung in diesem Kulturbereich zeigt im Zusammenhang damit eine weitgehende Lösung von der Tradition und das Aufgeben der Intuition und Phantasie zugunsten des systematischen Verstandes.

Ein gegenteiliges Bild bieten orientalische Kulturen, in denen die Intuition, Phantasie und Märchen eine wesentliche Rolle einnehmen und die Art und Weise des Denkens und des Verstandes beeinflussen. Aus dieser Bevorzugung oder Benachteiligung erwachsen unterschiedliche Einstellungen, was eigentlich sozial wichtige Verhaltensweisen sein sollten.

Um einen Schluß aus diesen Überlegungen schon vorwegzunehmen: Völkercharaktere sind nicht die Folge einer speziellen Veranlagung, sondern einer speziellen Umgebung, die sich im Verlauf einer eigenen kulturellen Geschichte entwickelt hat. Die Entwicklung des einzelnen Menschen wird nicht eindimensional von einer eher zufälligen gesellschaftlichen Umgebung bestimmt. Über gesellschaftlich-kulturelle Tendenzen hinaus bestehen kleinere Gruppen, die sich aufgrund gemeinsamer Interessen auszeichnen. Diese gemeinsamen Interessen bedingen in vielen Fällen eine Bevorzugung gewisser Erkenntnismedien, wie es sich in der Gruppe der Sportbegeisterten und der Intellektuellen zeigt.

Der unmittelbare Einfluß wird jedoch von der Familie selber ausgeübt. Der jeweiligen Bevorzugung von bestimmten Erkenntnismedien entspricht eine besondere Struktur der primären und sekundären Fähigkeiten. In einer Familie, in der der systematische Verstand unter Beteiligung des Unbewußten von Bedeutung ist, können beispielsweise die Ordnung, Pünktlichkeit, der Gehorsam, die Genauigkeit, der Fleiß, Zutrauen und Zweifel besonders ausgeprägt sein.

Dort, wo der Körper, also die Sinne, in den Vordergrund gerückt wird, kommt es zumeist auf das Essen, die Sauberkeit, die körperliche Leistungsfähigkeit, das Vertrauen – bezogen auf sich und die Familie – usw. an. Wo die Tradition das bestimmende Medium ist, entwickeln sich Gehorsam, Höflichkeit, Ehrlichkeit, Glaube, Hoffnung usw. entsprechend den jeweiligen Traditionsinhalten. Wo die Intuition die Hauptrolle spielt, entwickeln sich Ehrlichkeit, Phantasiefülle, Hoffnung, Glaube, Gewißheit usw. So unterscheiden sich auch die einzelnen Familien voneinander und entwickeln ihre besonderen Eigentümlichkeiten.

Der Mensch ist gut

Die Hypothese dieser beiden Grundfähigkeiten bedeutet nichts anderes als die Feststellung: Der Mensch ist seinem Wesen nach gut. Dies gilt unabhängig von Rasse, sozialer Klasse und Typenpsychologie. Nicht nur der Gesunde besitzt die Grundfähigkeiten, sondern auch der Kranke, dessen körperliche und seelische Funktionen gestört sind. Werden diese Fähigkeiten in ihrer Entwicklung gehemmt, vernachlässigt oder nur einseitig ausgebildet, entstehen – verdeckt oder offen – Konfliktbereitschaften. Mit anderen Worten: Es gibt keine von Natur aus schlechten Menschen. Wenn wir jemanden nicht ausstehen können, kann dies darauf beruhen, daß er anders aussieht, als wir es uns gewünscht haben. Wenn wir jemanden verabscheuen, uns von ihm distanzieren und uns über ihn ärgern, so kann das darauf zurückzuführen sein, daß er nicht unsere Meinung vertritt, uns gegenüber nicht höflich genug ist, uns warten läßt, unzuverlässig ist oder an uns Anforderungen stellt, die wir als unbequem und ungewohnt empfinden. Wenn wir einen Menschen nicht mögen, so kann es daran liegen, daß er uns einmal enttäuschte, andere mit ihm schlechte Erfahrungen machten und wir ihm deshalb unser Vertrauen entzogen. Den Häßlichen jedoch können wir nicht hassen, weil er häßlich ist, den Unhöflichen, weil er unhöflich ist, und den Unzuverlässigen nicht wegen seiner Unzuverlässigkeit. Manche, die in unseren Augen häßlich sind, erscheinen in den Augen anderer Menschen schön. Manche, die uns unhöflich erschei-

Die veränderte Sichtweise der Positiven Psychotherapie läßt sich auch auf nahezu alle negativ besetzten Themen übertragen.

nen, haben die Höflichkeit, die wir fordern, einfach noch nicht gelernt, oder wir können ihre besondere Art von Höflichkeit nicht verstehen. Manche, denen wir das Vertrauen entzogen haben, verdienen unser Vertrauen in anderen Bereichen und zu einer anderen Zeit. Auch hat die erreichte Zivilisation absolut nichts mit dem Wesen des Menschen zu tun. Unsere Vorfahren kannten keine Kleider, benutzten ihre Hände statt eines Eßgeschirrs, besuchten weder Schulen noch Universitäten und waren doch Menschen und uns trotz allen geschichtlichen Unterschieden gleichwertig, genauso wie diejenigen Menschen unserer Tage, die auf einem anderen Entwicklungsniveau stehen und andere Normen vertreten. Auch wir haben ja erst Sauberkeit, Pünktlichkeit und Leistungsbereitschaft gelernt, auf die wir so stolz sind, obwohl sie nicht wenige Konfliktmöglichkeiten mit sich bringen:

»In dieses Restaurant gehe ich nicht mehr. Ich habe mich so geärgert. Fast eine Stunde hat es gedauert, bis das Essen endlich kam, und als es kam, war es kalt. Dafür waren die Eßbestecke dreckig. Der Höhepunkt war, als ich die Rechnung dafür gesehen habe« (Zeit, Pünktlichkeit, Geduld, Sauberkeit, Sparsamkeit).

»Dahin fahr' ich nicht mehr. Die Leute dort klauen wie die Raben, die Straßen sind dreckig wie ein Misthaufen. Ich habe Männer gesehen, die stellten sich zum Urinieren einfach an eine Hauswand, und direkt nebenan wurden Weintrauben verkauft. Die spucken einfach auf die Straße. Vom Verkehr brauch' ich gar nicht zu reden. Bei einer solchen Unordnung würde unsere Polizei den Kopf verlieren. Ich sage euch nur eins: bloß nicht in die Hände der Behörden fallen. Dort geht es nur vorwärts, wenn man mit einigen Geldscheinen schmiert. Neben dem Elend könnt ihr dort wahre Paläste sehen« (Ehrlichkeit, Sauberkeit, Höflichkeit, Ordnung, Gerechtigkeit, Vertrauen, Geduld).

Daß ein Mensch seinem Wesen nach neutral, also weder gut noch schlecht ist, ist aufgrund folgender Überlegungen schlechterdings unmöglich. Jedes Verhalten eines Menschen, und nicht nur das eines Menschen, äußert sich in einer sozialen Umgebung. Es werden daher von vornherein moralische, also gesellschaftliche und religiös vorgeprägte Maßstäbe an dieses Verhalten herangetragen. Es erfolgt daher in der Regel eine Bewertung (Kannibalen-Gesellschaft: Menschenfressen ist erlaubt; Frauentausch bei einigen Eskimogruppen: Ehefrau wird als Gastfreundlichkeit dem Gast angeboten. Sie darf mit ihm schlafen. Als verbrecherische Untreue wird hingegen gewertet, wenn die Frau für diesen Gast ein Kleidungsstück näht).

Darüber hinaus müssen wir im Auge behalten, daß sich in irgendeiner Art und Weise Verhalten in Beziehung zur Umwelt realisiert. Seinem

Wesen, also seinen Grundfähigkeiten nach hat jeder Mensch daher die Chance, moralisch, das heißt gut zu sein.

Bei den Asmaten, einer Stammesgruppe im Südwesten von Neuguinea, prägt eine umfassende Mythologie die isolierte Existenz der Menschen: Um einen Gast wie das eigene Kind in die Familiengemeinschaft aufzunehmen, das heißt sich öffnen und Einblick in den engeren, persönlichen Lebensbereich zu gewähren, läuft ein bestimmtes Ritual ab, das symbolisch dem Gast Schutz und Sicherheit bietet: Die Ehefrau tritt nahe an den Gast heran, reicht ihm als Zeichen ihrer Freundschaft die entblößte Brust und deutet ihm, daran zu trinken. Der Gast ist somit symbolisch adoptiert worden, und die Gastgeber demonstrieren damit die Bereitschaft, den Gast als ihr Kind aufzunehmen und für ihn Sorge zu tragen. Der Sinn des Adoptionsfestes ist in der Beseitigung sozialer Spannungen zu sehen. Gleichzeitig aber wird mit der Adoption Verantwortung übertragen, da der Gast von nun an für das Wohl der Familiengemeinschaft einzutreten hat. Sowohl die Familie als auch der »adoptierte« Gast sind sich der gegenseitigen Pflichten und Aufgaben bewußt.

Auf Grund verschiedener Umstände, seien es körperliche Schädigungen oder prägende Umweltbedingungen, können viele Menschen nicht den geeigneten Zugang zu ihren Fähigkeiten finden. Sicher mag es Fälle geben, bei denen die Funktionen, welche die Liebes- und Erkenntnisfähigkeit zum Ausdruck bringen, so blockiert sind, daß trotz aufwendigsten Behandlungen eine Behebung der Beschwerden nicht erreicht werden kann. Es ist jedoch weder logisch noch zulässig, aus der Störung der Werkzeugfunktionen und der scheinbar aussichtslosen Prognose zu schließen, daß die Grundfähigkeiten überhaupt nicht vorhanden seien. Die Aussichtslosigkeit ist nicht nur Funktion der Störung, sondern zugleich der historisch bedingten Heilmittel, die zur Verfügung stehen. Eine Entscheidung im Sinne des diagnostischen Urteils erfordert daher nicht selten den Mut des Erziehers und des Therapeuten, zu gestehen: Ich kann ihm noch nicht helfen, anstatt zu sagen: Es ist ihm nicht zu helfen.

Grundfähigkeiten in der Literatur

Die Hypothese der Grundfähigkeiten fand ich in ähnlicher Form bereits in der Bahá'i-Religion vorgezeichnet. Ihr Prinzip zeigt sich in vielfacher Gestalt. Freud benutzt die Zweiteilung von Lustprinzip und Realitätsprinzip. Guilford spricht von universellen Dispositionen und Wesenszügen. Maslow verwendet den Begriff der Grundbedürfnisse des menschlichen Seins. Fromm unterscheidet zwischen den allen

Menschen eigenen biologischen Instinkten und existentiellen Bedürfnissen. Erikson verwendet den Begriff der »basic virtues«, die er in einer Stufenfolge von Grundtugenden beschreibt. Sieht man jedoch von den Unterschieden des theoretischen Bedeutungszusammenhanges ab, finden wir ein Menschenbild, für das Konstrukte gefordert werden, die den Grundfähigkeiten entsprechen.

In der psychotherapeutischen und medizinischen Literatur finden sich besonders bei Verhaltensstörungen, psychosomatischen Störungen, Neurosen und Psychosen genügend Hinweise auf einzelne Aktualfähigkeiten: Nach S. Freud (1942) sind Ordentlichkeit, Sparsamkeit und Eigensinn Dressurprodukte aus der Phase der Sauberkeitserziehung. C. G. Jung (1940), F. Künkel (1962) und V. Frankl (1959) betonen die Bedeutung des Glaubens. E. Fromm (1971) spricht von Hoffnung. A. Mitscherlich (1967) stellt die Bedeutung der Leistungsanforderung und Leistungsmotivation heraus. R. Dreikurs (1970) bringt Erfolg, Prestige und Genauigkeit in Verbindung mit Erziehungsproblemen. G. Bach und H. Deutsch (1962) weisen auf die Bedeutung einer offenen Beziehung (Ehrlichkeit) in der Partnerschaft hin. E. H. Erikson (1966; 1971) formuliert eine Stufenfolge von Tugenden, welche nach den einzelnen Entwicklungsstadien des Menschen und der Reifung der psychischen Funktionen aufgebaut sind. Er nennt Vertrauen, Hoffnung, Willen, Zielstrebigkeit und Treue im Jugendalter, Fürsorge und Weisheit im Erwachsenenalter. Der systematische Zusammenhang dieser inhaltlichen Komponenten erfährt jedoch dabei kaum Berücksichtigung.

Die Einteilung der Aktualfähigkeiten in die leistungsbezogenen sekundären Fähigkeiten und die emotional orientierten primären Fähigkeiten findet sich in einer Reihe von hirnorganischen Untersuchungen bestätigt. Sie weisen darauf hin, daß die beiden Großhirnhälften, die Hemisphären, nach zwei unterschiedlichen Informationsverarbeitungsprogrammen operieren. Die linke Hemisphäre ist für logische Schlüsse, analytische Schritte und den verbalen Kommunikationsteil zuständig. In anderen Worten: Die linke Hemisphäre trägt in irgendeiner Weise die leistungsorientierten sekundären Fähigkeiten und ist Repräsentant von Verstand und Vernunft. Der rechten, in der Regel nicht dominierenden Hemisphäre werden ganzheitliches Denken, einheitliches Erfassen, bildhafte Vorstellung und emotionale, weniger zensierte Assoziationen zugeschrieben. Sie steuert die emotional orientierten primären Fähigkeiten und ist demnach der Sitz von Intuition und Phantasie. Legen wir diese Hypothese zugrunde, gewinnt die Wissenschaft eine neue Wertigkeit: Der beabsichtigte Standortwechsel vollzieht sich als Bahnung der Intuition und Phantasie, die dann therapeutisch wichtig wird, wenn Vernunft und Rationalität alleine die auftretenden Probleme nicht bewältigen können. Man gewinnt Zugang zur Phantasie und lernt in den Sprachbildern zu denken.

Konsequenzen

Die einzelnen Lebensstile und das Aufeinandertreffen verschiedener Konzepte rufen typische Konflikte hervor, und dies nicht zuletzt deshalb, weil alle Extremformen einer »primären« oder »sekundären« Orientierung an der Gesamtheit der Fähigkeiten des Menschen vorbeigehen. Die Fähigkeit zur Leistung (Erkenntnisfähigkeit, sekundäre Fähigkeiten) und die Fähigkeit zur Emotionalität (Liebesfähigkeit, primäre Fähigkeiten) schließen sich nicht aus, sondern ergänzen einander.

Das läßt an eine Utopie denken, mit gesellschaftlichen Bedingungen, unter denen der Mensch alle seine Fähigkeiten in einem harmonischen Verhältnis zueinander entfalten kann, also leistungsfähig ist, ohne die Beziehung zu seinen Gefühlen und zu seinen zwischenmenschlichen Abhängigkeiten zu verlieren, und eine tiefe Emotionalität und Kontaktbezogenheit entwickeln kann, ohne in der Entfaltung seiner produktiven Fähigkeiten behindert zu sein.

>Welches ist der Sinn unseres Lebens, welches der Sinn des Lebens aller Lebewesen überhaupt? Eine Antwort auf diese Frage wissen, heißt religiös sein. Du fragst: Hat es denn überhaupt einen Sinn, diese Frage zu stellen? Ich antworte: Wer sein eigenes Leben und das seiner Mitmenschen als sinnlos empfindet, der ist nicht nur unglücklich, sondern auch kaum lebensfähig.«

Albert Einstein

2. Religiös-weltanschauliche Konzepte

Das passende Gebet

'Abdu'l-Bahá, der Sohn Bahá'u'lláhs, des Begründers der Bahá'i-Religion, war auf einer Reise von einer Familie zum Essen eingeladen worden. Die Frau des Hauses meinte es besonders gut und wollte ihre ganze Kochkunst unter Beweis stellen. Als sie die Speisen auftrug, entschuldigte sie sich dafür, daß das Essen angebrannt sei. Sie habe nämlich während des Kochens Gebete gelesen, in der Hoffnung, daß das Mahl dadurch besonders gut gelingen werde. 'Abdu'l-Bahá antwortete mit einem freundlichen Lächeln: »Es ist gut, daß du betest. Nimm aber doch beim nächsten Mal das Kochbuch.«

Wie Motive, die religiösen, weltanschaulichen und kulturellen Ursprung haben, auf die konkrete Lebenssituation von Menschen übergreifen können, veranschaulichen die folgenden Beispiele:

Gefährlicher Tee

Konzepttraditionen konnte ich in einem anderen kulturellen Zusammenhang bei Persern beobachten, die bereits über ein Jahrzehnt in Europa gelebt hatten. Wie Fossilien aus dem Erdboden auftauchen, erschienen bei ihnen Konzepte, die sie selbst überraschten. Ein persischer Ingenieur, der zu Besuch in Deutschland weilte, erzählte mir: »Als ich erfuhr, daß Sie Bahá'i sind, hatte es sich in mir innerlich zusammengekrampft. Mir wurde schlecht. Ich konnte den Tee, den ich gerade trank, nicht mehr trinken. Ich hätte mich fast übergeben müssen.«

Mich erstaunte diese starke affektive Reaktion. Mein Besucher war überzeugter Schiit. Wir hatten bereits öfter miteinander zu tun gehabt, so daß er mir soviel Vertrauen entgegenbrachte, um gemeinsam nach den Ursachen dieser Reaktion zu fahnden. Mein Gast erzählte, daß er öfter Auseinandersetzungen mit seinem Vater hätte, der dumpf die Suren des Koran vor sich hin bete, ohne auch nur ein Wort davon zu verstehen. Er selber könnte das nicht akzeptieren und beschäftigte sich in der Koran-Schule mit den religiösen Texten. Jedoch war dies noch kein hinreichender Grund für die durch die Übelkeit ausgedrückte körperliche Ablehnung. Den Schlüssel fanden wir bei dem Großvater des Ingenieurs. Dieser hatte sich in seiner Jugend lebhaft mit religiösen Fragen beschäftigt, war dann mit einigen Bahá'i zusammengekommen. Bald jedoch zog er sich wieder aus diesen Kontakten zurück. Einige seiner Freunde waren Bahá'i geworden, eine Sinneswandlung, der er skeptisch und ängstlich gegenüberstand. Er übernahm eine Erklärung dafür, die damals in Persien kursierte. Die Mullah sagten, der Tee bei den Bahá'i enthalte ein Pulver, durch das man leicht beeinflußbar würde und seinen wahren Glauben nicht mehr verteidigen könne.

Diese Erklärung hatte der Ingenieur bereits in seiner Kindheit von seinem Großvater und Vater gehört und, wenn möglich, jede Begegnung mit den Bahá'i, vor allem aber mit dem geheimnisvollen Bahá'i-Tee, vermieden. Hier trifft sich die Familienchronik wieder mit dem akuten Symptom. Einen Tag, bevor der Ingenieur den plötzlichen Übelkeitsanfall erlitt, hatten wir gemeinsam Tee getrunken und uns auch über religiöse Fragen und Probleme der politischen Entwicklung im Iran unterhalten. Daran erinnerte er sich in dem Augenblick, in dem ihm beiläufig mitgeteilt worden war, daß ich Bahá'i bin. Die Übelkeit war ein Versuch, symbolisch die darin enthaltene Gefährdung abzuwehren. Mit ihr versuchte er unbewußt, im Sinne einer Organsprache, den »giftigen Tee« loszuwerden. Zugrunde lagen Schuldgefühle den eigenen religiösen und überlieferten familiären Konzepten gegenüber. Dies bestätigte sich in unseren Gesprächen. Wir kamen darauf zu sprechen, daß trotz aller religiösen Überzeugung ihn manche Zweifel plagten und für ihn deshalb das unerwartete Zusammentreffen mit einem Bahá'i eine doppelte Gefährdung war. Diese Zusammenhänge erregten den Ingenieur sehr. Wir unterhielten uns noch länger über dieses Thema. In einem Brief – wenige Wochen später – teilte er mir mit, daß er mit mehreren Kollegen auf ähnliche Probleme gestoßen sei und daß deren Fanatismus und Vorurteile ihn tief beunruhigten.

Religion im Sinne der Sinngebung

Die beiden Grundfähigkeiten sind die Basis, auf der sich die Fähigkeit zum Sinn entwickelt: Die Liebesfähigkeit bedeutet zunächst, etwas anzunehmen. Dies geschieht zunächst so, wie ein Säugling etwas annimmt. Er tut dies, ohne zu prüfen, allein auf der Basis, daß er da ist, Bedürfnisse hat und jemand für ihn da ist, seine Bedürfnisse zu befriedigen. Was hier geschieht, ist noch nicht kritisch reflektiert und doch geschehen in ihm wesentliche Unterscheidungen. Denn so, wie der Säugling angenommen wird, lernt er, sich selbst anzunehmen. Dies bedeutet zugleich, daß über die Entwicklung der Liebesfähigkeit Beziehungen zu den anderen Fähigkeiten aus dem Spektrum der Liebesfähigkeit aufgenommen werden. Während zunächst die Beziehung zum Ich und die zum Du differenziert werden, kommt später die Beziehung zu anderen Menschen hinzu, die als zugehörig oder fremd empfunden werden, man lernt die Beziehung zum Wir. Selbst in der symbiotischen Ich-Du-Beziehung ist etwas enthalten, was das Vertrauen zum Ganzen, auch im Hinblick auf die Zukunft ermöglicht: das Ur-Wir.

Diese Entwicklungsschritte sind Basisstrukturen, die für jede menschliche Entwicklung bedeutsam sind, die sich aber bei jedem Menschen einzigartig entwickeln. Faktoren dieser Einzigartigkeit sind

a) die individuelle Einzigartigkeit, die jedem Menschen ausnahmslos zukommt,

b) die Besonderheiten seiner Familie und Bezugsgruppe. Diese tritt unmittelbar mit seinen Fähigkeiten in Beziehung, setzt sich mit ihnen auseinander und – abhängig von dem Ausgang dieser Auseinandersetzung werden seine Fähigkeiten gefördert oder gehemmt.

c) Die soziale, ökonomische und kulturelle Umgebung; sie schafft die Rahmenbedingungen für die Einflußmöglichkeiten der Eltern. Sie beinhaltet auch normative Übereinkünfte darüber, welcher Wert der Bindung an die Familie zukommt, und

d) religiös-weltanschauliche Bezugssysteme.

So wie die Liebesfähigkeit in der frühen Entwicklung den Trieben und Triebbedürfnissen entspricht, hat die Erkenntnisfähigkeit ihren Bezug zur Reifung der kognitiven Strukturen. Grundmodell der Erkenntnisfähigkeit ist die Unterscheidung. Diese betrifft zunächst die globale Differenzierung dessen, was Ich und was nicht Ich ist. Sie schreitet im Verlauf der Entwicklung fort. Das Kind lernt, aktiv zu werden, die Dinge seiner Umgebung zu begreifen, später sie zu hinterfragen. Im Grund beginnt es, mit einem sich zunehmend verfeinernden Instrumentarium seiner Erkenntnisfähigkeit die primären Annahmen zu überprüfen. Aus der vorher diffus positiven Zuwendung wird eine gezielte Hinwendung. Man beginnt zu glauben. Dieser Entwicklungsverlauf macht deutlich, daß der Glaube kein Ergebnis einer intellektuellen Anstrengung ist, sondern sich aus der Liebesfähigkeit heraus entwickelt und über die Erkenntnisfähigkeit inhaltlich faßbar gemacht wird. Glaube in diesem Sinn bezieht sich nicht nur auf den religiösen Aspekt, sondern auf die Fähigkeit, Sinn annehmen zu können. Diese Annahme des Sinnes setzt eine gewisse Ausgewogenheit der differenzierten Erkenntnis- und Liebesfähigkeit voraus: Erst anzunehmen, die Annahme zu prüfen, Erfahrungen damit zu machen und sie dann erst in Frage zu stellen. Ein ähnlich empfindliches Gleichgewicht, das in vielem den Grundfähigkeiten der Erkenntnis- und Liebesfähigkeit entspricht, haben Religion und Wissenschaft zueinander. Die letztere steht mehr der Erkenntnisfähigkeit nahe, während Religionen und Weltanschauungen der Liebesfähigkeit angehören. Während die Religionen den Anspruch erheben, Sinn zu geben (Sinngebung), und auch Verbindlichkeit dafür fordern, kommt der Wissenschaft in ihrer weitesten Bedeutung die Aufgabe zu, diesen Sinn zu finden (Sinnfindung).

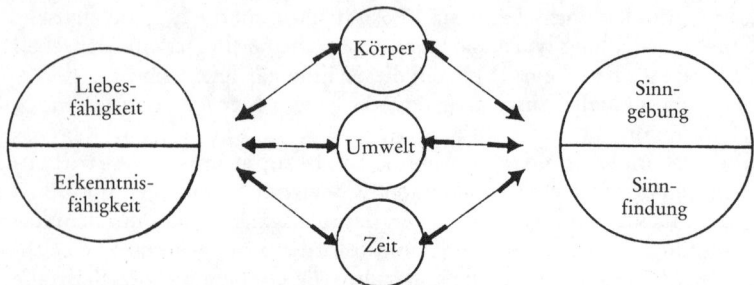

Grundfähigkeiten und ihre Entwicklungsbedingungen zur Sinngebung (Religion) und Sinnfindung (Wissenschaft)

Religion im Angesicht der Normen

Die Wertsysteme, welche die zwischenmenschlichen Spielregeln festschreiben und die Art und Weise definieren, in der man in seine Umwelt eingreifen darf, sind als Weltanschauungen und Religionen zusammengefaßt. Sie umfassen nicht nur das sozial regulative Gesetzeswerk, sondern bestimmen auch den Wert eines Menschen, den Sinn seines Lebens und die Ziele, die er als wünschenswert anstreben soll.

Glaube, Religion und Weltanschauung, die als allgemeines Bezugssystem (Grundkonzept) für Einstellungen und Handlungsweisen gelten können, nehmen Einfluß auf die Ausprägung der Fähigkeiten. So können auch die religiös-weltanschaulichen Einstellungen als Hintergrundinformationen erfaßt werden über: das Verhältnis zur Sexualität (sexuelle Gebote und Verbote, Riten des Sexualverhaltens), Erziehung (Rollen der Eltern, autoritäre Erziehung, antiautoritäre Tendenzen, Bevorzugung des Sohnes oder der Tochter), Beruf (Eingrenzung der beruflichen Möglichkeiten, Motivation, die hinter dem Beruf steht, z. B. als Dienst an der Menschheit, Beruf als Selbstverwirklichung, Beruf als Lebensziel, Beruf als gesellschaftliche Aufgabe, Beruf als Belastung und Ablenkung von den wahren Aufgaben), Partnerschaft (Gleichberechtigung in der Beziehung von Mann und Frau, weltanschauliche Bewertung der Partnerschaft als Mittel der Kinderzeugung, als Keimzelle der Gesellschaft, als Lustbündnis, als verbindliche Vorschrift), sozialer Kontakt (vorgeschriebene soziale Beziehungen, z. B. im indischen Kastenwesen oder im Verhältnis der sozialen Gruppierungen, Schichten und Klassen zueinander, weltanschaulich-religiös vorgeschriebene Kontaktsituationen: z. B. gemeinschaftliches Gebet, gemeinschaftliche Feste, gemeinsames Singen, Meditieren oder Arbeiten, die Forderung nach sozialer Askese).

Zum Beispiel Reinlichkeit

Als Beispiel dafür mag die unterschiedliche Einstellung zu bestimmten Reinlichkeitsritualen gelten. Im Orient ist es üblich, nach dem Stuhlgang den After zu waschen. Man benutzt dazu in der Regel eine langschnablige Wasserkanne aus Messing (Aftabée) und die linke Hand. Die europäische Gewohnheit, Toilettenpapier zu benutzen, wird von vielen Orientalen mit Mißtrauen bedacht und gilt als unsauber, während umgekehrt die orientalische Methode auf den Europäer merkwürdig, unhygienisch, ja sogar ekelerregend wirkt. Hinter diesen kulturspezifischen Reinlichkeitsritualen stehen jeweils eigene, über die Tradition vermittelte Konzepte. Tradition umfaßt hier sowohl die Überlieferung spezieller Erziehungspraktiken als auch Bewertungen, die dem jeweiligen religiösen Konzept entstammen.

Religion und Zeitgeist

In früheren Zeiten waren die Gesellschaften weitgehend in sich abgeschlossen, ihr religiös-weltanschauliches und gesellschaftliches System war gewissermaßen konkurrenzlos, für alle gleichermaßen gültig. Die Neuzeit führte dazu, daß durch die wirtschaftlichen und technischen Entwicklungen die Menschen einander näherrückten, die gesellschaftlichen Grenzen durchlässiger wurden. Religiös-weltanschauliche Systeme existieren auf engstem Raum nebeneinander. Nun führte dieser Zugewinn an Sichtweiten des Menschen und Weltbildes eigenartigerweise nicht nur zur Erweiterung des Horizontes, sondern zu einer Verunsicherung. Soll ein Kind lernen, gehorsam zu sein und seinen Eltern zu dienen, wie es vor allem in der mosaischen Religion gefordert wird? Die spätbürgerliche Gesellschaft fordert dagegen im Hinblick auf die liberale Selbstbehauptung des einzelnen von einem Kind Selbständigkeit, Unabhängigkeit und Durchsetzungsvermögen. Hierzu zählt auch die Leistungsorientierung der Erziehung, wie sie religiös in der calvinistischen Lehre und gesellschaftlich in der »Aufsteigermentalität« des »Selfmademan« angelegt ist. Mit ihrem eigenen Verhältnis zur Religion sind die Eltern das Vorbild der Kinder. Durch sie werden sowohl die religiöse Fixierung, das mumifizierte Festhalten an religiösen Dogmen, die zur Schau getragene Gleichgültigkeit oder die manifeste Abwehr dieser Themen wie auch das ambivalente Verhältnis zu Religion und Weltanschauung vorgeprägt. Absolutheitsansprüche scheinen ein Charakteristikum der meisten religiös-weltanschaulichen Systeme zu sein. Sie treten miteinander in Konkurrenz; man ringt um den Markt. Eine weltanschauliche Interessengruppe gräbt der anderen das Wasser ab, bezweifelt ihre Sinnangebote, meist unter dem Absolutheitsanspruch des eigenen Systems. Dabei ergibt sich eine interessante Zeitverschiebung. Weltanschauung, Menschenbilder und religiöse Systeme, die geschichtlich in bestimmten Situationen entstanden waren und aus der geschichtlichen Situation ihren Sinn empfangen hatten, bestehen neben anderen Systemen aus anderen Zeiten und Gesellschaften. Die Spanne reicht von der Steinzeit zum Atomzeitalter. Entsprechend unterschiedlich sind ihre Sinnangebote und die Zielgruppen, die sie ansprechen. Als interessantes Zeitphänomen erscheint die Tatsache, daß viele Menschen in nichts mehr einen Sinn sehen können. In der psychotherapeutischen Praxis spiegelt sich dieses Problem in der Frage nach dem Sinn und Unsinn der Religion.

Es hat sich gezeigt, daß das Wort Religion vielen Mißverständnissen unterliegt. Die Begriffe »Religion« und »Glaube« führen zu emotionalem Widerstand und intellektueller Abwehr. Man wagt kaum, von Religion zu sprechen, es sei denn im abwertenden Sinn. Dieses Phänomen findet sich auch in der Psychotherapie. Waren früher Sex und Sexualität tabuisiert, ist es heute die Religion. Dabei erkennen wir im Zusammenhang mit einer Reihe von seelischen Störungen gerade Konflikte, die den Bereich der Religion im weitesten Sinn betreffen. Was in der Psychotherapie als Grundkonflikt von seelischen Konflikten in Erscheinung tritt, äußert sich, bezogen auf den Gegenstand der Religion, in drei Haltungen:

Der mumifizierte Typ

Er identifiziert sich mit erlernten religiösen Normen, Glaubensdarstellungen und Dogmen derart, daß er notwendige Neuerungen und Änderungen scheut. Er reagiert aggressiv; er verteidigt sich, indem er angreift oder sich zurückzieht, um so der beängstigenden Versuchung aus dem Weg zu gehen. Da der Glaube oft an die Stelle der Erkenntnis und des Wissens getreten ist, also nur ein Halbwissen vorliegt, kann man statt vom mumifizierten auch vom bigotten Typ sprechen (er behauptet, ohne zu wissen). Bigotte Menschen sind in einer tragischen Position, weil sie es immer vermeiden, sich einer Lebenslage auszusetzen, die sie mit der Tatsache konfrontieren könnte, daß sie einem Vorurteil anhängen.

»Ich brauche die Feierlichkeit der Kerze«

»Meine religiöse Haltung drückt sich beispielsweise darin aus, daß ich an Weihnachten mit meiner Familie zur Kirche gehe, weil ich die Feierlichkeit der Kerzen brauche, um überhaupt weihnachtlich zu empfinden. Mein Herz wird dann weich, und ich kann wieder ernsthaft beten« (29jährige Sekretärin).

Der revoltierende Typ

Er hat erkannt, daß die gültigen religiösen Normen nicht den Erfordernissen der Zeit entsprechen. Da unzeitgemäße Normen auf das Individuum repressiv (unterdrückend) wirken, neigen Vertreter des revoltierenden Typs dazu, diese Normen zu negieren. Sie gehen revoltierend vor und tun dabei nicht selten den zweiten Schritt vor dem ersten. Je nach der Persönlichkeitsausprägung des einzelnen zeigt sich die Reaktionsweise des revoltierenden Typs als intellektueller Widerstand, in den sozialen Extremformen der aktiven Fremdenmanipulation oder der passiven Selbstmanipulation. Zur letzteren Verhaltensweise gehört der Rauschgiftkonsum, zu der ersteren die militante Gewalttätigkeit.

Religion ist eine Sache für alte Menschen

»Religion ist eine Sache für alte Omas und Leute, die in unserer Zeit nichts zu suchen haben. Wer sich am Strohhalm der Religion festhält, ersäuft trotzdem. Mit dem religiösen Glauben ist es so, als wenn man einen Kopfsprung in einen Swimming-pool macht und nicht weiß, ob eigentlich Wasser darin ist. Wer sich seinen Schädel lädieren will, kann dies tun, ich nicht. Wir machen uns Himmel und Hölle auf Erden selber, und Gott hat keinen anderen Platz als in den wirren Gehirnen religiöser Fanatiker. Religion verschleiert die tatsächlichen sozialen Zustände und hält die Menschen ab, zu tun, was nötig ist« (28jähriger Soziologiestudent).

Der indifferente Typ

Er ist im allgemeinen durch eine Verschiebung der Verantwortung gekennzeichnet. Einerseits hat er den Wunsch, überkommene oder verbesserungsbedürftige religiöse Inhalte abzuändern; er setzt sich dafür auch ein, kann sich aber andererseits von gewissen erlernten religiösen Traditionen nicht trennen. Hierzu gehören im wesentlichen die unverbindlichen Interessenten, welche gegenüber Neuerungen in der Religion zwar aufgeschlossen sind, denen es aber an Konsequenz fehlt. Haben sie sich einmal für eine Richtung entschieden, zeigen sie sich dort labil. Sie ändern ihre Einstellung weniger wegen sachlicher Notwendigkeiten, als vielmehr wegen der Autorität der übrigen sozialen Umgebung. So braucht nur jemand zu sagen: »Wie konnten Sie es Ihren Eltern antun, Ihre ursprüngliche Religion zu verlassen?«, und ihre Meinung gerät ins Wanken. Den indifferenten Typ bestimmt die Schwäche in der Unterscheidung zwischen dem Wesentlichen und dem Unwesentlichen einer Religion. So lastet er Fehler einzelner Mitglieder der Religion als ganzer an. Religion ist für ihn eine Erziehungspflicht, mit der er sich selbst nicht identifiziert.

Die anderen sollen damit glücklich werden

»Die Religion ist mir von den Menschen vergrault worden, weil ich diese Art von Menschen einfach nicht ausstehen kann. Ich finde, sie heucheln zuviel. Es stört mich sehr, wenn sie so tun, als ob, und man sieht eindeutig, daß sie es nur mit dem Mund tun, aber nicht im Leben. An der Kirche stören mich die Menschen, die sie verkörpern wollen. Aber sollen sie damit glücklich werden, ich muß es ja nicht. Mit der Religion setze ich mich alleine auseinander und komme doch zu besseren Ergebnissen« (35jähriger Angestellter).

Glaube – Religion – Kirche

Allem Anschein nach handelt es sich bei dem Mißverständnis Religion nicht um eine tatsächliche religiöse Schwäche, eine Unfähigkeit des modernen Menschen, zu glauben, sondern um eine Schwäche, zwischen Glaube, Religion und Kirche zu unterscheiden.
Glaube: Dem Wesen nach bedeutet der religiöse Glaube eine seelische Beziehung zum Unbekannten und Unerkennbaren. Da der Schöpfer (Gott, Allah, Jehova, Ur-Wesen, Totalität oder die Ur-Energie) seinem Wesen nach unerkennbar ist, bedarf es des Glaubens, um mit ihm in Beziehung zu treten. Der Glaube ist eine Fähigkeit des Menschen.

Religion: Da der Mensch eine besondere Haltung gegenüber dem Unbekannten besitzt, hat er seit jeher auf die Stifter der Religionen und die Begründer von Weltanschauungen angesprochen. Religion als überindividueller Glaube ist ein kulturelles Phänomen und eng mit der Entwicklung der Geschichte verbunden. In welcher Form sich die Glaubenswahrheit der Religion offenbart, hängt von dem jeweiligen Entwicklungsstand, dem Bedürfnis und dem Verständnis der Menschen in einer bestimmten geschichtlichen Situation ab. Zu welcher Religion sich ein Mensch bekennt, wird zumeist von den Erziehern und der jeweils gültigen Erziehungstradition festgelegt. Das Kind glaubt die Inhalte, die ihm vermittelt wurden. Der eine Teil der Religion ist geistig, transzendent und wesentlich (erstrangige Religion). Dieser Teil kann als unabhängig von der Entwicklung gelten, da er als Glaubenswahrheit das Wesen des Seins betrifft. Der zweite Teil der Religion (zweitrangige Religion) besteht aus zeitlichen Werten und gesellschaftlichen Normen. Sie verändern sich entsprechend der sozio-kulturellen Entwicklung der Gesellschaften. Zu ihr gehören die Verbote und Gebote der einzelnen Religionen.

Die Sprache der Religionen ist eine Sprache in Bildern. Fast alle religiösen Texte vermeiden es, in nüchternen Worten Gebote und Verbote aufzustellen. Geschichten und Sprachbilder, sei es, daß sie den Heiligen Schriften angehören, sei es, daß sie in ihrem Umfeld erzählt und überliefert werden, dienen der Verdeutlichung der religiösen Konzepte der Propheten. Die sowohl im Judentum als auch im Christentum, im Islam und der Bahá'i-Religion gleichermaßen gültigen Zehn Gebote des Moses werden durch Geschichten versinnbildlicht, verständlich gemacht und von der abstrakten Ebene der Gebote: »Du sollst nicht ...« in die Wirklichkeit der Gläubigen gestellt. Auch hier fließen pädagogische Erkenntnisse ein, wie sie mit den Konzepten der Religion und der Zeit vereinbar sind.

Die Geschichte erweist, daß keine Kultur sich ohne Religion entwickelt hat. Archäologen und Anthropologen haben selbst in den primitivsten Kulturen religiöse Elemente gefunden. Da die Religion seit Anbeginn der Zeiten durch alle Epochen und Wechselfälle der Menschheitsgeschichte hindurch bestanden hat, läßt sich logisch schließen, daß sie einem Bedürfnis, einem Zweck dient und demnach eine Funktion oder sogar eine Vielzahl von Funktionen hat.

Fachleute auf vielen Gebieten haben die Bedeutung religiöser Institutionen für die Entwicklung der Gesellschaft bestätigt. Emile Durkheim glaubt, daß die Religion Quelle aller Hochkulturen ist. Max Weber stellt in seinen Schriften fest, daß die ganze Geschichte hindurch die Religion einer der bedeutenden dynamischen Faktoren gesellschaft-

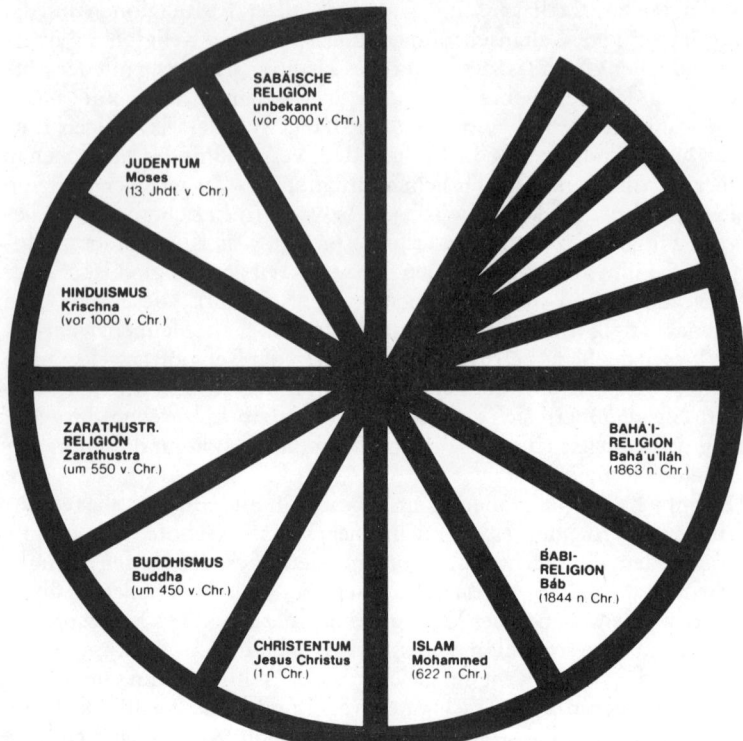

Jede Religion gibt dem Menschen soviel zu verstehen, als er entsprechend seiner Entwicklung verstehen kann. Die Lehren der früheren Religionen, insoweit sie den Erkenntnissen unserer Zeit widersprechen, sind nicht falsch, sondern unzeitgemäß.

licher Veränderungen war. Die Geschichtsschreibung einschließlich der Arbeiten Toynbees ist voll von Deutungen der Beziehungen zwischen Universalkirchen und Zivilisation. Der französische Historiker Fustel de Coulanges, Verfasser von »Die alte Stadt« (1864), glaubt, daß vor allem anderen religiöse Ideen die eigentliche Quelle gesellschaftlicher Veränderungen sind. Und der britische Gesellschaftsphilosoph Benjamin Kidd versichert, die Religion sei die Haupttriebfeder der sozialen Entwicklung.

Gleichzeitig lehrt die funktionelle Theorie der Soziologie und Psychoanalyse, daß eine institutionelle Struktur gebildet worden ist, um eine

Funktion zu erfüllen. Die Institution muß ein praktisches Bedürfnis der Gesellschaft befriedigen. Wenn sie keinen Sinn und keine Aufgabe hat, wird sie zu existieren aufhören.

Das Judentum: Die Lehren Mose, die im Alten Testament niedergeschrieben worden sind, haben als Kern die »Zehn Gebote«. Diese Lehren haben zu einem großen Teil der westlichen Zivilisation beigetragen.

Der Hinduismus: Das Wesen des Hinduismus ist die Weiterentwicklung allen Lebens auf ein Ziel hin: die Einheit mit dem Universum, mit Brahman. Es existiert aber für jeden Menschen ein eigener Weg ins Nirwana.

Die Zarathustrische Religion: Ein vollkommen barbarisches Volk wurde von Zoroaster auf eine Stufe der Zivilisation gehoben, die in jener Zeit nicht ihresgleichen kannte. Sein Einfluß verbreitete sich nach Griechenland, Rom und förderte somit die Entwicklung des europäischen Gedankengutes.

Der Buddhismus: Im Verlauf von 2500 Jahren des Bestehens hat diese Religion das Leben von Millionen verändert. Darüber hinaus hat sie auch den Verlauf der Geschichte, die philosophische und politische Gedankenwelt in Asien positiv beeinflußt. In einem nicht unbeträchtlichen Maße geschah dies auch in der westlichen Welt.

Das Christentum: So brachte der christliche Glaube eine neue Wertschätzung der verschiedenen sozialen Gruppen mit sich, die im Laufe der folgenden Jahrhunderte zu einer Humanisierung der Gesetzgebung und der Lebensumstände führen sollte.

Der Islam: In Spanien wie anderswo brachte die Muslim-Herrschaft große Fortschritte, Ordnung, Frieden und Wohlstand, Hebung von Freiheit und Gleichheit und Rücksichtnahme der Führer auf ihre Untertanen.

Die Bábi-Religion: Der Báb erhob sich mit solcher Kraft, daß er die Stützen der Religion und Moral, die Zustände, Sitten und Gebräuche Persiens ins Wanken brachte, statt dessen ein neues Gesetz und neue Vorschriften einsetzte und eine neue Religion schuf.

Die Bahá'i-Religion: Bahá'u'lláh erhob Anspruch, nicht nur der von dem Báb Verheißene, sondern auch der Verheißene aller früheren Offenbarungsreligionen zu sein. Der Bahá'i-Glaube beruht auf drei Grundsätzen: Einheit Gottes, Einheit der Religionen und Einheit der Menschheit. Diese Grundsätze finden ihren Ausdruck in universalen

Grundsätzen und Zielvorstellungen, daß jetzt die Zeit gekommen ist, die Einheit der Menschheit auf Erden zu verwirklichen.

Kirche: Die Kirche ist die Institution der Religion, ihre Organisationsform und Verwaltung; der Begriff steht für alle Formen religiöser oder weltanschaulicher Institutionen. Die Kirche neigt zur Verselbständigung gegenüber der Religion. Es verhält sich mit der erst- und zweitrangigen Religion ähnlich wie mit Schale, Fleisch und Kern einer Frucht. Wird in einer Religion nicht der Einfluß der Zeit und der Geschichte berücksichtigt, können erst- und zweitrangige Religion leicht miteinander verwechselt werden, das Verhältnis Glaube-Religion-Kirche erscheint verzerrt: Schale und Kern werden nicht differenziert. Die zeitbedingten religiösen Äußerlichkeiten, Rituale und Dogmen – die Schale – rücken in den Vordergrund, während die eigentlichen religiösen Inhalte – der Kern – verdrängt werden. Dadurch kommt es zu einer Verschiebung von Form und Inhalt: zum Mißverständnis.

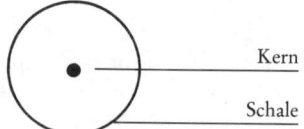

*Integration von erstrangiger
und zweitrangiger Religion*

*Desintegration von erstrangiger
und zweitrangiger Religion*

Dieses Mißverständnis scheint den oben beschriebenen drei Reaktionstypen zugrunde zu liegen. Es betrifft nicht nur die individuellen und persönlichen Einstellungen zur Religion, sondern kann zur Quelle von Konflikten werden.

In der Entstehung dieser Haltungen spielt das Vorbild der Eltern eine entscheidende Rolle. Sie prägen das, was später als Grundkonflikt einen Menschen anfällig für Konflikte bestimmter Art macht. Hier verwechselte nicht nur der jeweilige Patient Glaube, Religion und Kirche: Die Verschiebung wurde vielmehr tradiert und hatte sich über den Erziehungsstil in die Schlüsselerlebnisse eingeschlichen:

Das wahre Kind Gottes

»Ich erinnere mich noch heute genau, daß mir meine fromme Tante eintrichterte, ja nicht auf dem Foto zur Ersten Heiligen Kommunion zu lachen. Sie sagte, das wäre eitel und hochmütig. Als wahres Kind Gottes darf es nur eine innere Freude sein. So und ähnliches wurde mir gesagt. Es ist mir in der Tat oft schwergefallen, ein frommes und braves Kind zu sein« (31jährige ledige Übersetzerin).

»Wer glaubt, wird selig«

»Meine Eltern sind beide evangelisch. Aber zur Kirche sind beide nicht gegangen. Höchstens einmal zu Weihnachten oder zu Ostern und zu meiner Konfirmation. Aber Mutter betete jeden Abend mit uns und auch für sich. Allerdings waren sie entsetzt, als ich meinen Mann kennenlernte, der freireligiös war. Eine Ehe ohne Kirche oder eine Hochzeit ohne Trauung gab es für sie nicht. Auch meine Tante schätzte die Menschen nach ihrem Glauben ein. Hatte jemand einen guten Glauben, war er anerkannt, hatte er keinen oder war er Katholik, war er falsch und unberechenbar. Jede andere Religion lehnte sie strikt ab« (26jährige Medizinstudentin).

Die Fähigkeit des Menschen, zu glauben, wird durch die Religion angesprochen. Zu welcher Religion ein Mensch sich bekennt, wird zumeist von den Erziehern und der Erziehungstradition festgelegt. Die Kirche ist die Institution der Religion, ein Werkzeug, das sich oft genug verselbständigt hat.

Religion und Psychologie

Unsere heutige Situation zeigt eine Einseitigkeit in Bezug zur Religion, aber auch in Bezug zur Psychologie. Der vernachlässigte Bereich gerät in den Schatten und wird nicht selten die Ursache von Konflikten und Schwierigkeiten.
Was ist Religion? Was ist Psychologie?
Religionen geben uns Normen, welche das zwischenmenschliche Zusammenleben regeln und die Position des Menschen im Weltbild definieren. Die Religion hat es somit mit der Sinngebung zu tun. Die Psychologie dagegen fragt nach den wissenschaftlich erfaßbaren Bedin-

gungen dieser Normen, nach den Konflikten, die sich aus den unterschiedlichen Normen ergeben, und nach den Verarbeitungsmöglichkeiten des einzelnen. Aufgabe der Psychologie ist somit die Sinnfindung. Ein Beispiel: Religionen sagen, daß wir beispielsweise nicht lügen sollen. Die Psychologie fragt, warum ein Mensch lügt, warum ein anderer, wenn er belogen wird, das Vertrauen verliert, warum sich jemand prahlerisch und überhöht darstellen möchte, warum ein anderer sich nach außen hin geringer darstellt, als er in Wirklichkeit ist.

Die Religion selber ist zu einem Teil Gegenstand der Psychologie. Dabei steht weniger die Religion selber auf dem Prüfstand, als vielmehr die Verhaltensweisen und Einstellungen der einzelnen Gläubigen und der Gruppe der Glaubensgemeinschaft. Man fragt, warum jemand sich im religiösen Bereich fixiert, dogmatisch wird und Vorurteile entwickelt. Warum jemand mit aller Macht die religiösen Inhalte und Formen über Bord werfen möchte, und warum man heute dazu neigt, Religion vielleicht mehr zu tabuieren als früher die Sexualität. Oder warum jemand dazu neigt, wie ein Rohr im Wind zwischen den einzelnen religiösen Auffassungen hin und her zu schwanken, und sich nicht mit einer Religion identifizieren kann.

Der Zusammenhang von Religion und Psychologie wird weiterhin deutlich, wenn wir uns die Entwicklungsmöglichkeiten eines Menschen betrachten. Der Mensch entwickelt sich, indem er eine Beziehung zu sich selbst, zu seinen Eltern, zu einem Partner, zu seinen Kindern, zu seinen Mitmenschen, zu seinem Beruf und schließlich zu einer Religion erwirbt. Jeder Mensch entwickelt sich in irgendeiner Form in diesen Bereichen. Sie gehören zur Wirklichkeit unseres Lebens. Diese Bereiche hängen funktionell zusammen. Das bedeutet: Wenn jemand in einem Bereich Schwierigkeiten hat, beispielsweise im Beruf, so kann sich das weiter auf den Partner, die Kirche übertragen, kann das Verhältnis zu den Mitmenschen beeinflussen und schließlich dazu führen, daß man von der Religion nichts hält. Ähnlich können die Enttäuschungen, die man mit seinen eigenen Eltern erlebt hatte, auf die Religion übertragen werden: »Mein Vater hat mich immer ungerecht behandelt. Wie kann ich jetzt an Gott glauben?« Hier wird Gott mit dem Vater verwechselt. Umgekehrt können Störungen im religiösen Bereich die anderen Bereiche beeinflussen. Ein Patient sagte in diesem Sinne: »Ich glaube nicht an ein Leben nach dem Tode. Dann ist sowieso alles gleichgültig.« Diese Beispiele veranschaulichen den funktionellen Zusammenhang der Bereiche der menschlichen Entwicklung.

Psychologie ohne Religion bzw. ohne Weltanschauung gibt es im strengen Sinne nicht. Immer dann, wenn wir versuchen, den Gegenstand der Psychologie, den Menschen zu definieren, legen wir meist unbemerkt weltanschauliche Maßstäbe an. Man sieht den Menschen beispielsweise als Reizreaktionsmaschine oder als Triebwesen, das dauernd durch die gesellschaftlichen Normen gezügelt werden müsse. Man sieht den Menschen als Produkt seines Erbes, als den Träger seines freien Willens oder als das Produkt seiner Umwelt. Je nachdem, wie wir einen Menschen sehen, behandeln wir ihn auch. Allein dies macht es notwendig, daß wir uns über die weltanschaulichen und religiösen Hintergründe unseres Menschenbildes klar werden.

Praktische Lebenshilfe: Die Hoffnungslosigkeit und das Gefühl der Sinnlosigkeit sind nach meinen Erfahrungen nahezu zu einer Volkskrankheit geworden. Das Gefühl der Hoffnungslosigkeit tritt auch dann in Erscheinung, wenn es zeitweilig gelungen ist, in eine Flucht in die Aktivität, Einsamkeit oder Krankheit auszuweichen. Eine Frage, die immer wieder bei Klienten und Patienten, die unter Depressionen und Hoffnungslosigkeit leiden, auftritt, ist die Frage nach dem Sinn des Lebens. Die Psychologie, insbesondere die Psychotherapie, versucht durch die Analyse der Vergangenheit die verschüttete Hoffnung wieder auszugraben, durch Training der aktuellen Fähigkeiten das Selbstvertrauen und Vertrauen eines Menschen zu stärken und im Hinblick auf seine Zukunft ihm beizubringen, die Ziele differenziert und erreichbar zu gestalten.

Die Religion greift, wie wir schon sagten, von der Seite der Sinngebung an. In der Tat können wir immer wieder feststellen, daß dort, wo das Vertrauen, die Hoffnung und der Sinn gestört erscheinen, auch das Verhältnis zur Religion und Kirche gestört ist. Dabei spielt eine Reihe von Mißverständnissen eine besondere Rolle:

Das Mißverständnis: Glaube-Religion-Kirche;

Das Mißverständnis: Bestimmtes und bedingtes Schicksal;

Das Mißverständnis: Angeboren-Erworben;

Das Mißverständnis: Tod.

Konsequenzen

Religion ist wie ein Heilmittel, das dem Wesen des Menschen angemessen wirkt. Sie kann aber nur dann sinnvoll sein, wenn sie den Erfordernissen, Bedürfnissen und Nöten des Menschen entspricht und die Entwicklung (das Prinzip der Zeit), die Relativität und die Einheit berücksichtigt. Wenn eine falsch verstandene Religion zu Störungen führt, zu Fixierungen, Hemmungen der Entwicklung, Starrheit der intellektuellen Abwehr, muß sie Unsinn sein: Wie Feuerbach sie statt als Theologie als Pathologie bezeichnete, Marx und Engels von Religion als Opium für das Volk sprachen und Freud sie als Versicherungsanstalt karikierte.

Nichts hindert uns, die Weltordnung der
Naturwissenschaft und den Gott der Religion zu
identifizieren.

Max Planck

3. Der Beitrag des wissenschaftlichen Denkens

Glaube an Gott und binde dein Kamel fest

Die Gläubigen kamen in Scharen, um die Worte des Propheten Mohammed zu hören. Ein Mann hörte besonders aufmerksam und an-
dächtig zu, betete mit gläubiger Inbrunst und verabschiedete sich
schließlich vom Propheten, als es Abend wurde. Kaum war er draußen,
kam er wieder zurückgerannt und schrie mit sich überschlagender
Stimme: »Oh, Herr! Heute morgen ritt ich auf meinem Kamel zu dir,
um dich, den Propheten Gottes, zu hören. Jetzt ist das Kamel nicht
mehr da. Weit und breit ist kein Kamel zu sehen. Ich war dir gehorsam,
achtete auf jedes Wort deiner Rede und vertraute auf Gottes Allmacht.
Jetzt, oh, Herr, ist mein Kamel fort. Ist das die göttliche Gerechtigkeit?
Ist das die Belohnung meines Glaubens? Ist das der Dank für meine
Gebete?« Mohammed hörte sich diese verzweifelten Worte an und ant-
wortete mit einem gütigen Lächeln: »Glaube an Gott und binde dein
Kamel fest.«

*Kann Wissenschaft »zuverlässig« die tieferen
Ursachen der Sinnlosigkeit freilegen?*

Wissenschaft versucht oft den Anschein zu erwecken, als bezöge sie
ihre Voraussetzungen und Rechtfertigungen aus dem gesunden Menschenverstand, der ja für alle gesunden Menschen gleicherweise zugänglich sei. Diese Selbstauffassung täuscht darüber hinweg, daß die
Vorentscheidungen zu einer Wissenschaft, ihr Themengebiet, ihre Fragestellungen und Methoden von geschichtlichen, gesellschaftlichen,
weltanschaulichen und religiösen Voraussetzungen abhängig sind.
So wurde den Mitgliedern einer akademischen Familie bewußt, welche
Bedeutung für sie die unreflektiert übernommene Einstellung zur Religion hatte. Zu einem aktuellen Konflikt war es dadurch gekommen,
daß der 24jährige Sohn ein katholisches Mädchen heiraten wollte. Obwohl beide Eltern und die Geschwister angaben, daß sie nicht mehr in
der Tradition ihres protestantischen Glaubens stünden und daß sie die

Kirche für Unsinn hielten, wurde plötzlich die religiöse Verschiedenheit zum Problem.

Man hätte sich darauf beschränken können, die Ablösungsproblematik, die zweifelsohne auch beteiligt war, als Thema der Therapie zu wählen. Wir gingen noch einen Schritt weiter und versuchten gemeinsam mit der Familie, die Entwicklung der religiösen Konzepte zu verfolgen. Alle, außer dem »Ausbrecher«, zeigten in dem Punkt Einigkeit, daß man den »Schwarzen«, damit meinten sie die Katholiken, nicht über den Weg trauen dürfe. Soweit man sich zurückerinnern konnte, war auch keine Heirat mit einem katholischen Ehepartner erfolgt. Der Konzept-Stammbaum wurde eine spannende Detektivarbeit bis hin zur Urgroßeltern-Generation. Die längst vergessene Ahnentafel wurde zutage gefördert. Sie wies für beide Elternteile die Abstammung von den Hugenotten nach. Der Urgroßvater väterlicherseits war einer von mehreren evangelischen Pfarrern der Familienchronik. Er war als eifriger Kämpfer für den protestantischen Glauben bekannt. Der Großvater war Kaufmann und galt als guter Christ, der regelmäßig in die Kirche ging. Die kirchliche Bindung hatte sich bei den Eltern weitgehend gelockert. Sie ließen zwar ihre Kinder noch konfirmieren, hielten aber ansonsten die Religion im Sinne von Ibsen für eine Lebenslüge. Dennoch hatte sich, losgelöst von der ursprünglichen Religiosität, die Abneigung gegen den Katholizismus als Erbe der einstmals von Katholiken vertriebenen Vorfahren erhalten und war im Zusammenhang mit der bestehenden Ablösungsproblematik zu einem akuten Konfliktstoff geworden. Nachdem diese Familientradition aufgeklärt worden war und die Eltern Einblick in die unbewußten Delegationsvorgänge erhielten, war es ihnen viel leichter möglich, auf die Ablösungsproblematik einzugehen, die jetzt nicht mehr durch das Konzept des Katholikenhasses verschleiert wurde.

Leitlinie für diesen Konzept-Stammbaum waren die Aktualfähigkeiten Glaube / Religion, Kontakt, Gerechtigkeit und Ehrlichkeit. Für viele im Augenblick unmotiviert erscheinende Wünsche, Ansprüche und Reaktionen lassen sich Konzepte in einem Stammbaum zurückverfolgen, innerhalb dessen sie plötzlich einen Sinn erhalten. Nur liegt dieser Sinn bereits Generationen zurück und wird gewissermaßen verspätet eingelöst.

Wissenschaft auf der Suche nach Sinn (Sinnfindung)

Aufgabe der Religion ist es, dem Menschen Werte, Ziel und Sinn darzustellen (Sinngebung), während Wissenschaft Erklärungen sucht, logische Gesetzmäßigkeiten herstellt und neue findet (Sinnfindung).

Religion und Wissenschaft sollten, sofern sie dem Menschen nützen wollen, sich ergänzen und eine Einheit bilden. Religion ersetzt nicht Psychotherapie, und Psychotherapie ist nicht Religionsersatz.

Die Erkenntnis der notwendigen Beziehungen in der Wirklichkeit scheint am prägnantesten dort aufzutreten, wo Entdeckungen und Erfindungen im Sinne des wissenschaftlichen und technischen Fortschrittes stattfinden. In ihnen wird nicht Neues hinzugefügt, sondern die notwendigen Beziehungen in der Wirklichkeit werden unter dem Aspekt der Brauchbarkeit erforscht und aufgedeckt. Es hat seit jeher geregnet, gab Bäche, Flüsse, Seen, Pflanzen wuchsen und gaben Sauerstoff ab. Entsprechend den Erfordernissen der Zeit wurden diese Sachverhalte als Zusammenhänge erkannt und gedeutet. Die heutige Wissenschaft sieht in diesen Ereignissen ganze Funktionskreise, einen Kreislauf der Natur, mit anderen Worten, eine Einheit: Das Wasser verdunstet durch Wärmeeinwirkung, steigt hoch, kondensiert in einer bestimmten Höhe, bei einer bestimmten Temperatur, fällt als Regen nieder und bildet zu einem großen Teil wieder Bäche, Flüsse und Seen. Ein anderer Teil des Regens befeuchtet den Boden und ermöglicht den Pflanzen, die sonst verdorrten, sich zu entwickeln. Diese wiederum nehmen an dem großen Kreislauf der Natur teil, indem sie CO_2 (Kohlendioxyd) verarbeiten und Sauerstoff produzieren.

Die Wissenschaft hat die notwendigen Beziehungen, die zwischen einzelnen Vorgängen innerhalb des Mikro- und Makrokosmos bestehen, entsprechend ihrem Entwicklungsstand erkannt, jedoch nichts Neues hinzugefügt.

Allmacht der Vernunft (Wissenschaft ohne Religion)

Es gibt keine Wissenschaft, die auf dem gesunden Menschenverstand basiert. Es gibt eine Vielzahl von Wissenschaften, die sich unterschiedlicher Blickwinkel bedienen, um sich der Wirklichkeit zu nähern. Je nach dem Blickwinkel, das heißt je nach den ideologischen Voraussetzungen, werden andere Schwerpunkte und damit andere Sinninhalte festgesetzt. Auch hier beobachten wir die Konkurrenz einzelner Wissenschaften mit ihren Ansprüchen auf Absolutheit des eigenen Systems und Relativität im Verhältnis zu den anderen Systemen.

Die Bedeutung der Erkenntnisfähigkeit

Obwohl in jeder Erkenntnis alle vier Erkenntniskriterien (Sinne, Verstand, Tradition und Intuition) enthalten sind, werden sie unterschiedlich bewertet und mit unterschiedlichen Erkenntniswerten belegt. So stellt sich manche Wissenschaft dar, als halte sie sich lediglich an traditionelle Fragestellungen und an den Verstand. Was für bestimmte Formen philosophischen Denkens zutrifft, findet sich, allerdings in anderem Gewand, auch in der Medizin. Bei ihr stehen die Mittel der Sinne unzweifelhaft im Vordergrund. Das Schlachtfeld der Soziologen ist die gesellschaftliche Tradition, während sich die Empiristen vornehmlich auf die durch die Sinne vermittelte Erfahrung berufen. Als Spielwiese der Intuition und der Sinne gilt die Kunst, die von Einfällen lebt, auch von verstandesmäßiger Kontrolle losgelösten Einfällen. All dies spiegelt sich auch in der Psychotherapie wider.

Die Medien der Erkenntnisfähigkeit sind keine reine Funktion der Kognition. In sie gehen erhebliche emotionale Anteile ein, vor allem, was die Hauptbereiche menschlicher Konflikte, Partnerschaft, Erziehung, Arbeitswelt und den Bereich Religion-Weltanschauung angeht. Doch die Medien sind ebenso der Relativität unterworfen wie die Aktualfähigkeiten. Die unterschiedliche Bewertung einzelner Medien und ihrer besonderen Inhalte ist also Quelle möglicher Mißverständnisse:

Auf die Psychotherapie übertragen, heißt das: Eine Schule sieht den Menschen als Triebwesen, eine andere als Reflexbündel, die nächste begreift ihn als Träger sozialer Interaktionen, wiederum andere sehen ihn als Folge seiner genetischen Ausstattung, seiner Tradition, seiner Intuition, seiner Vernunft und seines Willens oder seines Unbewußten. Das Ergebnis dieser verschiedenen Aspekte ist ein Pluralismus von psychotherapeutischen und psychohygienischen Theorien, die zum Teil ohne Kommunikationsmöglichkeit nebeneinander bestehen.

Dieser Pluralismus läßt sich auch in der Behandlung erkennen. Der eine behandelt vorwiegend medikamentös, der andere geht verhaltenstherapeutisch vor. Wieder ein anderer legt die psychoanalytische Theorie zugrunde, der nächste ist tiefenpsychologisch orientiert, sieht Träume als zentrales therapeutisches Medium oder bedient sich der Techniken der Hypnotherapie.

Eine Reihe von Psychotherapeuten legt den Schwerpunkt auf die Einzelbehandlung, favorisiert diese Methode und vermutet in jeder Abkehr von diesem Grundsatz einen Verstoß gegen die von ihnen anerkannten Regeln der Psychotherapie. Andere gehen gruppentherapeutisch vor.

Zwischen den verschiedenen Ansätzen und theoretischen Systemen bestehen oft hohe Barrieren mangelnden gegenseitigen Verständnisses und weitreichender Vorurteile, welche die Übersetzung einer Theorie in eine andere und damit eine koordinierte Aufgabenverteilung auszuschließen scheinen. Es verwundert nicht, daß auch viele Therapeuten diesem Einheitsverlust ratlos gegenüberstehen.

Während meiner fachärztlichen Ausbildung erlebte ich, wie gespannt das Verhältnis von Psychiatern, Neurologen und Psychotherapeuten bzw. Psychoanalytikern war und mit welchem Machtkampf die psychiatrischen und die psychoanalytischen Auffassungen aufeinanderprallten.

Balancestörungen der Realisierungen der Liebes- und Erkenntnisfähigkeit sind hier in zwei Richtungen denkbar: Zum einen, indem wir alles annehmen, bereit sind, zu glauben, aber nicht bereit sind, das Angenommene, Geglaubte zu überprüfen; zum anderen, daß die Überprüfung, die Kritik, der Zweifel als Erscheinungsform der Erkenntnisfähigkeit die Ansätze, etwas anzunehmen, sofort stört und ohne eine ausreichende Basis des Glaubens nach Beweismitteln sucht, die letztlich doch nicht geeignet sind, den emotionalen Prozeß des Glaubens und Annehmens zu ersetzen. Die emotionale Annahme einer Wertvorstellung oder eines Glaubensinhaltes als Ausdruck der Liebesfähigkeit kann ihrerseits benutzt werden, um alle die Möglichkeiten der Erkenntnisfähigkeit zu unterdrücken, die nicht in Übereinstimmung mit dem überwertigen Konzept stehen. Umgekehrt können nur diejenigen Bereiche der Erkenntnisfähigkeit genutzt werden, aus denen das Konzept gestützt werden kann. Dies führt dazu, daß Teile der differenzierten Erkenntnis- und Liebesfähigkeit ausgeblendet werden, andere Bereiche jedoch ein Eigenleben entfalten.

Psychotische Symptome, wie Wahnvorstellungen, überwertige Ideen, Beziehungswahn, Verfolgungswahn, Rationalisierungen, Idealisierungen, schizophrene Denkstörungen, depressive Affektblockierungen und kollektive Aggressionen entsprechen in vieler Hinsicht diesem Modell, das seine Hauptbedeutung im sozialpsychologischen Bereich hat.

Die wissenschaftlichen Ansätze, Strömungen und Schulen stehen sich mitunter nicht nur so fremd gegenüber, wie wir es bei unterschiedlichen Kulturen fanden. Im Längsschnitt der historischen Entwicklung einer Wissenschaft finden wir auch die eigentliche transkulturelle Auseinandersetzung und Synthese. Ein gutes Beispiel ist die Medizin, die sich in ihrer Entwicklung als »Wanderer zwischen den Welten« erwies. Die frühe orientalische Medizin war ein wesentlicher Impuls für das medizinische Denken in Griechenland, zum Beispiel bei Hippokrates. Im frühen Mittelalter wurde die Medizin von den Arabern weiterentwickelt und erreichte über das maurische Spanien das Abendland. Der nächst wesentliche Fortschritt erfolgte über die Wiederentdeckung der Anatomie in Europa und führte im weiteren, zusammen mit dem allgemein gesellschaftlichen Prozeß der Industrialisierung, zur heutigen technischen Medizin, die ihrerseits zum Exportgut in die Dritte Welt wurde.

Uns geht es nicht darum, an dieser Stelle den Begriff Sinngebung, »Überbau« (Gottes), zu reflektieren. Wir begnügen uns damit, festzustellen, daß er für unseren Verstand letztlich unfaßbar ist, daß wir ihn aber als Inbegriff dessen, was je existiert hat und je existieren wird, sehen können. Uns kommt es nicht auf eine theologische Bestimmung an. Gegebenenfalls können wir den Begriff Gottessynonym mit den Grundprinzipien Materie, Energie, Ur-Wesen, Libido und dergleichen gebrauchen. Ausgehen wollen wir aber davon, daß ein Begriff Gottes, eines Unfaßbaren, in der Erlebniswelt jedes Menschen besteht. Insofern ist es möglich, von der Einheit Gottes zu sprechen. Nicht nur ein einzelner Organismus, eine Gruppe, allgemein eine Struktur stellt eine Einheit dar. Alles Bestehende ist gewissermaßen als Einheit des Kosmos aufzufassen. Dieser Gedanke mag sich als Spekulation anhören, ist aber kaum mehr als die letzte Konsequenz von Physik- und Chemie-Autoren wie Heisenberg, Einstein, Max Planck, Wernher von Braun, um nur einige Namen zu nennen, die in diesem Sinne zur Frage der Einheit des Kosmos Stellung nehmen. Im Grunde durchschreitet, philosophisch formuliert, alles Bestehende dieselben Stufen der Entwicklungsphasen und jede bestimmte Erscheinung verkörpert alles andere. Ein alter Spruch aus der arabischen Philosophie lautet, daß »alle Dinge in allen Dingen enthalten sind«. Es ist klar, daß jeder materielle Organismus der Gesamtausdruck einzelner, einfacher Bestandteile ist und ein bestimmtes Zellelement oder Atom eine Unzahl verschiedener Stadien durchläuft.

Die Zellelemente, die in die Zusammensetzung eines menschlichen Organismus eingetreten sind, waren gegebenenfalls Bestandteile eines Tieres, vielleicht im Gefüge einer Pflanze vorhanden oder existieren im Mineralbereich. Es ist somit offenkundig, daß innerhalb des Kosmos alles mit allem in einer mehr oder minder starken Weise zusammenhängt – in anderen Worten, daß der Kosmos eine Einheit bildet. Wo immer ein Element in einer bestimmten Form oder Verkörperung erscheint, hat es seine Möglichkeiten, Eigenschaften und Aufgaben.

Auf die inneren Zusammenhänge und die Einheit von Religion und Wissenschaft, die aus den bisherigen Überlegungen deutlich wurden, weist eine Reihe von Wissenschaftlern hin:

»Meine Herren, als Physiker, also als Mann, der sein ganzes Leben der nüchternsten Wissenschaft, der Erforschung der Materie, diente, bin ich sicher von dem Verdacht frei, für einen Schwarmgeist gehalten zu werden. Und so sage ich Ihnen nach meinen Erforschungen des Atoms dieses: Es gibt keine Materie an sich! Alle Materie entsteht und besteht nur durch eine Kraft, welche die Atomteilchen in Schwingung bringt und sie zum winzigsten Sonnensystem des Atoms zusammenhält ... so müssen wir hinter dieser Kraft einen bewußten intelligenten Geist annehmen. Dieser Geist ist der Urgrund aller Materie. Nicht die sichtbare, aber vergängliche Materie ist das Reale, Wahre, Wirkliche, sondern der unsichtbare, unsterbliche Geist ist das Wahre! ... scheue ich mich nicht, diesen geheimnisvollen Schöpfer ebenso zu benennen, wie ihn alle alten Kulturvölker der Erde früherer Jahrhunderte genannt haben: – Gott!« (Max Planck)

Zeitgeist und Psychopathologie

Die Kulturpsychologie hat nachgewiesen, daß es überall dort, wo man die Zeitdimension nicht berücksichtigt, zu Fixierungen und unangemessenen Versuchen der Realitätsbewältigung kommt – in Politik, Wissenschaft und Religion. Als Beispiel hierfür mag zunächst die Wissenschaft dienen. Obwohl sie gemeinhin zu neuen Erkenntnissen führt, finden wir gerade hier nicht selten dogmatische Fixierungen, die sich gegen neue, zeitgemäße Erkenntnisse wenden. Einige geschichtliche Begebenheiten können davon Zeugnis ablegen:

Giordano Bruno wurde im Jahre 1600 n. Chr. als Ketzer verbrannt, weil er u. a. lehrte, daß die Erde sich um die Sonne drehe. Einige Jahre später mußte Galilei seiner Erkenntnis vom neuen Weltbild abschwören.

Columbus wurde von den Gelehrten seiner Zeit verlacht und verspottet, die dogmatisch feststellten, daß, wenn es Schiffen gelingen sollte, bis zu unseren Antipoden auf der anderen Seite der Erdkugel zu fahren, es ihnen unmöglich sei, wieder zurückzukehren.

Galvani, Schrittmacher der Wissenschaft von der Elektrizität, wurde von seinen gelehrten Kollegen verlacht und »Froschtanzlehrer« genannt.

Harvey, der den Kreislauf des Blutes entdeckte, wurde von seinen Berufsgenossen lächerlich gemacht und seines Lehrstuhls enthoben.

Als Ignatius Semmelweis als Ursache des Kindbettfiebers die mangelnde Hygiene entdeckte und entsprechend Konsequenzen für die Geburtshilfe forderte, wurde er von seinen Kollegen angefeindet. Nach der Einführung schärferer Hygienemaßnahmen sank die Sterblichkeitsquote der Mütter erheblich.

Als Stephenson seine Lokomotive erfand, versuchten bekannte europäische Mathematiker seiner Zeit jahrelang zu beweisen, daß seine Maschine auf glatten Schienen niemals eine Last ziehen könne, da die Räder durchdrehen würden, ohne den Zug vorwärts zu bewegen. Weiterhin wandte sich eine große Anzahl von Ärzten und Bürgern an die Regierung, mit der Bitte, dieser Entwicklung Einhalt zu gebieten, da der Rauch dieser Maschinen die Luft verpesten und somit zum Tod von Mensch und Tier führen würde.

Als der Franzose Paramontier die Kartoffel von Amerika aus nach Europa importieren wollte, wurde er verspottet, ausgelacht und als Verrückter bezeichnet, der die Menschen vergiften wolle.

Als der Franzose Lemonier die Nähmaschine erfand, feindeten ihn alle an, überfielen sein Geschäft, zerstörten die Maschinen und zwangen ihn, das Land zu verlassen. Er versuchte einige Jahre später, seine Erfindung in England vorzustellen, stieß jedoch auch dort auf harten Widerstand und Ablehnung. So starb er schließlich in Armut und Vergessenheit.

Als Charles Jaquard den Webstuhl baute, mit dem man Stoffe weben konnte, verbrannten die Bewohner Lyons die Maschine öffentlich und versuchten ihn selbst zu ertränken.

William Lee, der Erfinder einer Strumpferzeugungsmaschine, wurde, nachdem er sein gesamtes Vermögen in diese Erfindung gesteckt hatte, mit dem Ziel, der Menschheit zu helfen, von Arbeitern, die um ihren Arbeitsplatz bangten, überfallen und ins Ausland verbannt, wo er schließlich verarmt starb.

Als Graham Bell im Jahre 1865 das Telefon entwickelte, schrieb eine amerikanische Zeitung: »Sicherlich wissen kluge und intelligente Personen, daß die Übertragung der menschlichen Stimme durch ein Kabel eine Unmöglichkeit ist. Und falls es auch nicht unmöglich ist, so ist es jedoch unnötig.« Eine Bostoner Zeitung brachte einen Artikel mit dem Appell an die Stadtverwaltung, die Handlungen dieses Verrückten so schnell wie möglich zu stoppen.

Als im englischen Parlament ein Gesetz verabschiedet werden sollte, das die Umstellung der Straßenbeleuchtung von Gas auf Elektrizität verlangte, wurde der dafür zuständige Ausschuß gefragt, ob er diesbezüglich mit Herrn Thomas Alva Edison beraten hätte, da dieser ja der Erfinder des elektrischen Lichtes sei. Der Vorsitzende des Ausschusses antwortete, daß Herr Edison keinerlei wissenschaftliche Kenntnisse besäße und somit eine Zusammenarbeit mit ihm unnütz sei.

Als Jean Eiffel den Eiffelturm bauen wollte, erhoben über 300 berühmte und angesehene Wissenschaftler Einspruch. Ihrer Ansicht nach sei das Errichten eines solchen Turmes gegen den französischen Geschmack und gegen die Geschichte Frankreichs. Außerdem würde es ein furchterregendes Ungetüm im Herzen von Paris sein und damit die Hauptstadt Frankreichs verunstalten.

Darwin wurde wegen seiner Theorie der Entstehung der Arten angefeindet (Esslemont, 1963).

Mesmer, der den Magnetismus untersuchte und dessen Bedeutung für die Hypnose hervorhob, wurde als Scharlatan verfolgt.

Als Freud, der Begründer der psychoanalytischen Bewegung, der Wiener Gesellschaft der Ärzte einen Fall von männlicher Hysterie vortrug, wurde er derart abgelehnt, daß er die Ärztegesellschaft niemals wieder besuchte. Weiterhin wurde er nie auf einen Lehrstuhl an eine Universität berufen.

Es kostete Jahre Arbeit, bis diese Wissenschaftler ihre Kollegen von der Bedeutung ihrer Entdeckung überzeugen konnten. Es kostete auch eine Reihe von Menschenleben, die gerettet worden wären, wenn diese Entdeckungen rechtzeitig Anerkennung gefunden hätten.

Die atomare Bedrohung

So gern wir es verdrängen, eigentlich wissen wir alle: Die größte Gefahr unserer wissenschaftlich-technischen Zivilisation liegt in der tödlichen Effizienz der überdimensionierten und ständig expandierenden Rüstungsapparate. Schon seit Jahren reicht das nukleare Zerstörungspotential bei weitem aus, die Erde unbewohnbar zu machen. Dennoch wächst die Zahl der todbringenden Megatonnen ständig weiter. Die »Zuverlässigkeit« der Waffensysteme nimmt weiter zu. Immer mehr Staaten verfügen über Atomwaffen – und dies alles trotz Entspannungspolitik, SALT und Atomwaffensperrvertrag. Die Zahl der nuklearen Sprengköpfe der USA und der UdSSR stieg zwischen 1970 und 1976 von 3700 auf 12000. Ein einziges Atomunterseeboot der jüngsten Generation ist in der Lage, bis zu 576 Städte mit jeweils über 100000 Einwohnern auszuradieren. Die gesamte Sprengkraft der strategischen Atomwaffen beträgt heute die 1300000fache Zerstörungskraft der Hiroschima-Bombe. Dazu kommt noch das Vernichtungspotential der taktischen Atomwaffen mit einer Sprengkraft von »nur« 50000 Hiroschima-Bomben. Gerade die sich in den letzten Jahren verstärkenden Rüstungsanstrengungen von Ländern der Dritten Welt machen den Zielkonflikt zwischen Rüstung und Entwicklung deutlich: 60 Millionen Menschen sind, direkt oder indirekt, für den Militärsektor tätig; die Armeen der Welt zählen 36 Millionen Mann; seit dem Zweiten Weltkrieg wurden etwa 40 Prozent der gesamten Forschung und Entwicklung auf militärische Zwecke ausgerichtet; 500000 Wissenschaftler und Ingenieure arbeiten an Militärprojekten; allein der jährliche Treibstoffverbrauch für Militärzwecke wird auf 700 bis 750 Millionen Barrel geschätzt; dies ist das Doppelte des Verbrauchs von ganz Afrika.

Weltweit werden heute etwa 600 Milliarden US-Dollar für Militärzwecke aufgewendet. Bei der beachtlichen Kostenexplosion der Rüstungsgüter wird diese Summe rasch der Vergangenheit angehören. (Aus der Erklärung der Internationalen Bahá'i-Gemeinde zur Sondersitzung der Generalversammlung der Vereinten Nationen über Abrüstung vom 23. Mai bis 28. Juni 1978).

Wozu aber ein Ungleichgewicht zwischen Religion und Wissenschaft führt, lehrt uns die Zeit: eine Wissenschaft, die sich vom Menschen entfernt hat und weniger seinem Nutzen als seiner Zerstörung zu dienen scheint, und Religionen und Weltanschauungen, die sich entweder über die notwendigen Erkenntnisse einer neuen Zeit hinwegsetzen oder als »Überbau« die Ideologie zur Unterdrückung und Ausbeutung von Menschen rechtfertigen:

»Bahá'u'lláh lehrt, daß, obgleich materielle Zivilisation ein Mittel zum Fortschritt der Menschheit ist, diese, sofern sie sich nicht mit göttlicher Zivilisation verbindet, nicht die gewünschten Erfolge zeitigt, welche zum Glück der Menschheit führen. Bedenkt! Diese Schlachtschiffe, welche eine Stadt innerhalb einer Stunde in einen Trümmerhaufen verwandeln, sind das Ergebnis materieller Zivilisation; ebenso die Kruppkanonen, die Mausergewehre, das Dynamit, die Unterseeboote, die Torpedoboote, die bewaffneten Luftfahrzeuge und die Bombenflugzeuge; alle diese Kriegswerkzeuge sind die bösartigen Früchte materieller Zivilisation. Wäre die materielle Zivilisation mit der göttlichen verbunden, dann wären diese fürchterlichen Waffen niemals erfunden worden. Im Gegenteil, die menschliche Tatkraft hätte sich ganz und gar nützlichen Erfindungen zugewandt, und sie hätte sich auf lobenswerte Entdeckungen konzentriert. Materielle Zivilisation gleicht dem Glas um die Lampe, göttliche Zivilisation dagegen der Lampe selbst. Das Glas ohne Licht ist dunkel. Materielle Zivilisation ist wie der Körper. So anmutig, elegant und schön er sein mag, so ist er dennoch tot. Göttliche Zivilisation ist wie der Geist. Der Körper erhält sein Leben durch den Geist, sonst ist er ein bloßer Kadaver. Somit ist also erwiesen, daß die Welt der Menschheit den Odem des Heiligen Geistes benötigt. Ohne den Geist ist sie leblos, und ohne dieses Licht verbleibt sie in tiefster Finsternis. Denn die Welt der Natur ist eine tierische Welt. Bevor der Mensch aus der tierischen Welt herausgeboren wird, das heißt, ehe er sich von der Welt der Natur frei macht, ist er seinem Wesen nach ein Tier. Es sind die Lehren Gottes, die dieses Tier in eine menschliche Seele umwandeln« (Aus dem Brief 'Abdu'l-Bahás vom 17. Dezember 1919 an die Zentralorganisation für einen dauerhaften Frieden in Haag mit einem Anhang an die »Völker der Welt«).

Wissenschaftler versus Religionsstifter

Wissenschaftler	Religionsstifter
Sinnfindung: Sucht Erklärungen und logische Gesetzmäßigkeiten für Naturphänomene und das menschliche Verhalten	*Sinngebung:* Stellt den Menschen Werte, Ziel und Sinn dar.
Partikulares Vorgehen: Beschäftigt sich vornehmlich mit einzelnen Fragestellungen.	*Universalistische Orientierung:* Erfaßt den Menschen und seinen Kosmos in seiner Einheit und Ganzheit.
Verstand: Seine Mittel zur Entdeckung der Wirklichkeit sind die Mittel der Sinne und des Verstandes (Wissenschaft). (Ich glaube, was ich sehe und was ich verstehe.)	*Tradition und Intuition:* Die Religion stellt neben die Mittel der Sinne und des Verstandes die Mittel der Tradition und Intuition.
Objektivität: Ziel von wissenschaftlichen Erkenntnissen ist die Nachprüfbarkeit. (Jeder kann im Gravitationsfeld der Erde die Erfahrung machen, daß der Apfel nach unten fällt.)	*Glaubensgewißheit:* An Stelle der Überprüfbarkeit findet sich hier die Glaubenserfahrung, die eher subjektiv ist.
Womit darf sich der Wissenschaftler beschäftigen? Mit dem, was der Beobachtung und der Logik zugänglich ist. Was diese Kriterien nicht erfüllt, gilt als unwissenschaftlich (Leben nach dem Tode unwissenschaftliches Thema!).	*Womit beschäftigt sich die Religion?* Auch mit den Bereichen, die dem Verstand nicht unmittelbar zugänglich sind und die tieferen Bedürfnisse des Menschen betreffen (Sinn des Lebens, Leben nach dem Tod, Gott).
Ausbildung: Ziel ist es, Einzelwissen zu vermitteln (haben).	*Bildung:* Ziel ist es, auf die Lebenssituation, das Weltbild und den Charakter bildend einzuwirken (Sein).
Zweifel: Der Fortschritt der Wissenschaft erfolgt über die Erkenntnisinteressen sowie über Versuch und Irrtum.	*Gewißheit:* Die Erkenntnisse der Religionsstifter sind für ihre Zeit unveränderlich gültig. Im Laufe der Menschheitsentwicklung ändert sich nicht der zentrale Gehalt der Offenbarungen, sondern das geschichtlich bedingte Bewußtsein der Menschen.
Funktionelle Autorität: Der Wissenschaftler begründet seine Autorität durch Sachkompetenz. (Er lernt Fertigkeiten und kann selbständig wissenschaftliche Fragestellungen weiterentwickeln.)	*Übergeordnete Macht:* Der Religionsstifter beruft sich auf eine übergeordnete Macht (Gott).

Wissenschaftler	Religionsstifter
Erworbenes Wissen: Der Wissenschaftler ist als solcher ausgebildet und hat sich die Grundkenntnisse seiner Wissenschaft durch Schulung erworben.	*Vorgegebenes Wissen:* Das Wissen des Religionsstifters kann nicht auf bloße Schulung zurückgeführt werden. Der Religionsstifter ist gewissermaßen Mittler für eine übergeordnete Instanz (Gott).
Theorie: Der Wissenschaftler muß nicht unbedingt Vorbild sein. (Ein Psychotherapeut kann auch mehrfach geschieden sein!)	*Praxis:* Der Religionsstifter muß seine Offenbarungen mit aller Konsequenz nachleben.
Zusammenarbeit: Der Wissenschaftler geht von Erkenntnisinteressen aus, die durch Weltanschauung und Religion geprägt sind. Seine Ziele sind ebenfalls nicht bloß wissenschaftlich, sondern greifen in die Wirklichkeit der Menschen ein. Insofern ist lediglich seine Methode im strengeren Sinn wissenschaftlich.	*Zusammenarbeit:* Die Aussage des Religionsstifters ist gebunden an das Bewußtsein und das Verständnis seiner Zeit. Er muß daher Gedankenmodelle und Entwicklungstendenzen berücksichtigen, die sich aus der Situation seiner Zeit heraus ergeben und bis in eine fernere Zukunft reichen. Wie ein Religionsstifter verstanden werden kann, hängt unter anderem davon ab, welche Bedeutung seine Aussagen in einer bestimmten Situation erhalten.

Einheit:
Wissenschaft und Religion können sich entsprechend den Anforderungen der Zeit ergänzen und eine Einheit bilden. Religion ersetzt nicht Psychotherapie, und Psychotherapie ist nicht Religionsersatz.

Konsequenzen

Es ist nicht erstaunlich, wenn in den letzten drei Jahren die Intensität der Friedensdiskussion einen so hohen gesellschaftlichen Stellenwert eingenommen hat, da die Spekulationen über einen gewinnbaren Erstschlag lauter diskutiert werden, als mögliche Schritte der Vermeidung. Wir nehmen im verstärkten Maße wahr, daß unsere individuelle Entwicklung nicht mehr von der weltweiten Entwicklung zu trennen ist und die Wachstumskrise uns mobilisiert für tief verwurzelte Fragen, wie nach dem Sinn und einer friedlichen Koexistenz und Einheit der Menschheit.
Die Frage nach Einheit ist die Forderung nach einer gleichgewichteten Zusammenarbeit von Religion und Wissenschaft.
War früher die Wissenschaft Gegner der Religion, hat sich das Bild

heute weitgehend gewandelt. Denn ebenso wie die Fotographie die Malerei befreit hat, hat der wissenschaftliche Fortschritt – zumindest der Möglichkeit nach – den Geist befreit. Religion und Wissenschaft stellen nicht mehr unüberbrückbare Gegensätze dar. Religion kann ohne Wissenschaft nicht überzeugen, Wissenschaft ohne Religion auf die Dauer nicht überleben.

> Weniger materielle Güter werden von einer Genera-
> tion zur anderen weitergegeben als vielmehr Strate-
> gien der Konfliktverarbeitung und Symptombildung,
> Weltanschauungen und Beziehungsstrukturen, die
> von Eltern auf die Kinder übergehen, von diesen auf-
> gehoben und wieder an die einzelnen Kinder weiter-
> gegeben werden.
>
> Positive Psychotherapie

4. Das Leben des einzelnen

Vergiß nicht, wer du warst!

Vor vielen Jahren lebte ein einfacher Schafhirte, der ein sehr bescheide-
nes Leben führte. Als eines Tages der König des Landes auf einer Reise
an der Weide des Schafhirten vorbeikam, entschloß er sich, ihn in seinen Palast mitzunehmen. Der Schafhirte beeindruckte ihn durch sein
Verhalten so sehr, daß er schon nach einiger Zeit zum persönlichen
Berater des Königs ernannt wurde. Die anderen Minister und könig-
lichen Beamten waren natürlich verärgert und neidisch auf den Schafhirten. Sie versuchten den König davon zu überzeugen, daß sein Berater im geheimen Pläne gegen ihn schmiedete und so das ihm entgegen-
gebrachte Vertrauen ausnutzte. Sie begründeten ihre Anschuldigungen
damit, daß sie den Schafhirten täglich in eine kleine abgeschiedene
Kammer gehen sahen, wo er für einige Stunden verweilte. »Was kann er
dort anderes tun, als heimtückische Pläne zu entwerfen«, sagten sie.
Der König war höchst erstaunt und beschloß, den Schafhirten zur Rede
zu stellen. Als der Schafhirte am nächsten Tag zur gewohnten Stunde in
die Kammer gehen wollte, trat der König hervor und verlangte, den
Raum zu sehen. Der erstaunte Schafhirte entgegnete: »Dies ist meine
persönliche Kammer, in die ich mich zurückziehe.« Da aber der König
darauf bestand, in den Raum geführt zu werden, öffnete der Hirte die
Tür. Zu aller Erstaunen war der Raum leer, nur an einer Wand hing ein
altes, verstaubtes Gewand des Hirten. Als er nach einer Erklärung gefragt wurde, antwortete er bescheiden: »Ich komme jeden Tag eine
Stunde hierher und betrachte dieses Gewand, um mir immer vor Augen
zu führen, was ich einmal war und woher ich gekommen bin.« (nach
'Abdu'l-Bahá)

Medizinstudent als Austragungsort

Wir gehen davon aus, daß jede unserer Wahrnehmungen und jedes
Handeln innerhalb eines vorgegebenen, kulturell überlieferten Bezugs-
systems geschieht. Nicht nur jedes politische oder religiöse, sondern

auch jedes wissenschaftliche Handeln und jede individuelle Aktivität ist von weltanschaulichen Vorentscheidungen beeinflußt.

Ein Medizinstudent litt unter anfallartig auftretenden Kreislaufkrisen. Im Verlauf der psychotherapeutischen Behandlung berichtete er von schweren Gewissensnöten. Es sei ihm unmöglich, Menschen mit dem Skalpell bzw. mit der Injektionsnadel zu verletzen. Wir suchten nach den Konzepten, die hinter diesen Ängsten standen. Gesellschaftlich besteht das ausdrückliche Verbot, Menschen zu verletzen. Dieses Verbot wurde für den Patienten durch seine religiöse Familientradition bestärkt. Er gehörte dem jüdischen Glauben an, der es dem Strenggläubigen verbietet, sein Gesicht – als das Ebenbild Gottes – mit scharfem Metall zu berühren. Entsprechend dieser Auffassung rasieren sich strenggläubige Juden entweder gar nicht oder nur mit Hilfe eines Holzmessers. Der Patient wollte Arzt werden. Der Arztberuf weist die Besonderheit auf, daß seinen Angehörigen die Verletzung des menschlichen Körpers erlaubt und vorgeschrieben ist. Chirurgische Eingriffe, Injektionen, Punktionen usw. sind medizinischer Alltag. Der religiös und gesellschaftlich geforderten Unverletzlichkeit des Körpers stand die Forderung der Berufsgruppe Arzt gegenüber, daß zur Erhaltung des Lebens gerade die Verletzung des Körpers notwendig sei.

Diese Beschreibung des Konfliktes allein reicht noch nicht aus, denn schließlich gibt es genügend Ärzte, die sich über diese Fragen weit problemloser hinwegsetzen können. Wir fragten also, welche Bedeutung eine körperliche Verletzung in der Familie des Patienten hatte, und danach, welche Bedeutung dem Körper, dem Schmerz und der körperlichen Integrität eingeräumt wurde. Es zeigte sich, daß die familiären Beziehungen sehr höflich und aggressionsgehemmt waren. Konflikte wurden intellektualisierend ausgetragen, vor allem von der sehr dominierenden Mutter. Vorherrschendes Mittel der Konfliktbewältigung war der Verstand; körperliche Gewalt, auch im Umgang mit den Geschwistern, galt als unwürdig und unschön. Alle diese Komponenten spiegelten sich in einer spezifischen Weise in der Persönlichkeit des Patienten, seinen Bedürfnissen und seinen Ängsten wider.

Vor diesem Hintergrund, der während der Behandlung genauer differenziert und analysiert wurde, werden die Ängste des Patienten verständlich: als Selbstwertbedrohung (nur ein primitiver Mensch verletzt einen anderen körperlich), als Bedrohung der Persönlichkeitsökonomie (wenn ich mit dem Skalpell hantiere, könnte ich meinen Vater, meine Mutter oder meine Geschwister verletzen), als Angst vor dem Liebesverlust (wenn du dich außerhalb unserer Gesetze stellst, also ungehorsam bist, gehörst du nicht mehr zu uns) und als Furcht, gegen religiöse Vorschriften zu verstoßen.

Dieses Beispiel verdeutlicht, wie das Festhalten an familiären Konzepten und Rollenaufgaben dann zu Schwierigkeiten führen kann, wenn eine Rolle plötzlich Handlungsweisen vorsieht, die in dem ursprünglichen Konzeptsystem entweder nicht vorhanden oder sogar verboten sind.

Kann jeder nach seiner Fasson selig werden?

Jeder Mensch verfügt über eine Anzahl von Fähigkeiten, die er im Laufe seiner Reifung und seiner Konfrontation mit der Umwelt entwickelt. Entwicklungspsychologisch vollzieht sich dies in folgender Weise: Eltern als die zunächst wichtigsten Personen der Umwelt, aber auch alle anderen Bezugspersonen der Erziehungssituation, können die Fähigkeiten eines Menschen, die er zu seinem Lebensbeginn weich, zart, unentwickelt und formbar besitzt, unterstützen oder hemmen. Um aus dem Kind einen Menschen nach seinem Bild zu formen, stellt der Erzieher bestimmte sozial erwünschte Eigenschaften in den Vordergrund. Sie erscheinen in manchen Fällen hochstilisiert und zu perfekter Einseitigkeit gebracht. In diesem Zusammenhang werden einige der Fähigkeiten des Kindes zwar entwickelt und differenziert, oft sogar überstrapaziert, andere Fähigkeiten werden dagegen unterdrückt und geraten in ihren Schatten. Werden diese Fähigkeiten in ihrer Entwicklung gehemmt, vernachlässigt oder nur einseitig ausgeformt, entstehen, verdeckt oder offen, Konfliktbereitschaften:

»Von Kind auf bin ich auf Leistung gedrillt worden... Der Beruf macht mir sogar Spaß, aber ich habe keine Beziehung zu anderen Menschen. Mit meinen Kindern kann ich auch nicht viel anfangen. Freizeit ist für mich eine Qual« (42jähriger Rechtsanwalt mit Depressionen).

Soziale Konflikte, also auch Erziehungskonflikte und Probleme der partnerschaftlichen Beziehungen, gehen zum wesentlichen Teil auf unterschiedliche Einstellungen zu den sozialen Verhaltensnormen zurück.

Die Positive Psychotherapie hat drei Säulen

Der positive Ansatz, durch den der Patient seine Patientenrolle wenigstens teilweise aufgeben lernt. Das inhaltliche Vorgehen, in dem das Verhaltensinventar und die beteiligten psychosozialen Normen angesprochen werden. Der fünfstufige Behandlungsplan, der sowohl Maßnahmen der Selbsthilfe als auch der psychotherapeutischen Intervention beinhaltet.

Der folgende Abschnitt gibt einen praxisnahen Einblick in das Vorgehen der Positiven Psychotherapie zum Verständnis der individuellen Sinnfrage.

1. Der Positive Ansatz

Die Grundfähigkeiten scheinen zwar versteckt hinter ihren hochdifferenzierten Abkömmlingen, sie sind aber weitaus stabiler als diese: Selbst wenn die Leistungsfähigkeit eingeschränkt ist, die Kontaktfähigkeit durch Depressionen blockiert, das Denken durch hirnorganische Prozesse eingeschränkt ist, bleibt doch dieses grundlegende Fähigkeitsreservoir der Liebes- und Erkenntnisfähigkeit. Diese Erkenntnis ist wichtig für alle Situationen, in denen die Störungen der beschriebenen Art eintreten: Selbst wenn die höheren Funktionen des Bewußtseins und das Gefühlsleben gestört sind, kann der Schritt zurück zur Kontaktaufnahme mit den Grundfähigkeiten erfolgen, über die der Kranke genauso verfügt wie ich selber.

Von diesen Grundfähigkeiten ausgehend, können wir dann Wege suchen, welche gestörten Fähigkeiten gebessert werden können und welche bisher unbekannten Fähigkeitspotentiale neu erschlossen werden können. Diese Gedanken werden auch wichtig für die Art und Weise, wie wir uns selber annehmen können, egal welche Belastungen und Störungen auf uns zukommen, unsere Leistungsbereitschaften, auf die wir so stolz sind, beschneiden, immer können wir auf unsere existentiellen Grundfähigkeiten der Liebes- und Erkenntnisfähigkeit zurückgreifen und, von ihnen ausgehend, neue, realistischere, unseren derzeitigen Möglichkeiten besser entsprechende Wege suchen. Jeder von uns hat sich aus dieser existentiellen Basis heraus entwickelt, und jeder wird früher oder später wieder auf sie zurückgeworfen werden.

Jeder, dem es gelingt, diesen Sachverhalt für sich selber, aber auch für Menschen seiner Umgebung, die ihm Kummer bereiten, zu begreifen, wird einen Funken von Freude in sich empfinden. So einfach sich diese Aufforderung zum Umdenken anhören mag, so tiefgreifend ist ihre Wirkung. Die jedem Menschen eigenen Grundfähigkeiten differenzieren sich in der Auseinandersetzung mit der Umwelt und den körperlichen Bedürfnissen eines Menschen zu dem Inventar von Fähigkeiten, welche die Individualität einer Persönlichkeit bestimmen. Aus diesen Fähigkeiten, die immer in Gemeinschaft mit den Lernerfahrungen zu verstehen sind, entwickeln sich die Kompromißbildungen, wie in einer bestimmten Situation der Widerspruch zwischen den eigenen Bedürfnissen und der Art und Weise, wie sich die Umwelt dieser Bedürfnisse annimmt, gelöst wird. Diese Kompromißbildungen können in unseren jeweiligen Entwicklungsstufen mehr oder weniger gelungen sein. Sie bilden die Konzepte der Lösungsmöglichkeiten, wie wir mit neuen Konflikten umgehen können. Dabei kann sich eine bislang bewährte Kompromißbildung als unzureichend erweisen, was uns zu folgenden Reaktionen führt:

Entweder wiederholen wir die Lösungsversuche nach demselben Konzept immer wieder und erzielen partielle Erfolge, die aber zugleich auf Kosten anderer Fähigkeiten und Bedürfnisse gehen.

Eine zweite Möglichkeit ist der Rückgriff auf in früheren Situationen bewährte Reaktionsweisen. Diese regressive Antwort auf Konflikte besitzt sicherlich ein gewisses Lustpotential, das aber nur sehr eng begrenzte Möglichkeiten den Menschen offenläßt. Typisches Beispiel hierfür ist der körperlich kranke Patient, der, im Krankenhaus und durch seine Krankheit seiner reifen Darstellungsmöglichkeiten beraubt, in die Rolle des Säuglings mit seiner passiven Erwartungshaltung schlüpft oder in die des Kleinkindes oder Pubertierenden, der zu seiner Selbstbehauptung die trotzige Auseinandersetzung mit dem Pflegepersonal oder den ärztlichen Autoritäten sucht.

Eine dritte Möglichkeit besteht darin, daß wir auf den Schritt von bisher Bewährtem neue Lösungsmöglichkeiten wagen. Diese Reaktionsweise birgt in sich, Ängste zu erwecken, die aus der Aufgabe von Vertrautem entstehen und Mißerfolge provozieren, weil wir uns auf unbekanntem Terrain bewegen. Zugleich aber erweitern die neuen Formen der Konfliktbildungen den Horizont unserer Möglichkeiten.

Die bisherige Darstellung der Kompromißbildungen legt die Annahme nahe, daß es sich hierbei lediglich um mentale, psychische Vorgänge handelt. Wir haben den psychischen Bereich aber nur deshalb gewählt, weil in ihm die Bedeutung der Konzepte am systematischsten zu veranschaulichen ist.

2. Der inhaltliche Ansatz

Die abstrakte Sinnfrage liegt sehr nahe am Umschlagpunkt zur Sinnlosigkeit. Erst, wenn es gelingt, die Sinnfrage in den jeweiligen Lebensbedingungen eines Menschen, eingebettet in seiner Umgebung zu konkretisieren, erhält der Sinn Standhaftigkeit. Denn der Sinn des Lebens ist nicht nur etwas Allgemeines, sondern in der psychosozialen und körperlichen sowie geistigen Realität des Menschen an einzelne inhaltliche Aspekte gebunden. So kann der Sinn des Lebens in Frage gestellt werden, wenn Mißerfolge, gesellschaftliche Ungerechtigkeiten, Untreue, partnerschaftliche Probleme, materielle Verluste, körperliche Krankheiten und Konfrontationen mit Trennung und Tod erlebt werden:

a) Mikrotraumen-Theorie

In meiner psychotherapeutischen Praxis machte ich eine Beobachtung, die ich später – dafür sensibel geworden – auch im alltäglichen Leben immer wieder finden konnte: In der Regel waren es nicht etwa die großen Ereignisse, die zu Störungen führten. Vielmehr führten die immer wiederkehrenden kleinen seelischen Verletzungen zu »empfindlichen« oder »schwachen« Stellen, die sich schließlich zu Konfliktpotentialen auswuchsen. Ich versuchte diese Verhaltensbereiche zu sichten und zu einem Inventar zusammenzustellen, mit dessen Hilfe sich die inhaltlichen Komponenten der Konflikte und Fähigkeiten beschreiben lassen. Diese Bereiche, die ich als Aktualfähigkeiten bezeichnete, lassen sich in zwei Gruppen einteilen. Zu nennen sind die leistungsorientierten psychosozialen Normen (sekundäre Fähigkeiten): Pünktlichkeit, Ordnung, Sauberkeit, Gehorsam, Höflichkeit, Ehrlichkeit, Treue, Gerechtigkeit, Fleiß/Leistung, Sparsamkeit, Zuverlässigkeit und Genauigkeit; sowie die emotional orientierten Kategorien (primäre Fähigkeiten): Liebe, Geduld, Zeit, Vorbild, Vertrauen, Kontakt, Sexualität, Hoffnung, Glaube und Einheit.

Die Aktualfähigkeiten werden im Verlauf der Sozialisation inhaltlich entsprechend dem soziokulturellen Bezugssystem gestaltet und durch die einzigartigen Bedingungen der individuellen Entwicklung geprägt. Während der eine sehr viel Wert auf Fleiß/Leistung oder Sparsamkeit legt, betont der andere die Ordnung, die Pünktlichkeit, den Kontakt, die Gerechtigkeit, die Höflichkeit, die Ehrlichkeit etc. Jede dieser Normen erfährt ihrerseits ihre eigene situations-, gruppen- und gesellschaftsgebundene Gewichtung. Diese unterschiedlichen Wertorientierungen treffen im zwischenmenschlichen Zusammenleben und im Erleben des einzelnen aufeinander und können dort zu Dissonanzen führen. So wird beispielsweise die »lebendige, persönliche Unordnung« des einen für den anderen, dem Ordnung das halbe Leben ist, zu einem fast unüberwindlichen Problem. Man wechselt dann lieber den Partner, als daß man die andere Wertvorstellung und ihre Folgen ertragen könnte.

Es kann sogar so weit kommen, daß eine Mutter die Ordnung so ernst nimmt, daß sie aus Verzweiflung sagt: Mir wäre es lieber, wenn meine 17jährige Tochter, die seit ein paar Wochen ihr eigenes Zimmer mit einer Freundin hat, schwanger wäre, als daß ich eine derartige Unordnung sehen muß. Das Zimmer sieht wie ein Schweinestall aus.

Die Aktualfähigkeiten besitzen für die Methode der Positiven Psychotherapie eine große Bedeutung. Um die Tragfähigkeit eines Patienten im Hinblick auf mögliche Konfliktbereiche zu prüfen und ihm in der Differenzierung seiner Situation zu helfen, orientieren wir uns an einer Liste der Aktualfähigkeiten, dem Differenzierungsanalytischen Inventar, kurz DAI genannt. Wir brauchen dabei nicht mehr allgemein von Streß, Konflikt, Krankheit und Sinnlosigkeit zu reden, sondern können feststellen, wann eine konflikthafte Reaktion auftritt, in welcher Situation, bei welchem Partner und bezüglich welcher Inhalte. Eine Frau, die regelmäßig abends schwere Angstanfälle erleidet, wenn ihr Partner zu spät nach Hause kommt, zeigt nicht nur Angst vor dem Alleinsein, was auf die Aktualfähigkeit »Kontakt« hindeuten würde, sondern ist auch mit ihrer Angst an die Aktualfähigkeit »Pünktlichkeit« gebunden. Dieses differenzierte Vorgehen ermöglicht es uns, uns gezielter mit den Bedingungen eines Konfliktes auseinanderzusetzen.

Das Differenzierungsanalytische Inventar (DAI, Kurzform)

Aktualfähigkeiten	Patient	Partner	Spontanaussagen
Pünktlichkeit			
Sauberkeit			
Ordnung			
Gehorsam			
Höflichkeit			
Ehrlichkeit/Offenheit			
Treue			
Gerechtigkeit			
Fleiß/Leistung			
Sparsamkeit			
Zuverlässigkeit/Genauigkeit			
Liebe			
Geduld			
Zeit			
Vertrauen/Hoffnung			
Kontakt			
Sex/Sexualität			
Glaube/Religion			

Hinweis: + positiv ausgeprägt   − negativ ausgeprägt

Die Instruktion lautet: »Kommt es im Bereich der Pünktlichkeit (Ordnung usw.) zu Konflikten? Wer von Ihnen (Sie oder Ihr Partner) legt mehr Wert auf Pünktlichkeit (Ordnung usw.)? Dem jeweiligen Fall entsprechend sind Modifikationen der Instruktion möglich. Signiert wurden die Verhaltensbereiche derart, daß (+++) die höchste subjektive Bewertung einer Kategorie kennzeichnete, (———) die niedrigste Bewertung; (+ —) bedeutet eine Indifferenz gegenüber dem zu beurteilenden Verhaltensbereich; (++), (+) und (——), (—) sind Abstufungen der subjektiven Bewertung. Die 2. Spalte gibt die Selbstbeurteilung der Patientin hinsichtlich der Aktualfähigkeiten wieder. Die 3. Spalte kennzeichnet die Fremdbeurteilung des Partners durch die Patientin. Die 4. Spalte enthält Spontankommentare.

In den Geschichten zeigen sich die Aktualfähigkeiten in unterschiedlichsten Erscheinungsformen: Während pädagogisch ausgerichtete Geschichten, wie beispielsweise der Struwwelpeter, vor allem einzelne psychosoziale Normen wie Gehorsam, Höflichkeit und Ordnung vermitteln, stellen andere Geschichten eben diese Normen in Frage und konfrontieren den Leser mit ungewohnten, fremden Konzepten. Die Aktualfähigkeiten werden als Konzepte in das Selbstkonzept aufgenommen. Die Konzepte sind Steuermänner des Verhaltens. Das auf die Aktualfähigkeiten »Sparsamkeit« und »Fleiß/Leistung« bezogene Konzept »Sparst du was, dann hast du was – hast du was, dann bist du was« beispielsweise, das ein Mensch vertritt, hat Einfluß auf sein Erleben und viele seiner Handlungen: auf das Verhältnis zum eigenen Körper, zum Essen, zum Lustgewinn, zur Bedürfnisbefriedigung, zum Beruf, zum Partner, zu den zwischenmenschlichen Beziehungen, zur Phantasie, Kreativität und schließlich zur eigenen Zukunft. Mit anderen Konzepten verbunden, kann dieses Konzept in weitem Ausmaß die individuellen Möglichkeiten bestimmen: »Gäste einladen ist für mich rausgeschmissenes Geld«; »Was für mich zählt, ist der berufliche Erfolg«; »Ich brauch' meine Mitmenschen nur dafür, um meine Interessen durchzusetzen«; »Gefühlsduselei ist Quatsch, Märchen sind Kinderkram«.

In dieser Form verknüpfen sich die Konzepte eng mit den Gefühlen und können so im Falle eines Konfliktes zum Auslöser von Aggressionen und Ängsten werden.

b) Vier Formen der Konfliktverarbeitung

Auf jeden Konflikt reagiert man irgendwie. Wie man nun tatsächlich reagiert, hängt davon ab, was wir als Reaktionsmöglichkeiten gelernt haben. Von diesen Lernvoraussetzungen her lassen sich gewisse Regeln ableiten, die typische Reaktionen kennzeichnen. Trotz aller kultureller, sozialer Unterschiede und der Einzigartigkeit jedes Menschen können wir beobachten, daß alle Menschen bei der Bewältigung ihrer Probleme auf typische Formen der Konfliktverarbeitung zurückgreifen. Wenn wir ein Problem haben, uns ärgern, uns belastet und unverstanden fühlen, in ständiger Anpassung leben oder in unserem Leben keinen Sinn sehen, können wir diese Schwierigkeiten in den folgenden vier Formen der Konfliktverarbeitung zum Ausdruck bringen, denen analog vier Medien der Erkenntnisfähigkeit zugeordnet werden. Sie lassen erkennen, wie man sich und seine Umwelt wahrnimmt und auf welchem Weg der Erkenntnis die Realitätsprüfung erfolgt.

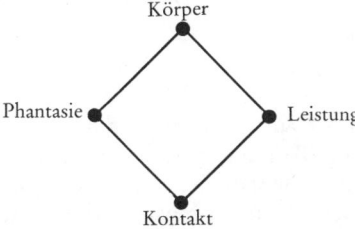

Die vier Formen der Konfliktverarbeitung mit den zugeordneten Medien der Erkenntnisfähigkeit. 1. Körper (Mittel der Sinne); 2. Leistung (Mittel des Verstandes); 3. Kontakt (Mittel der Tradition); 4. Phantasie (Mittel der Intuition).

Vier Reaktionsformen werden in der konkreten Lebenssituation durch typische Konzepte der Aktualfähigkeiten modelliert, in das Selbstbild aufgenommen und bestimmen die Spielregeln dafür, auf welche Weise man sich und seine Umwelt wahrnimmt und mit ihren Problemen fertig wird. Der Einfluß der Aktualfähigkeiten vollzieht sich in folgenden vier Medien:

Mittel der Sinne (Beziehung zum eigenen Körper), Mittel des Verstandes, Mittel der Tradition, Mittel der Intuition und Phantasie. Im persönlichen Bereich führen Einseitigkeiten in den vier Medien außer in offenen Formen in den vier Fluchtreaktionen zum Ausdruck: Man flieht in die Krankheit, in die Aktivität, in die Einsamkeit / Geselligkeit und in die Phantasie.

Körper-Sinne: Im Vordergrund steht das Körper-Ich-Gefühl. Wie nimmt man seinen Körper wahr? Wie erlebt man die verschiedenen Sinneseindrücke aus der Umwelt? Die durch die Sinne aufgenommenen Informationen laufen durch die Zensur der erworbenen Wertmaßstäbe. Die einzelnen Sinnesqualitäten können im Zusammenhang mit derartigen Erlebnissen konfliktbesetzt werden. Die Gesamtheit unserer Aktivitäten wird durch die Sinne kontrolliert. So kann beispielsweise der Schlaf-Still-Rhythmus bei einem Säugling bedeutsam für die spätere Entwicklung des Pünktlichkeitsgefühls sein.

Flucht in die
Krankheit

Vitale Ängste

Körperliche Reaktionen auf Konflikte sind unter anderem: körperliche Aktivitäten (sportliche Betätigung – »sich hängenlassen«), Schlaf (Konflikte »überschlafen« – Schlafstörungen), Nahrungsaufnahme (Freßsucht, »Kummerspeck« – Nahrungsverweigerung, Magersucht), Sexualität (Donjuanismus, Nymphomanie – Sexualabwehr), körperliche Funktionsstörungen und psychosomatische Reaktionen.

Psychopathologische Symptome: qualvolles Vitalgefühl der Beengung; Empfindung, an etwas unbestimmbar Drohendes hilflos ausgeliefert zu sein; innere Unruhe und Spannung.

Psychomotorische Symptome: mimische Ausdrucksphänomene; Psychomotorische Unruhe.

Vegetative Symptome: Hautblässe im Gesicht, Schweißausbrüche, Pupillenerweiterung, Tachykardie, Mundtrockenheit, Durchfall, Blutdruckanstieg, Blutzuckeranstieg, Reduktion von Libido und Potenz.

Angst um den Körper: »Allein die Vorstellung, daß mein Körper, das Fleisch meiner Hand, meine Brüste, mein Bauch stinkend zerfallen könnten, erregt in mir einen Ekel vor mir selber. Obwohl ich weiß, daß ich das nicht erleben werde, läßt mich der Gedanke nicht los: Ich habe eine schreckliche Angst davor« (24jähriges gutaussehendes Mannequin: Körper und Sinn).

Leistung-Verstand: Diese Dimension hat in der Industriegesellschaft, vor allem im amerikanisch-europäischen Kulturkreis, ein besonderes Gewicht. Hierzu gehören die Art und Weise, wie Leistungsnormen ausgeprägt sind und wie sie in das Selbstkonzept eingegliedert werden. Denken und Verstand ermöglichen es, systematisch und gezielt Probleme zu lösen und Leistung zu optimieren. Zwei einander entgegengesetzte Konfliktreaktionen sind möglich: a) die Flucht in die Arbeit; b) die Flucht vor Leistungsanforderungen.

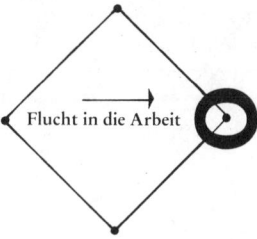

Versagensängste

Typische Symptome hierfür sind: Selbstwertprobleme, Überforderung, Streßreaktionen, Versagensängste, Konzentrationsstörungen und defizitäre Symptome wie Rentenneurose, Apathie, Leistungshemmungen, Flucht in die Arbeit, Einseitigkeiten, Strebertum und Beschäftigungsdrang, Leistungszwang, Entlastungsdepression, Denkhemmung, Zivilisationsmüdigkeit, Arbeitshemmung, Faulheit, Konkurrenzkampf, Kraftlosigkeit, fehlende Frische, Neigung zu Magenbeschwerden, Schlafstörungen, Neigung zu Alkoholismus und Drogenabhängigkeit usw.

Wäre ich doch gegen den Brückenpfeiler gefahren:
»Achtzehn Jahre war ich als Techniker in einer großen Firma tätig. Im Rahmen von Umstrukturierungen sollte ich plötzlich in das Labor. Wie soll ich mit dieser neuen Aufgabe fertig werden? In meine alte Tätigkeit hatte ich mich so gut eingelebt. Ich sehe es schon kommen, daß ich versagen werde. Die Umstellung macht mich fertig. Vor kurzem raste ich auf der Autobahn herum. Irgendwie wollte ich dem unerträglichen Spannungsfeld entfliehen. Ich dachte fortwährend daran, daß es das beste wäre, wenn ich jetzt mit 160 Sachen gegen einen Brückenpfeiler fahren würde. Dann wäre ich wenigstens dieser Belastung nicht ausgesetzt« (38jähriger Ingenieur: Beruf als Sinn des Lebens).

Kontakt-Tradition: Die sozialen Verhaltensweisen werden durch individuelle Lernerfahrungen und die Überlieferung (Tradition) mitgeprägt. So erwartet man von einem Partner zum Beispiel Höflichkeit, Ehrlichkeit, Gerechtigkeit und Ordnungssinn sowie die Beschäftigung mit bestimmten Interessengebieten und sucht sich schließlich denjenigen aus, der in irgendeiner Weise diesen Kriterien entspricht.

Wir können auch auf Konflikte reagieren, indem wir die Beziehung zu unserer Umwelt problematisieren: Ein Extrem ist hierbei die Flucht in die Gesellschaft, wobei in der Geborgenheit und der Aktivität der

Gruppe die Probleme entschärft werden sollen. Man versucht durch Gespräche mit anderen, Sympathie zu erwecken und Solidarität zu erzielen: »Wenn ich mich über meine Schwiegermutter aufrege, rufe ich meistens eine Freundin an und spreche mit ihr stundenlang darüber.« Umgekehrt kann man den Rückzug aus der Gemeinschaft antreten. Man distanziert sich von Menschen, die einen beunruhigen, fühlt sich gehemmt, meidet Geselligkeiten sowie jede Möglichkeit, mit anderen Menschen zusammenzukommen.

Flucht in die Geselligkeit oder Einsamkeit

Soziale Ängste

Die Symptome hierfür sind: Hemmungen, Ablösungsproblematik, unbewußtes Anklammerungsbedürfnis, Kontaktangst, Vorurteil, Autismus. Kontaktdrang, Kontaktarmut, übertriebene Bindungen, Bindungslosigkeit, Trennungsängste, Objektangst, Über- und Untertreibungen, Versprechungen, Notlügen, Drohungen und Verwünschungen, Gerüchte und positives sowie negatives Nachreden, Hänselei und Witze, Ironie und Zynismus, Zwiesprache mit sich selbst, Schimpfen, Zwangshandlungen, Schwören und Bekräftigungen, Isolierung von Minderheitsgruppen, Diskriminierung, Gewalttätigkeit, Kriminalität und Wohlstandskriminalität, Massengewalttätigkeit, Gruppenegoismus und Kriege.

»Nie mehr!«

»Zu meinem Mann kann ich nie mehr Vertrauen haben. Er ist ein Schuft. Ich bin dahintergekommen, daß er mich betrogen hat. Wer weiß, ob er mich nicht öfter betrogen hat. Ich wollte, ich wäre lieber tot, als seine Untreue erleben zu müssen« (38jährige Hausfrau, Sexualstörungen, Depressionen: Partnerschaft als Sinn des Lebens).

Phantasie-Intuition: Die Intuition scheint im Zusammenhang mit den psychischen Prozessen des Traumes oder der Phantasie zu stehen, die gleichfalls eine Form der Problem- und Konfliktverarbeitung darstellen können. Intuition und Phantasie reichen über die unmittelbare Wirklichkeit hinaus und können all das beinhalten, was wir als Sinn einer Tätigkeit, Sinn des Lebens, Wunsch, Zukunftsmalerei oder Utopie bezeichnen. Auf die Fähigkeiten der Intuition und Phantasie und die sich durch sie entwickelnden Bedürfnisse gehen Weltanschauungen und Religionen ein, die damit die Beziehung auch zu einer ferneren Zukunft (Tod, Leben nach dem Tode) vermitteln.

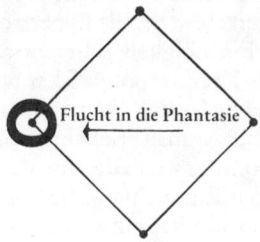

Existentielle Ängste

Man kann auf Konflikte reagieren, indem man die Phantasie aktiviert, Konfliktlösungen phantasiert, sich in Gedanken einen gewünschten Erfolg vorstellt oder Menschen, die man haßt, in der Vorstellung bestraft oder gar tötet. Als »Privatwelt« schirmt die Phantasie gegen verletzende und kränkende Einbrüche aus der Wirklichkeit ab und schafft eine vorläufig angenehme Sphäre (Alkohol- und Drogenmißbrauch). Sie kann eine »böse Tat« oder eine schmerzliche Trennung von einem Partner ungeschehen erscheinen lassen. Sie kann aber auch verängstigen, übermächtig werden und als Projektion der eigenen Ängste die Wirklichkeit unerträglich machen. Phantasie vermischt sich so mit Wahrnehmungen und führt zu Symptomen, wie sie in der Schizophrenie als Wahnvorstellungen anzutreffen sind.

Einheitsverlust, Zwangsdenken, Angstpsychose, Religion als Lebensziel, Lebensangst, Todesangst, Pessimismus (»nach mir die Sintflut«), Stimmungsschwankungen, Ungewißheit, Ratlosigkeit, Haltlosigkeit, passive Erwartungshaltung, Erwartungsangst, Resignation, Aberglaube, Selbstmordgedanken, psychogener Tod.

»Jeder ist sich selbst der Nächste«

»Gerade weil ich weiß, daß mit dem Tod alles aus ist, versuche ich mein Leben zu genießen. Jeder ist sich selbst der Nächste. Für Spintisieren, wie ›Sinn des Lebens und des Todes‹ und so, habe ich nichts übrig. Da verwende ich meine Zeit lieber für etwas anderes. Ich weiß, daß ich ein Egoist bin, aber andere gebrauchen ja auch ihre Ellenbogen.« (38jähriger Betriebsleiter, dessen Sohn sich wegen Schulschwierigkeiten und Verhaltensauffälligkeiten in psychotherapeutischer Behandlung befand: Das liebe Ich und Sinn.)

Da neurotische, psychotische und psychosomatische Störungen als Einschränkung des Realitätsbezuges gesehen werden können, werden die vier Formen der Konfliktverarbeitung zur therapeutischen Leitlinie. Wir können zwischen den Formen der Konfliktverarbeitung und des Realitätsbezuges unterscheiden, die hypertrophiert, hochdifferenziert und zur perfekten Einseitigkeit gebracht worden sind, und den Formen, die dadurch zu Konfliktpotentialen wurden, daß ihnen die Entwicklungsmöglichkeiten fehlten. Mit anderen Worten: Man wird nicht nur krank durch das, was man erlebt hat, sondern auch durch das, was man nicht erleben konnte, wenn den im Menschen angelegten Fähigkeiten die notwendigen Entwicklungsbedingungen entzogen wurden. Beide Konfliktdispositionen entwickeln sich kumulativ als fast unmerkliche Anhäufungen der Mikrotraumen, die den bestehenden familiären und familiär verarbeiteten gesellschaftlichen Konzepten entsprechen. Dementsprechend zeichnen wir die vier Formen der Konfliktverarbeitung in zwei einander entsprechenden komplementären Bildern.

Die vier Formen der Konfliktver-arbeitung als Ausdruck der Überbetonung und Überdifferenzierung.

Die vier Formen der Konfliktverarbeitung als Ausdruck der Bereiche, die in den Schatten geraten sind.

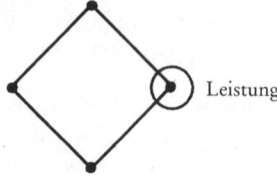
Leistung

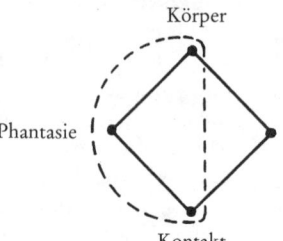
Körper

Phantasie

Kontakt

Dieses Diagramm beschreibt eine typische Form der Konfliktanfälligkeit, die über die vier Vorbild-Dimensionen lebensgeschichtlich zugänglich und durch das Differenzierungsanalytische Inventar (DAI) inhaltlich beschrieben wird.

Die vier Bereiche gleichen einem Reiter, der leistungsmotiviert (Leistung) einem Ziel zustrebt (Phantasie). Er braucht dazu ein gutes und gepflegtes Pferd (Körper) und für den Fall, daß dieses ihn einmal abwerfen sollte, Helfer, die ihn beim Aufsteigen unterstützen (Kontakt). Dies bedeutet, daß eine Therapie sich nicht nur mit einer Dimension, zum Beispiel dem Reiter, beschäftigen kann, sondern alle übrigen Bereiche mitberücksichtigen muß. Auf diese Weise lassen sich individuelle und kleingruppenspezifische Stile der Konfliktverarbeitung darstellen.

Die hier beschriebenen Formen der Konfliktverarbeitung umfassen relativ weite Kategorien, die jeder mit seinen eigenen Vorstellungen, Wünschen und Konflikten füllt.

Nach meiner Beobachtung stehen in Europa und Nordamerika als Formen der Konfliktverarbeitung die Bereiche »Körper« und »Leistung« im Vordergrund, während sich im Orient die Tendenz zeigt, den »Körper«, den »Kontakt« und die »Phantasie« höher zu bewerten. Trotz dieser Tendenz erlebt jeder die Welt auf seine Weise und entwickelt seine eigenen, der Einzigartigkeit seiner Persönlichkeit entsprechenden Reaktionsformen.

Medien der Liebesfähigkeit

Die vier Bereiche der Konfliktverarbeitung korrespondieren mit der Erkenntnisfähigkeit, d. h. mit den Medien, mit deren Hilfe wir uns mit der Realität in Beziehung setzen. Eine weitere wesentliche Dimension menschlichen Lebens wird durch die Liebesfähigkeit umschrieben, die sich durch Beziehungen zur Umwelt entwickelt. Aus diesem Grunde fragen wir auch nach den Beziehungsqualitäten, die einen Zugang zu den Gestaltungsmöglichkeiten der Emotionalität öffnen können.

Wir unterscheiden vier Medien der Liebesfähigkeit. Sie charakterisieren typische Grundbeziehungen, die jeder Mensch in irgendeiner Form eingeht. Diese Grundbeziehungen sind: die Beziehung zum Ich, zum Du, zum Wir und zum Ur-Wir. Auf die Entwicklung jeder dieser Beziehungen nimmt eine charakteristische Vorbild-Dimension Einfluß. Vorbild-Dimension für die Beziehung zum Ich ist das Verhältnis der Eltern und Geschwister zu einem selbst; für das Du die Beziehung der

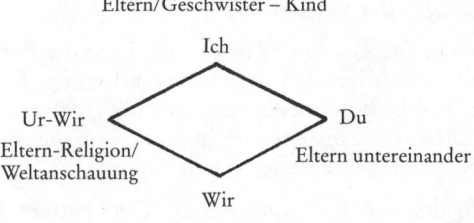

Eltern untereinander, für das Wir die Beziehung der Eltern zur Umwelt und für das Ur-Wir die Beziehung der Eltern zur Religion / Weltanschauung. Die Eltern bzw. Geschwister sind in der Kleinfamilie für das Kind die primären Bezugspersonen und stellen damit Prototypen für Formen der sozialen Beziehungen bereit.

Modellfunktionen bei der Entwicklung der vier Medien der Liebesfähigkeit

Die Unterscheidungen werfen ein neues Licht auf die Qualitäten der sozialen Beziehungen eines Menschen. Sie werden in der Regel unter dem Begriff ›Kontakt‹ zusammengefaßt. Mit Kontaktmangel wird angedeutet, daß eine bestimmte Art von Kontakt, zumeist die zum Du und Wir, beeinträchtigt ist. Man spricht in diesem Fall von einer Minussymptomatik, läßt aber offen, welche Formen des Kontaktes gemeint sind und auf welche Aktualfähigkeiten sie sich beziehen. So können Aktualfähigkeiten wie ein Filter sozialen Beziehungen vorgeschaltet sein: Man verzichtet darauf, Gäste einzuladen, weil man durch sie in seiner Ordnung gestört wird und Gäste Geld kosten, also das eigene Sparsamkeitskonzept berühren. Ebenso kann die Beziehung zum Ich durch Mißerfolge (Fleiß / Leistung) bei mangelnder Unterstützung aus dem Bereich der primären Fähigkeiten blockiert sein. Das Verhältnis zum Du kann über Konflikte, die den Bereich Sexualität, Treue, Vertrauen betreffen, empfindlich gestört werden, genau wie sich enttäuschte Erwartungen hinsichtlich Ehrlichkeit, Gerechtigkeit und Hoffnung vor das Verhältnis zum Ur-Wir stellen können.
Erst bezogen auf diese Inhalte hat die Frage nach dem Sinn eine Bedeutung, die auch im Alltagsleben eingelöst werden kann. Die Sinnfrage nimmt so Einfluß auf die Gesundheit – Krankheit, die Partnerwahl, die Berufswahl, die Beziehung zu anderen Menschen und das Verhältnis zur Zukunft. In diesen unterschiedlichen Interpretationen spiegeln sich die zwischenmenschlichen Spielregeln dieser Gruppen.

3. Die fünf Stufen der Selbsthilfe

Im Rahmen der Erziehung und Selbsthilfe steht der Positiven Psychotherapie ein fünfstufiges Verfahren zur Verfügung. Dieses Verfahren bezieht sich auf die beschriebenen Aktualfähigkeiten und Formen der Konfliktverarbeitung, insofern sie zu zwischenmenschlichen Konflikten und Störungen im seelischen Bereich führen.

1. Stufe: Beobachtung / Distanzierung: Der Patient legt möglichst schriftlich Rechenschaft ab, über was oder wen und wann er sich ärgert und welche Anlässe ihm angenehm sind. Auf dieser Stufe beginnt der Prozeß des Unterscheidenlernens. Man beginnt den Konflikt einzukreisen und inhaltlich zu beschreiben.

2. Stufe: Inventarisierung: Anhand eines Inventars der Aktualfähigkeiten (DAI) stellen wir fest, in welchen Verhaltensbereichen man selbst und der Partner »positive«, in welchen man »negative« Eigenschaften hat.

3. Stufe: Situative Ermutigung: Um ein Vertrauensverhältnis aufzubauen, lernt der Patient einzelne »positiv« ausgeprägte Eigenschaften seines Partners zu verstärken und auf die damit korrespondierenden eigenen kritisch ausgeprägten Eigenschaften zu achten.

4. Stufe: Verbalisierung: Um aus der Sprachlosigkeit oder der Sprachverzerrung des Konfliktes herauszukommen, wird schrittweise die Kommunikation mit dem Partner nach festgelegten Regeln trainiert. Man spricht sowohl über die angenehmen als auch über die unangenehmen Eigenschaften und Erlebnisse.

5. Stufe: Zielerweiterung: Die neurotische Einengung des Gesichtsfeldes wird gezielt abgebaut. Man lernt, den Konflikt nicht auf andere Verhaltensbereiche zu übertragen, sondern neue und bisher noch nicht erlebte Ziele anzusteuern.

Die Behandlung beruht dabei auf zwei gleichzeitig ablaufenden und ineinander verzahnten Prozessen: der Psychotherapie, bei der die Beziehung von Therapeut und Patient im Vordergrund steht, und der Selbsthilfe, bei der der Patient innerhalb der Gruppe seiner Bezugspersonen »therapeutische« Aufgaben übernimmt. (Vgl. Kapitel: Fünf Stufen in der Positiven Psychotherapie.)

Konsequenzen

Uns interessieren die Hintergründe dieser Lösungsversuche und die Bedingungen, unter denen gelungene Lösungsversuche möglich sind. Voraussetzung ist, daß eine Beziehung zwischen den beschriebenen vier Bereichen: dem transkulturellen, dem religiös-weltanschaulichen und dem individuellen Bereich besteht. Diese Beziehung muß nicht eine Änderung des Verhaltens bedeuten, sondern vielmehr die Bereitschaft zum Dialog.

Drittes Kapitel:
Psychotherapie der kleinen Schritte

>»Es kommt vielmehr darauf an, das Alte in einem
>neuen Licht zu sehen.«
>
> M. Balint

1. Drei Arbeitsmöglichkeiten der Positiven Psychotherapie

Die Schaulustigen und der Elefant

Ein Elefant war zur Ausstellung bei Nacht in einen dunklen Raum gebracht worden. Die Menschen strömten in Scharen herbei. Da es dunkel war, konnten die Besucher den Elefanten nicht sehen, und so versuchten sie, seine Gestalt durch Betasten zu erfassen. Der Elefant war
groß, und so konnte jeder Besucher nur einen Teil des Tieres berühren
und es nach seinem Tastbefund beschreiben. Einer der Besucher, der
ein Bein des Elefanten erwischt hatte, erklärte, daß der Elefant wie eine
starke Säule sei, ein zweiter, der die Stoßzähne berührte, beschrieb den
Elefanten als spitzen Gegenstand, ein dritter, der das Ohr des Tieres
ergriff, meinte, er sei einem Fächer ähnlich, der vierte, der über den
Rücken des Elefanten strich, behauptete, daß der Elefant so gerade und
flach sei wie eine Liege.

Mowlana, persischer Dichter

Körper – Seele – Geist

In der Medizin gibt es unterschiedliche Auffassungen über die Krankheiten und darüber, was uns krank macht. Die einen stellen den Körper
in den Mittelpunkt. Sie sehen nur Infektionskrankheiten, organische
Krankheiten, und ihre Therapie beschränkt sich auf Medikamente,
Operationen, Massage und Kur. Was machen Magen, Darm, Bandscheiben ...? Die anderen sehen den Menschen nur noch als psychisches und soziales Wesen. Für sie stehen Depressionen, Ängste, Hemmungen, Minderwertigkeitskomplexe und Aggressionen im Vordergrund. Ihre Therapie ist vorwiegend das Gespräch, die Analyse und die
Gruppenarbeit: Was verursacht Ängste ...? Wieder andere möchten
den Menschen nur als geistiges Wesen sehen und ihn nur über den Geist
therapieren. Ihre Behandlung ist das Gebet, die Askese, das Lesen hei-
liger Schriften und die Meditation. Der Leser wird mit mir überein-
stimmen, daß alle etwas Richtiges sehen. Sie sehen aber nicht alles. Es
verhält sich hier ähnlich, wie mit der orientalischen Fabel des Elefan-

ten. Im gleichen Sinne greift der eine beim Menschen nur den Körper heraus, der andere nur seine Seele und seine sozialen Bezüge und der dritte schließlich nur den Geist, obwohl Körper, Seele und Geist erst zusammen den Menschen in seiner Einheit ausmachen. Dieser Gedanke des Einheitsverlustes soll uns beschäftigen.

Drei Einstiegsmöglichkeiten

Alle Menschen verfügen über die beiden Grundfähigkeiten, die Liebes- und Erkenntnisfähigkeit. Für die Entwicklung der Persönlichkeit sind die drei Entwicklungsdimensionen von Körper, Umwelt und Zeit verantwortlich.

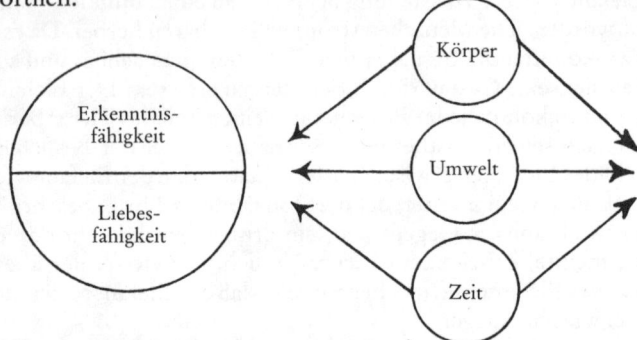

Grundfähigkeiten und ihre Entwicklungsbedingungen

Die krank machenden Faktoren wirken gegenüber den folgenden drei Bereichen: 1. Gegenüber dem Körper; 2. gegenüber der Umwelt; 3. gegenüber der Zeit.

In der Einheit, als welche wir den Menschen begreifen, spielen die Faktoren Körper, Umwelt (ihr entsprechen die Seele und das Erleben) und Zeit (Inbegriff des Bewußtseins und des menschlichen Geistes) eine zentrale Rolle. Die Aktualfähigkeiten bilden sich in enger Beziehung zu diesen drei Dimensionen heraus. Zugleich nehmen sie Einfluß auf die Einstellung zu diesen Bereichen.

1. Krankheiten im Bereich des Körpers sind am besten bekannt und stellen das Gebiet der klassischen Medizin dar. Prototyp der körperlichen Behandlung ist das Medikament, das über seine biochemische Wirkungsweise in den Stoffwechsel eingreift. Bei der körperlichen Therapie stehen der Körper und die körperlichen Erkrankungen im Vordergrund. Dementsprechend wird neben der medikamentösen Therapie der Körper mit Hilfe des Messers therapiert; gemeint ist die Chirurgie, die krankhafte Organe entfernt bzw. funktionstüchtige Organersatzteile einfügt. Weiterhin gehören in das Feld der körperlichen Therapie die Massage, Elektrotherapie, Akupunktur usw. Wenn wir von körperlicher Therapie sprechen, so ist das ungenau. Wir alle wissen beispielsweise, wie weh ein kranker Zahn tut, ein entzündeter Appendix oder allein ein gereizter Rachen unser Gesamtbefinden beeinflussen kann. Nach dem medizinischen Modell ist Krankheit objektiv vorhanden und wird durch den Befund festgestellt. Diese Objektivität wird durch die Beobachtung gestützt, daß Krankheiten nach bestimmten Gesetzmäßigkeiten verlaufen und in diesen Verlauf therapeutisch kausal eingegriffen werden kann. Bei diesem Modell bleiben jedoch einige Fragen offen: Was geschieht, bevor es zu dem eigengesetzlichen Krankheitsablauf kommt? Welches sind seine kausalen und konditionalen Voraussetzungen und seine Risikofaktoren, welche die Krankheitsbereitschaft steigern bzw. die Resistenz mindern? Inwieweit wird der Verlauf der Krankheit durch die Einstellung des Patienten und seiner Umgebung beeinflußt? Die Behandlung selber – auch wenn sie lege artis erfolgt – hängt wesentlich davon ab, welches diagnostische und therapeutische Modell der Therapeut an den Patienten heranträgt. Dies wird wiederum davon bestimmt, was der Therapeut in seiner Ausbildung als verbindlich gelernt hat, welche therapeutischen Möglichkeiten nach der jeweiligen Theorie gangbar erscheinen und welche Behandlungsform der Patient durch die Therapeutenwahl annimmt. Insofern wirkt auch die primär somatische Therapie auf das Erleben und damit den psychischen Bereich und ist sekundär auch Psychotherapie.

Aktualfähigkeiten und Körper: In der Körper-Dimension erfassen wir die biologischen, dem Leben zugrunde liegenden Faktoren. Hierzu gehören Stoffwechselvorgänge, Reflexe, Vererbung, körperliche Reifung, Funktion von Körperorganen, Funktionsfähigkeit der Sinne und die vitalen Bedürfnisse. Durch die Art und Weise der Befriedigung vitaler Bedürfnisse werden einzelne Aktualfähigkeiten entwickelt oder in ihrer Entwicklung blockiert. In diesem Sinne wird beispielsweise die Entwicklung der Pünktlichkeit im Zusammenhang mit dem vitalen Wach-, Schlaf- und Hunger-Rhythmus gesehen. Die Sauberkeit wird mit der frühkindlichen Reinlichkeitserziehung in Verbindung gebracht. Je nach der Art, wie eine Bezugsperson auf die individuellen Bedürfnisse und körperlichen Besonderheiten eines Kindes reagiert, werden sich Konsequenzen für das spätere Selbstbild und die Persönlichkeit des Kindes ergeben. Somit nehmen die Aktualfähigkeiten Einfluß auf die Entwicklung eines Menschen. Sie können ebenso Einfluß auf die Befindlichkeit nehmen: Erlebnisse hinsichtlich der Aktualfähigkeiten bewirken im psychosomatischen Bereich Änderungen der Grundstimmung, Stimmungswandlungen, Gefühle der Angst, Aggression und Depression. Weitere Folgen sind in vielen Fällen psychosomatisch bedingte organische Krankheiten. Die Unordnung und die Unpünktlichkeit eines Menschen können »auf die Galle und den Magen schlagen«. Nicht nur die biologischen Faktoren beeinflussen das Verhalten eines Menschen, sondern auch die an sich selbst oder anderen wahrgenommenen körperlichen Eigenschaften.

Diesen gegenüber entwickeln sich oft tief im Gefühlsleben verwurzelte Einstellungen: Ein Kind wird von anderen wegen seiner roten Haare abgelehnt; eine Mutter liebt ihr Baby besonders wegen dessen Babyspeck; ein Pubertierender findet seine langen Gliedmaßen abscheulich; ein Liebhaber hingegen bewundert die langen Beine seiner Angebeteten.

2. *Umweltfaktoren*: Dem Einflußfaktor Umwelt wird in zunehmendem Maße Rechnung getragen. Die Umwelt ist hier der Korrespondent zum Körper und dessen primär autonomen Bedürfnissen. Als Umwelt fungieren die Faktoren der Sozialisation, also die enge Familie, Eltern, Geschwister, die erweiterte Familie, die gesellschaftlichen Sozialisationsinstitutionen Kindergarten und Schule. Später wird die soziale Umwelt ausgeweitet auf die beruflichen und partnerschaftlichen Kontakte. Neben den unmittelbaren Bezugsgruppen und Mitgliedsgruppen, denen man angehört, nimmt man auch den Kontakt zu anderen Gruppen auf, die man nur als Gruppen, nicht aber von ihren Vertretern her kennt. Dies wäre im weitesten Sinne die soziale Umwelt, die zudem noch in sich strukturiert ist. Aber auch die anderen Umweltangebote, wie Kontakt zur Natur, Kontakt zur Technik und zu Tieren, spielen eine Rolle.

Aktualfähigkeiten und Umwelt: Wie ein Samenkorn über eine Fülle von Fähigkeiten verfügt, die unter dem Einfluß der Umwelt entfaltet werden, entwickelt auch der Mensch seine Fähigkeiten in enger Beziehung zu seiner Umgebung. Die Dimension der Umwelt orientiert sich an dem Verhältnis eines Menschen zu seinem sozialen Umfeld. Die Aktualfähigkeiten beeinflussen unsere Erwartungen gegenüber dem Verhalten anderer sowie das Verhalten selbst – mittelbar oder unmittelbar – als Regeln: Gewissenhafte, zuverlässige, ordentliche und vertrauenswürdige Angestellte für eine interessante Tätigkeit gesucht.

Jeder innere und äußere Konflikt kann in diesem Sinne mit den Begriffen der Aktualfähigkeiten beschrieben werden. Mit ihren Wirkungen werden wir im persönlichen und kollektiven Bereich tagtäglich konfrontiert: wenn eine Ehe zustande kommt oder geschieden wird, wenn eine Freundschaft in die Brüche geht, wenn jemandem seine Stelle gekündigt wird, wenn das Verhältnis der Gruppen und Völker zueinander zu einem Konfliktpotential wird. Über den Einfluß der Tradition werden einzelne Muster von Aktualfähigkeiten zum spezifischen Kennzeichen einer Gruppe, das u. a. wesentlichen Einfluß auf den Gruppenzusammenhalt und das Verhältnis zu anderen Gruppen ausübt.

3. *Zeitgeist:* Die Aussagen über Körper und Umwelt treffen eigentlich nur für eine bestimmte Situation zu. Man beschreibt körperliche und Umgebungsfaktoren in einem definierten Entwicklungsabschnitt und in einer bestimmten geschichtlichen Situation. Die Veränderungen des Körpers und der Umwelt vollziehen sich in der Dimension Zeit. Wollte man die Situation analysieren, in der sich ein Mensch befindet, durchschneidet man seine Lebensgeschichte wahrscheinlich in der Gegenwart. Man erfragt den körperlichen Zustand, den Kontakt des Individuums mit seiner Umgebung, wie sie sich im Moment darstellen. Wir untersuchen also gewissermaßen einen Querschnitt der Lebensgeschichte unter dem Gesichtspunkt der Diagnose. Mit diesem Befund darüber, welche Störungen im körperlichen Bereich vorliegen, welche Einstellungen gegenüber dem Körper im allgemeinen, gegenüber Krankheiten und Funktionsstörungen bestehen, sowie mit dem Befund über das Angebot aus der Umwelt, Interessenbereichen und von außen kommenden Einschränkungen, kann man sich nicht zufriedengeben. Vielmehr wird man versuchen, von dem Querschnitt der Gegenwart aus den Entwicklungsverlauf zu erfassen. Die Frage, die sich stellt, ist die nach dem »Warum«, nach dem »Was war vorher«.

Gegenwart, Zukunft und Vergangenheit

Die Analyse der Vergangenheit gibt dem Therapeuten die Hilfestellung, mit der er die Symptomatik der Gegenwart besser verstehen kann. Dies betrifft nicht nur die Psychotherapie, die es sich zur Angewohnheit gemacht hat, in den Tiefen der Vergangenheit zu schürfen. Auch die somatische Diagnostik benötigt zum Verständnis einer momentanen Symptomatik eine Reihe von Vorinformationen. So ist es beispielsweise wichtig, zu wissen, ob der Patient, der wegen Schädelbasisbruch eingeliefert wurde, bereits vorher einen Schädelbasisbruch hatte. Ebenso kann die Bedeutung eines abweichenden Rhesusfaktors anders beurteilt werden, wenn die Mutter das erste Kind erwartet, als wenn sie bereits das dritte Kind erwartet und schon vorher leichte Komplikationen aufgetreten waren. Die Zukunft ist für den therapeutischen Prozeß unter mehrfacher Hinsicht wichtig. Der Arzt ist zwar kein Astrologe oder Wahrsager, der aus den Sternen das Schicksal des Patienten abliest, aber er muß doch in der Lage sein, die Konstitution eines Patienten, den Schmerzgrad eines Infekts oder Konfliktes abzuschätzen, um unter Berücksichtigung der Behandlungsmöglichkeiten eine Prognose zu stellen. Beim Patienten wirkt sich die Beziehung zur Zukunft unmittelbar aus. So ist bekannt, daß der mangelnde Lebensmut bei Operationen ein zusätzlicher Risikofaktor ist, der tatsächlich Einfluß auf die Überlebenswahrscheinlichkeit nimmt. Wie jedoch ein Mensch Stellung gegenüber seiner Zukunft, seiner Gegenwart oder seiner Vergangenheit nimmt, unterliegt zu einem Großteil den Erfahrungen, die er im Zusammenhang mit der Dimension der Zeit machen konnte. Es finden sich hier lebensgeschichtlich bedingte Fixierungen an die Vergangenheit, bei denen der Betroffene die Gegenwart meidet und für die Zukunft hofft, die Vergangenheit möge doch wiederkehren. Ebenso findet sich eine Fixierung an die Gegenwart, nach der sowohl die Frage nach der Vergangenheit, als auch die Frage nach der Zukunft gemieden wird. Schließlich erweist sich die Zukunft selber als Utopie so attraktiv, daß viele Menschen die Gegenwart und deren Probleme nur als Schritt zu einer besseren, neuen Welt betrachten, in der sich eben diese Probleme wie von selbst gelöst haben werden.

Aktualfähigkeiten und Zeit: Störungen in der Entwicklung eines Menschen, die sich auf den Bereich des Körpers und den der Umwelt beziehen, sind Störungen in der Dimension der Zeit: Ich habe kein Vertrauen zu den Menschen, weil mich einmal ein Mensch im Stich gelassen hat. Wie kann ich zu meinem Kind noch Vertrauen haben, nachdem es einmal gelogen hat. Zeit heißt, dem anderen in seiner Entwicklung Zeit zu lassen, meint aber auch, ihm in geeignetem Maße und in hinreichender Qualität Zeit, sprich Zuwendung, zu geben. Die Aussage einer Mutter: »Ich bin den ganzen Tag bei meinen Kindern«, gibt noch keinen Aufschluß darüber, was sie während dieser Zeit mit den Kindern macht. Eine Mutter, die diese Zeit dazu benutzt, ungeduldig zu kritisieren, zu schimpfen, zu nörgeln und ihre Vorstellungen von »Erziehung« durchzusetzen, hat ihre Zeit anders genutzt als eine Mutter, die ihrem Kind Spielraum läßt und sich auf dieser Basis mit ihm beschäftigt. Neben der Bedeutung, welche die Zeit für die Entwicklung und die elterliche oder partnerschaftliche Zuwendung hat, betrifft sie die charakteristische menschliche Fähigkeit des Bewußtseins, über Vergangenheit, Gegenwart und Zukunft zu verfügen und diese Zeit-Dimensionen zu integrieren. Die inhaltlichen Aspekte der Aktualfähigkeiten werden durch Fixierungen zu Konfliktpotentialen. Indem Vergangenheit, Gegenwart und Zukunft miteinander verwechselt, isoliert betrachtet oder nicht integriert werden, können Aktualfähigkeiten nicht zeitgemäß differenziert werden. Das eigene und das fremde Verhalten zeigen sich durch Mißverständnisse verzerrt. Fixierungen bedeuten so die Verabsolutierung eines irgendwann erworbenen Verhaltensmaßstabes und das Gegenteil von Verständnis und Bemühung um Verständnis. Ein Beispiel soll das Verhältnis von Fixierungen und ihrem Gegenteil, der Flexibilität und Wandlungsfähigkeit, veranschaulichen: Ich bin ein ganz neuer Mensch geworden: Ich habe jetzt nicht mehr so oft Streit mit meinem Mann. Früher habe ich mich über seine Unordnung und Unsauberkeit dauernd aufgeregt. Heute bin ich in der Lage, mit ihm zu argumentieren. Ich versuche, meinen Mann zu verstehen. Wenn er sich nicht wäscht, beispielsweise, dann sage ich ihm, daß er es tun soll. Ich mache kein großes Theater mehr daraus (26jährige Patientin, die früher unter Kopfschmerzen und Sexualstörungen litt).

Die Aktualfähigkeiten sind keine abstrakten Wesenheiten. Sie treten vielmehr im Verhalten über die Entwicklungsdimensionen von Körper, Umwelt und Zeit in Erscheinung.

Konsequenzen

Selbsthilfe: Die Entwicklungen der Medizin unterstützen diese Neigung. Viele Krankheiten, die bisher als Schicksal gelten mußten, sind der Therapie zugänglich geworden und stellen, medizinisch gesehen, kein Problem dar. Allerdings scheint diese Zukunftsperspektive viele Menschen so zu faszinieren, daß sie meinen, jetzt schon eine Hypothek auf die Entdeckung der Zukunft nehmen zu können. So werden die Risikofaktoren, beispielsweise für Herz-Gefäß-Erkrankungen oder den Lungenkrebs, bedenkenlos in Kauf genommen in der naiven Hoffnung, daß der Medizin bis dahin etwas Neues einfallen könnte. Die Beziehung zur Zukunft wird so zu einer Flucht vor den Problemen der Gegenwart, wie folgendes Beispiel zeigt: »Wir haben jetzt keine Zeit, uns mit dem Kind zu beschäftigen, wir gehen später mit ihm zum Psychotherapeuten.« Dies sagte die Mutter eines fünfjährigen Kindes, das unter Bettnässen, Stottern und Verhaltensstörungen litt. Genau wie die Störungen sich auf Körper, Umwelt und Zeitgeist beziehen, greift jede Therapie, ob sie es will oder nicht, ebenfalls diese Bereiche an.

Tier – Mensch: »Mein Mann ist wie ein Tier. Wenn er sexuelle Bedürfnisse hat, muß ich für ihn da sein. Er reagiert sich ab. Zärtlichkeiten kennt er nicht« (38jährige Verkäuferin, innere Unruhe, Angstzustände, Sexualabwehr).

Um den Unterschied von Mensch und Tier zu charakterisieren, ist weniger ein globaler Vergleich, als der Vergleich der drei Funktionsbereiche Körper-Umwelt-Zeit geeignet.

Körper: Das Tier lebt durch den Körper. Auch der Mensch lebt durch den Körper, er besitzt aber zugleich die Fähigkeit, ihn zu erleben. Er wird also nicht nur von seinem Körper beeinflußt, sondern kann auch selbst Einfluß auf ihn nehmen. Wenn ein Tier krank ist, ist es ausschließlich auf die Funktionen und Selbstheilungstendenzen des Organismus angewiesen. Der Mensch kann darüber hinaus den Körper bewußt und aktiv beeinflussen.

Umwelt: Während das Tier nach der Geburt instinktmäßig reagiert und kaum anders reagieren kann, ist der Mensch weitaus mehr auf das Lernen von Fertigkeiten und die Entwicklung seiner Fähigkeiten angewiesen. Während dem Tier die Regeln des sozialen Verhaltens quasi angeboren sind, ist die menschliche Gesellschaft darauf angelegt, daß ihre Mitglieder soziale Regeln und Normen lernen und befolgen.

Zeit: Der Mensch unterscheidet sich vom Tier durch das Bewußtsein der Kategorien »Vergangenheit«, »Gegenwart« und »Zukunft«. Er hat die Chance, sich auf der geschichtlichen Ebene weiterzuentwickeln, indem er auf den Erfahrungen der individuellen und kollektiven Vergangenheit aufbaut (Tradition).

Er braucht also nicht, wie das Tier, dressiert zu werden. Seine Triebe müssen nicht unterdrückt werden. Vielmehr kommt es darauf an, Fähigkeiten zu differenzieren und zu entwickeln.

> Wer sich selbst und andere kennt, wird auch hier er-
> kennen: Orient und Okzident sind nicht mehr zu
> trennen.
>
> Goethe

2. Sinn in West und Ost

Ein Dachgarten und zwei Welten

Auf dem Dachgarten eines Hauses schliefen in einer Sommernacht die Mitglieder einer Familie. Die Mutter sah voll Mißgunst, daß ihre nur widerwillig geduldete Schwiegertochter und ihr Sohn eng aneinander geschmiegt schliefen. Da sie diesen Anblick nicht ertragen konnte, weckte sie die beiden Schläfer und rief: »Wie kann man nur bei dieser Hitze so eng zusammen schlafen. Das ist ungesund und schädlich.« In der anderen Ecke des Dachgartens schliefen ihre Tochter und der verehrte Schwiegersohn. Beide lagen voneinander getrennt, mindestens einen Schritt weit auseinander. Fürsorglich weckte die Mutter die beiden und flüsterte: »Ihr Lieben, wie könnt ihr nur bei dieser Kälte so weit voneinander liegen, statt euch gegenseitig zu wärmen?« Dies hörte die Schwiegertochter. Sie richtete sich auf und sprach mit lauter Stimme wie ein Gebet folgende Worte: »Wie allmächtig ist Gott. Ein Dachgarten und ein so unterschiedliches Klima.«

West-Ost-Konzepte: Auf der Suche nach Sinn

Ich habe versucht, einige Einstellungen und Verhaltensweisen zusammenzutragen, die für das westliche und östliche Denken und Fühlen typisch zu sein scheinen, und sie einander gegenüberzustellen (transkultureller Ansatz). Die unterschiedlichen Auffassungen des gleichen Verhaltens bewirken bei den Angehörigen verschiedener Kulturen verschiedene Reaktionsweisen. In unterschiedlichen Interpretationen spiegeln sich die zwischenmenschlichen Spielregeln dieser Gruppen. Sie geben an, welches Verhalten noch »normal« bzw. wann die Grenze zum Abnormen oder Krankhaften überschritten ist. Wenn man sich klarmacht, daß das gleiche Verhalten in einer anderen Kultur oder zu einer anderen Zeit nach anderen Maßstäben bewertet wird und es dort als unauffällig oder gar wünschenswert gilt, kommt es zu einer Erweiterung des Horizonts, man mißt das Verhalten nicht mehr allein an den vorgegebenen Wertmaßstäben, sondern vergleicht sie mit anderen Konzepten. Für die zwischenmenschlichen Beziehungen heißt das,

116

durch Relativierung der eigenen Werthaltungen Vorurteile in Frage zu stellen, Fixierungen zu lösen und Kommunikationsblockaden aufzuheben. Diese Überlegung liegt einem therapeutischen Prinzip der Positiven Psychotherapie zugrunde: Wir deuten weniger ein auffälliges Verhalten, sondern fragen nach den Spielregeln, die dieses Verhalten erst auffällig erscheinen lassen. Dies geschieht dadurch, daß wir die Auffassungen, Konzepte und Spielregeln aus anderen Kulturen in das familiäre und therapeutische System einbeziehen. Mit Westen meine ich die geographischen Bereiche Mitteleuropas und Nordamerikas, die das westliche Denken repräsentieren. Der geographische Bereich Asiens und Afrikas entspricht den Konzepten, die wir als östlich bezeichnen. Hier wird deutlich, daß es sich um eine Typisierung und Idealisierung handelt, da die beschriebenen geographischen Bereiche in sich selbst wieder verschiedenste Konzepte, Menschenbilder und Weltanschauungen vereinigen. Gerade hier besteht eine Gefahr, der das transkulturelle Vorgehen in doppelter Weise ausgesetzt ist: Einerseits versucht der transkulturelle Ansatz, zwischen den verschiedenen Auffassungen zu vermitteln, Formen der Metakommunikation des Gesprächs über Konflikte zu finden und damit Vorurteile abzubauen, andererseits aber können die mit dem transkulturellen Vorgehen verbundenen Typisierungen, wie »der Deutsche«, »der Perser«, »der Orientale«, »der Italiener«, »der Franzose« usw., zu Stereotypen und Vorurteilen führen. Aus diesen Gründen erscheint es wichtig, sich bei transkulturellen Beschreibungen immer vor Augen zu halten, daß man es hier mit einer Typisierung zu tun hat, also Abstraktionen und statistischen Mehrheitsverhältnissen, die jederzeit Ausnahmen zulassen und durch den Einzelfall widerlegbar sein können. In diesem Sinne sind Paradoxien möglich, denen wir ohne weiteres begegnen können. Der preußische Orientale, der es mit der Pünktlichkeit, Ordnung und Genauigkeit sehr ernst nimmt, ebenso wie der orientalische Preuße, der mit seiner toleranten und laxen Auffassung von Pünktlichkeit durchaus in die Atmosphäre eines orientalischen Basars passen könnte. Eine andere Schwierigkeit wird deutlich: Was ist eigentlich eine Kultur, mit der sich die transkulturelle Fragestellung beschäftigt? Gibt es eine solche in sich geschlossene, gewachsene und nach außen hin kulturell abgrenzbare Einheit noch? Es geht hier lediglich um Nuancen, die jedoch eine große Bedeutung haben.

Verhalten / Konzept	West	Ost
Wahl des Ehepartners	Es gilt als Zeichen der Selbständigkeit und des Erwachsenseins, sich aus eigener Entscheidung einen Partner zu wählen.	Die Wahl des Ehepartners wird stark von der Großfamilie gelenkt. Die Ehe wird im Einklang mit der Familie angebahnt und geschlossen, und die neue Ehe steht im Kontinuum der Familientradition.
Hochzeit	Im westlichen Kulturkreis findet man verstärkt die Auffassung, daß Hochzeit ein Verwaltungsakt ist. Im Verzicht auf großen Aufwand wird Unabhängigkeit und Ablösung von den elterlichen Bindungen dokumentiert. Feste übersteigen nicht den finanziellen Rahmen der Brautleute bzw. deren Eltern.	Es wird ein Fest mit oft mehreren hundert Gästen veranstaltet als Tribut an den hochgehaltenen sozialen Kontakt und die Großfamilie. Die Hochzeit selbst erfolgt vor einer großen Anzahl von Zeugen. Der Ehemann hat noch jahrelang an den finanziellen Verpflichtungen eines solchen Festes zu tragen. Das hat zum einen Teil eine gewisse Schutzfunktion für die Frau, zum anderen wird damit ihre moralische Verpflichtung gegenüber dem Mann verstärkt.
Schwieger-eltern-Konflikte	Bedingt durch die selbständige Partnerwahl werden die Eltern meist vor vollendete Tatsachen gestellt, mit denen sie sich abfinden müssen, auch wenn sie mehr oder weniger offen dagegen opponieren. Schwiegereltern und Schwiegersohn bzw. -tochter müssen sich erst aneinander gewöhnen, und man versucht oft, durch räumliche Trennung Reibungspunkte zu vermeiden. Zu Komplikationen kommt es, wenn sich die Schwiegereltern in Probleme des Paares einmischen und die Tochter bzw. den Sohn moralisch zwingen, Partei zu ergreifen.	Hier sind die Eltern und andere Verwandte bei der Auswahl des Ehepartners beteiligt und können einen Partner ins Gespräch bringen, der am ehesten ihren Erwartungen entspricht. Konflikte entstehen aus der engen Verbundenheit, in der die Kinder auch nach der Eheschließung zu den Eltern stehen. Rivalitäten Eltern–Schwiegereltern werden durch die traditionsgemäß vorgeschriebenen positiven Beziehungen zu den Schwiegereltern aufgefangen. Schwiegermutter–Schwiegertochter-Konflikte vollziehen sich–wenn sie auftreten–unter der Decke betonter Höflichkeit. Kommt es zu offenen Streitigkeiten, kommt es meist zu einer Allianz Mutter-Sohn.

Verhalten / Konzept	West	Ost
Ehe	Die Ehe ist eine für das richtige Funktionieren der Gesellschaft notwendige und wesentliche Beziehung. Sie sollte zum größtmöglichen Nutzen aller ausgerichtet werden. Sie ist individuell, idealistisch und romantisch. Man glaubt, daß das höchste Glück nicht nur durch die Ehe zu erreichen sei, sondern daß man auch, wenn es dort nicht zu erlangen ist, die Ehe trennen und unbegrenzt neue Partner suchen könne. Wenn die romantische Seite nicht zufriedenstellend ist, glaubt man, diese Verbindung habe gänzlich ihren Sinn verfehlt und müsse über Bord geworfen werden. Der westliche Europäer erwartet viel zuviel Gewinn aus der Ehe, wobei er sich seinerseits viel zuwenig Mühe geben will. Er faßt sie viel zu individualistisch auf, beachtet den Rat seiner Eltern zu wenig und läßt sich vorschnell scheiden. Man erhofft sich von der Ehe zuviel, vor allem, weil man die Erwartungen auf die Eigenschaften setzt. Die Ehe ist ein Weg zur sexuellen Befriedigung.	Die Ehe ist nicht nur eine gesellschaftliche Verpflichtung der Gemeinschaft gegenüber, sondern eine verbindliche Familienangelegenheit, die in erster Linie von den Eltern entschieden wird. Der Orientale hat keine hochfliegenden Erwartungen, vollkommene Liebe oder irgendeine andere Art idealer Beziehung in dieser Gemeinschaft zu finden. Er sieht in der Ehe eine Lebensnotwendigkeit, durch die er in Ehren seinen Namen verewigen und seinen Beitrag zum Fortleben der Gesellschaft leisten kann. Er erwartet zuwenig von der Ehe, die so große Möglichkeiten in sich schließt, das Leben reicher zu machen. Es ist eine Verbindung, die Nachkommen hervorbringen soll.
Jungfräulichkeit	Jungfräulichkeit besitzt in neuerer Zeit eine nachgeordnete Rolle, wenn nicht sogar die Bedeutung eines Symbols sexueller Unbedarftheit. Das Verhältnis zur Jungfräulichkeit ist ambivalent. Auf der einen Seite wird sie als eher überflüssig angesehen, auf der anderen Seite wünschen sich viele Männer, daß sie bei einer Frau der erste sind. Es kommt auch vor, daß eine Beziehung eingegangen wird ohne tiefere Bindung, ohne Gedan-	Es ist ein ungeschriebenes Gesetz, daß eine Braut nur dann ihren Wert erweist, wenn sie jungfräulich in die Ehe geht und wenn das blutbefleckte Leintuch den Beweis erbringt, das den anwesenden Hochzeitsgästen gezeigt wird. Ehrverlust für die Frau und deren Familie, wenn die leisesten Zweifel an der Jungfräulichkeit der Braut bestehen.

ken an eine Ehe, nur »um dieses blöde Häutchen loszuwerden«.

Treue

Die Forderung nach Treue wird oft als Unterdrückung der Persönlichkeit, als Einschränkung des Lustprinzips verstanden. Jemand, der Treue fordert, gilt als »verklemmt«. Treue wird als Mangel an Gelegenheiten gesehen. Ausgehend von beiden Geschlechtern, gibt es den Flirt bis hin zum Geschlechtsverkehr vor und während der Ehe.

Der Treue – vor allem der Treue der Frau – wird großes Gewicht beigemessen. Zu dieser Treue gehört auch die sexuelle Enthaltsamkeit vor der Ehe.
Früher: Der Mann hatte das alleinige Recht, über Zusammenleben oder Trennung zu richten. Daraus resultierte eine starke Abhängigkeit der Frau.
Heute: Die studierende, selbständige orientalische Frau bricht mit dieser Tradition. Der Mann muß es sich gefallen lassen, daß seine früher geduldeten außerehelichen Abenteuer nun kritisiert werden und die Frau ihrerseits, gestärkt durch ihre wirtschaftliche Unabhängigkeit, die Trennung fordert.

Untreue

Die Möglichkeiten zur Untreue sind hier größer aufgrund der größeren Anonymität von Mann und Frau (Ausnahme: ländliche Gebiete, wo auch jeder jeden kennt). Die Motive sind sehr unterschiedlich:
– Selbstbestätigung
– Gerechtigkeit
– Gesellschaftsspiel

Aus Unbehagen gegenüber modernen, gebildeten und intelligenten Frauen heiratet der Mann oft eine hausmütterliche Frau, die sein körperliches Wohlbefinden in jeder Weise sichert. Dahinter steht – als Gewinn für das Selbstwertgefühl – der Wunsch, die Traumfrau, die keine Notlösung ist, zu erobern. Dies ist, trotz der traditionsgebundenen und juristischen Bindung an die Ehefrau, das Motiv für Seitensprünge.

Reaktionen auf Untreue

Aufgrund der typischen Kleinfamilie bleibt das Opfer der Untreue beiderlei Geschlechts meist ratlos zurück. Oft nach dem Motto: »Wer den Schaden hat, braucht für den Spott nicht zu sorgen.« Es überwiegt das

Reaktionen des Mannes: Er fühlt sich durch die Untreue der Frau entehrt. Die traditionelle Reaktion war die Tötung des Rivalen, des Verführers. Der Grund dafür liegt in dem Narzißmus des Mannes nach dem Motto:

Verhalten / Konzept	West	Ost
	Gefühl, am Nullpunkt zu stehen, weil man sich einen vollkommen neuen Freundes- und Bekanntenkreis aufbauen muß.	»Meine Frau würde so etwas von sich aus nie tun, sie ist doch mit dem besten aller Männer verheiratet.« *Reaktionen der Frau:* Überwiegend duldend. Sie zieht sich zu den Kindern zurück und findet Kontakt, Geborgenheit und Mitleid innerhalb der Großfamilie.
Wechseljahre	Oft bedeutet dieser Lebensabschnitt Selbstbesinnung auf die eigene Person. Zugunsten der Familie zurückgestellte Ziele werden aufgegriffen oder die Frau sucht neue Selbstbestätigung im Beruf. Es werden eigene Interessen entwickelt und neue Kontakte geknüpft. Auch die Rolle als Großmutter ist eine neue und wesentliche Aufgabe für die Frau. Die europäische Großmutter erhält dabei eine mehr funktionale Bedeutung. Sie versorgt die Enkel, wenn die Mutter berufstätig oder geschieden ist.	Frauen in östlichen Kulturkreisen reagieren oft auf die Wechseljahre mit einer überschießenden Mütterlichkeit, um die Abhängigkeit der Kinder zu betonen. Jede Schwierigkeit der Kinder wird ängstlich registriert, ebenso wie Erfolge der Kinder als eigene Erfolge gefeiert werden. Um den Bruch, den die Wechseljahre doch bedeuten, erträglicher zu machen, erstreben viele Frauen in diesem Alter noch eine Schwangerschaft. Mit dem Nesthäkchen erhalten sie sich jung und beweisen, daß sie noch eine vollwertige Frau sind. Die Frau hat dadurch die Möglichkeit, ihrem Leben weiterhin einen Sinn zu geben und Verantwortung zu tragen. Im Rahmen der Großfamilie ist die Frau als Großmutter der natürliche Anziehungspunkt der Enkel.
Scheidung	Scheidungsgründe sind vorwiegend Untreue des Mannes, sein mangelndes Engagement für Frau und Familie oder Selbständigkeits- und Freiheitswünsche der Frau.	Reicht eine Frau die Scheidung ein, so ist der Grund nicht Untreue oder seelische Grausamkeit des Mannes, sondern meist Kontaktfeindlichkeit, Isolation oder die schlechten Beziehungen des Ehemannes zur Familie der Frau.

Verhalten / Konzept	West	Ost
Schöpfung	»Macht Euch die Erde untertan.« Handeln gegen den Willen Gottes oder der Götter (Prometheussage). Effizienz und Wohlstand sind ein Zeichen des Wohlgefallen Gottes (Calvinismus).	Gott schafft jeden Augenblick alle Teile seiner Schöpfung neu. Sie gehen alle – nicht nur in ihrem Ursprung, sondern auch heute – beständig immer wieder auf ihn zurück. Der Mensch ist nur ein Teil der Schöpfung. Er darf die Welt nicht ordnen wollen, denn Schöpfer ist allein Gott.
Leben – Ziele	Hier gelten die Begriffe planen – bereitstellen – disponieren – erzwingen – konstruieren. Der Mensch steht im Mittelpunkt des Denkens.	Man läßt sich leben, fließen, tragen vom Strom der Ereignisse, man will sie nicht beherrschen. Planen entspricht eher einer Beschwörung. Man spricht Ziele an und erwartet, zu ihnen hingetragen zu werden, indem man sich dem von Gott bestimmten Fluß des Geschehens anvertraut. Gott steht im Mittelpunkt des Denkens. Westliches Mißverständnis: Fatalismus, Passivität.
Tod	»Von Beileidsbesuchen bitten wir Abstand zu nehmen.« »Ich muß mit meinem Schicksal allein fertig werden.« »Jetzt muß ich alleine so viel Leid ertragen.«	8 bis 40 Tage lang besuchen alle Verwandte, Freunde, Bekannte und andere Mitmenschen die Hinterbliebenen und geben ihnen so das Gefühl der Geborgenheit. »Geteiltes Leid ist halbes Leid.«
Trauer	Stirbt ein Mensch, mit dessen Tod man rechnete, wird dieses Ereignis nicht gleichermaßen bestürzend wirken, wie wenn ein Mensch unvorbereitet aus dem Leben gerissen wird. »Wir wollten noch so viel gemeinsam unternehmen, nun ist er tot.« »Sie ist zu jung gestorben.« In bestimmten Religionen und Gesellschaften ist es wünschens-	Hier finden sich Trauerrituale, die zu exzessiven Trauerausbrüchen führen. Der Trauernde schlägt sich mit den Fäusten, rauft sich die Haare, klagt Gott und die Menschen an oder jammert am Totenbett des Verstorbenen, unterstützt von Klageweibern.

wert oder vorgeschrieben, daß
der Trauernde seine Trauer so
gefaßt wie möglich erträgt. Da
somit die Formen der äußeren
Verarbeitung abgeschnitten
sind, wird die innere Verarbeitung verstärkt. Diese Haltung
begünstigt die Entwicklung von
späteren abnormen Trauerreak-
tionen.
Trauernden wird von der Gesellschaft eine Sonderrolle zuge-
dacht. Aufgrund der schwarzen
Kleidung sind sie als solche zu erkennen, werden bemitleidet und
stehen unter strikten Einschränkungen. Sie sollen sich von Lust-
barkeiten fernhalten und sich des
Toten würdig zeigen.

Selbsttötung   In einer Gesellschaft im Überfluß, in einem Wohlfahrtsstaat,
ist die Selbsttötung zur zweithäufigsten Todesursache geworden. In der Bundesrepublik
Deutschland nehmen sich jährlich etwa 14 000 Menschen das
Leben, dazu kommen jährlich
etwa 200 000 Selbsttötungsver-
suche. Mit der Selbsttötung will
der Mensch sein bisheriges Leben beenden, weil er meint, es
nicht mehr ertragen zu können
und daß es keine Alternative
gäbe. Die Selbsttötung wird
häufig als Unfall oder natür-
licher Tod kaschiert. Bestrafung
der Selbsttötung durch Verwei-
gerung der Bestattungszeremo-
nien durch die Kirchen.

Unbekannt bei den austra-
lischen Ureinwohnern und den
Bewohnern Feuerlands.
Zustimmung – Duldung
Indien: Selbstopfer an heiligen
Stätten – Erlösung
Japan: Rettung der Ehre (Hara-
kiri); erweiterter Suizid: Mit-
nehmen von Familienmitglie-
dern in den Tod.
*Sumatra, Philippinen, Islami-
sche Völker:* Hoffnung, durch
Tötung von Ungläubigen nicht
nur des eigenen Lebens ledig zu
werden, sondern darüber hinaus
einen bevorzugten Platz im Paradies zu erlangen.
Eskimos: Selbstaussetzung im
Alter und bei chronischen
Krankheiten. Verpflichtung der
nächsten Angehörigen, bei der
Tötung Hilfe zu leisten bzw. sie
hinzunehmen.
Uganda: Ein Suizid erscheint als
derart bedrohliches Ereignis,
daß man das befleckte Haus nie-

Verhalten / Konzept	West	Ost
		derreißt und den Baum, an dem sich der Mensch erhängte, mit den Wurzeln ausgräbt und verbrennt.
Beziehung zur Zukunft	Die unmittelbare Zukunft ist gut geplant, das Geld nach bestimmten Prioritäten eingeteilt. Sparsamkeit als Zukunftsvorsorge wird groß geschrieben. In diesem Zusammenhang muß man auch den Hausbau sehen und den Abschluß zahlreicher Versicherungen.	Unkomplizierte Beziehung zur Zukunft. Das Geld wird hauptsächlich zur Erziehung der Kinder und für Gäste ausgegeben. Rücklagen sind kaum möglich, so daß Eltern im Alter oft mittellos sind. Sie greifen dann auf das Kapital zurück, das sie in ihre Kinder und Geselligkeit investiert haben. Die wechselseitige Hilfsbereitschaft, an die appelliert wird, funktioniert erstaunlich gut. Durch diese Investitionen werden Verpflichtungen geschaffen, die in Notsituationen eingelöst werden. Das Familienkollektiv hat damit eine Rolle, die der Sozialversicherung ähnlich ist.
Leben nach dem Tode	Bestimmte Aspekte eines Menschenwesens bleiben erhalten, auch wenn körperliche Funktionen aufgehört haben und der Körper vergeht. Diese überdauernden Aspekte haben viele Namen, darunter Psyche, Seele, Geist, Selbst, Wesen, Sein und Bewußtsein. Die Bezeichnung spielt letztlich keine Rolle, wichtig ist allein die Vorstellung vom Eintritt in eine andere Existenzform und dies gehört zu den Glaubensinhalten der Menschheit. Der westliche Mensch will Gewißheit mit wissenschaftlicher Genauigkeit. Glaube und Hoffnung sind geringer ausgeprägt und spiegeln die zunehmende Loslösung von kirchlichen und religiösen Traditionen wider. Ohne Verwur-	In allen frühen Kulturen war der Tod ein natürlicher Bestandteil des Lebens, und man glaubte an ein Leben nach dem Tod. Der Tote wurde mit z. T. kostbaren Grabbeigaben bestattet. Man versorgte ihn mit den notwendigen Gegenständen des täglichen Lebens, damit er für das kommende Leben gerüstet sei. Der Tote lebte in seinem ursprünglichen Lebensbereich – der Familie, der Sippe, dem Stamm – weiter. Später kam die Vorstellung von einem besonderen Ort auf, an dem die Toten weiterlebten, so die Unterwelt der Griechen oder Himmel und Hölle. Neben diesen bildhaften Schilderungen des Aufenthaltsortes der Gestorbenen gibt es auch Schilderungen davon, wie die Seele den

Verhalten / Konzept	West	Ost
	zelung in einer Glaubenstradition wird der Tod erschreckend und das Leben nach dem Tode in Frage gestellt.	Toten verläßt und was dann mit ihr geschieht. Beides kann man als Versuch werten, den Lebenden auf gefühls- und verstandesmäßiger Ebene Gewißheit und Hoffnung zu geben. Der jeweilige Totenkult ist eng mit dem Glauben an ein Leben nach dem Tod verbunden.

Ägypten: Die Mumifizierung wurde zur Kunst entwickelt, um den Körper zu erhalten. Nach dem Tode sollte die Seele wieder in ihre Hülle schlüpfen können. Die Pyramiden waren Bauten für die Ewigkeit.

Tibetanisches Totenbuch: Sterben ist eine Kunst, die man in gekonnter oder unpassender Weise hinter sich brachte, je nachdem ob man das nötige Wissen, seine Sache gut zu machen, besaß oder nicht. Die Seele löst sich vom Sterbenden ab. Er vernimmt Geräusche und Töne und sieht alles in grauer, nebliger Beleuchtung. Er wundert sich, sich außerhalb seines Körpers zu befinden. Er gerät in zunehmende Verwirrung, ob er nun tot ist oder nicht. Seine Sinneswahrnehmungen verfeinern sich, er begegnet anderen Wesen in dem gleichen Zustand und begegnet dem »strahlenden Licht«. Den Sterbenden erfüllen unendlicher Frieden und gänzliche Wunschlosigkeit. Er sieht eine Art Spiegel, in dem sein ganzes Leben erscheint, die guten wie die bösen Taten, so daß die, die ihn richten, und er selbst alles leibhaftig vor sich haben.

125

Verhalten / Konzept	West	Ost
Kontakt (Eltern– Umwelt)	Eltern sind Vorbild und Modell für Außenkontakte. Ihr Verhalten beeinflußt die Einstellung gegenüber entfernten Verwandten, fremden Menschen, anderen Familien, sozialen Klassen und Nationalitäten.	Die orientalische Familie umfaßt einen viel größeren Kreis. Es gehören Verwandte aller Grade, Freunde und Bekannte dazu: »Gäste sind eine Gnade Gottes.«
Kontaktformen	Bevorzugt werden distanzierte Verhaltensweisen, die mit der im Laufe der Sozialisation erlernten Kontakteinschränkung einhergehen. Zärtlichkeit wird verdrängt und hinter sachlichen Umgangsformen versteckt: Händeschütteln – Zunicken	Hier zeigt man spontane Gefühlsäußerungen nicht nur gegenüber Familienmitgliedern, die das ganze Leben hindurch erhalten bleiben: ausgeprägte Rituale, Begrüßung durch Umarmung.
Geselligkeit / Kontakt	Häufig trifft man sich in kleinen Gruppen. Nicht bei allen Einladungen wird den Gästen Essen angeboten. Man lädt zu »einem Glas Wein / Bier«: Man beschränkt den Kontakt auf das Gespräch (Mittel des Verstandes). Kontakteinschränkung ist meist das Ergebnis sozialer Hemmungen. Kontakt – Sparsamkeit: »Gäste kosten Geld«; Kontakt – Ordnung: »Gäste bringen meine Ordnung durcheinander.« Kontakt – Pünktlichkeit: »Es hat keinen Zweck, kommt man mal zu spät, sieht man vorwurfsvolle Gesichter.« Kontakt – Leistung: »Die können wir nicht einladen, die sind Besseres gewohnt.« »Verwandte sind wie Schuhe: je enger sie werden, desto mehr drücken sie.« »Besuch und Fisch fangen nach drei Tagen an zu stinken.« »Willst du nicht mein Bruder sein, schlag ich dir den Schädel ein.«	Wenn gefeiert wird, dann nur mit vielen Gästen. Zwei Personen allein lädt man selten ein. Im Mittelpunkt steht das gute und ausführliche Essen (Mittel der Sinne). »Ein Mensch ohne Freunde ist ein halber Mensch.« »Gemeinsam ist man stark.« »Die ganze Welt kann untergehen, wenn wir nur zusammenhalten.« »Das eigene Nest beschmutzt man nicht.«

Verhalten / Konzept	West	Ost
Ziel der Therapie – Kontakt –	Zielerweiterung bedeutet hier zumeist Aufbau sozialer Kontakte. Hinwendung zu Geselligkeit, Interesse an Aktivitäten innerhalb einer personenbezogenen und nicht leistungsbezogenen Gruppe.	Zielerweiterung richtet sich darauf, daß man Beziehung zu sich selbst gewinnt und Interesse an Aktivitäten entwickelt, die außerhalb der Gruppe stattfinden.
Zeit / Geduld	Jeder Mensch verfügt über die Fähigkeit, seine Zeit einzuteilen. Wie diese Zeiteinteilung jedoch bewertet wird, hängt vom kulturellen Umfeld ab. Streßphänomene in der modernen Industriegesellschaft. »Es ist schon spät, wir müssen uns beeilen.« »Time is money.« Geduld besteht darin, die Entwicklung der Fähigkeiten angemessen zu unterstützen und die eigenen Wege des Partners trotz der bestehenden Zweifel zu »dulden«. Geduld ist somit gleichbedeutend mit der Fähigkeit, zu warten.	Das Zeitgefühl wird bestimmt von der Notwendigkeit, zu warten und sich dem Rhythmus der Natur anzupassen. Großzügig strukturierte Zeiteinteilung im Zusammenhang mit Fatalismus. »Wir haben keine Zeit, deshalb müssen wir langsam machen.« »Allah hat die Zeit erfunden, doch von Eile hat er nichts gesagt.« »Kommt Zeit, kommt Rat.« »Geduld ist ein Baum, dessen Wurzeln bitter, dessen Frucht aber sehr süß ist.« »Dem Strom des Wassers folgen wie ein Tropfen und darin sich nicht eigenmächtig gebärden.« (Chuang Tzu, Anhänger des Laotse)
Zärtlichkeit gegenüber Kindern	Man hält Kindern gegenüber in erster Linie sanfte Zärtlichkeitsformen für angemessen. Zärtlichkeit wird meist nur bis zu einem gewissen Alter gewährt und gilt danach als »unangemessen«.	Kinder werden häufig umarmt und geküßt von allen Familienmitgliedern. Der Kuß wird gerne mit einem leichten Beißen und das Umarmen mit Kneifen gekoppelt. Das Kind erlebt die Zuwendung, der »Schmerz« wird nicht angstvoll erlebt, weil die Bezugsperson dabei lacht. Das gegenseitige Berühren und Anfassen zieht sich durch das ganze Leben. Auch den Frauen gegenüber werden ähnliche Zärtlichkeitsrituale entwickelt.

127

Verhalten / Konzept	West	Ost
Primäre / sekundäre Fähigkeiten	Hervorhebung der sekundären Fähigkeiten, z. B. Leistungsfähigkeit, Pünktlichkeit, Ordnung etc. unter Vernachlässigung primärer Fähigkeiten, z. B. Zeit, Kontakt. Aber: »Orientalischer Preuße«:	Primäre Fähigkeiten – am Kontakt orientiert – stehen im Vordergrund bei offensichtlicher Vernachlässigung sekundärer Fähigkeiten. Aber: »Preußischer Orientale«:
Pünktlichkeit	Man legt großen Wert auf Pünktlichkeit. Unpünktlichkeit gilt als Schwäche, als tadelnswürdig. Man verzichtet eher auf den Kontakt mit dem Betreffenden, als die Unpünktlichkeit zu ertragen: »Pünktlichkeit ist die Höflichkeit der Könige.«	Hier herrscht ein tolerantes Verhältnis gegenüber der Pünktlichkeit. Man erträgt es, wenn jemand zu spät kommt, sofern er überhaupt kommt (Kontakt): »Sie sind nicht zu spät gekommen, wir haben zu früh angefangen.«
Ordnung	Ordnung ist die Lust der Vernunft.	Unordnung ist die Wonne der Phantasie.
Sparsamkeit	Sparsamkeit als Ausdruck der Selbständigkeit und Unabhängigkeit. »Wer den Pfennig nicht ehrt, ist des Talers nicht wert.« »Gäste sind rausgeschmissenes Geld.« »Spare in der Zeit, so hast du in der Not.«	Man benutzt das Geld für Geselligkeiten, festigt durch dieses Opfer den sozialen Kontakt und schafft sich somit das Anrecht, von anderen unterstützt zu werden, wenn es einem selbst schlecht geht.
Essen	»Was auf den Tisch kommt, wird gegessen.« »Lieber sich den Magen verrenkt, als dem Wirt was geschenkt.« Man läßt keinen »Höflichkeitsrest« zurück.	Es ist üblich und beste Sitte, einen Rest des Essens auf dem Teller zurückzulassen. Damit signalisiert man dem Gastgeber, daß man satt ist und er für mehr gesorgt hat, als man essen kann.
Kaufen / Verkaufen	Kaufhaus: Kaufen und Verkaufen wurden von jeder persönlichen Note befreit.	Basar: Neben dem kaufmännischen Gewinn stehen gleichbedeutend die Rituale des Handelns und des zwischenmenschlichen Kontakts.
Lernen	Man lernt, indem man Bücher liest.	Wissen wird durch Gespräche und Kontakte vermittelt.

Verhalten / Konzept	West	Ost
Begrüßung	»Wie geht es Ihnen?« »Danke. Wie geht es Ihnen?« Im Abendland gilt das Ich als Bezugspunkt der eigenen Identität. Man nimmt an, wenn das Ich »in Ordnung« ist, müßte es mit der Familie, dem Beruf usw. schon klappen.	»Wie geht es Ihnen? Wie geht es Ihrer Familie?« Das orientalische Konzept setzt einen anderen Schwerpunkt: Wenn es meiner Familie gut geht, geht es mir auch gut. Die Familie – das Wir – gehört unmittelbar zu Identität und Selbstwert.

Beispiele für medizinische Begriffe und einige Krankheitsbilder

Verhalten / Konzept	West	Ost
Krankheit	Wenn jemand krank ist, möchte er seine Ruhe haben. Er wird von wenigen Personen besucht. Besuche werden auch als soziale Kontrolle empfunden.	Ist hier jemand erkrankt, so wird das Bett ins Wohnzimmer gestellt, z. B. bei einem Beinbruch. Der Kranke ist Mittelpunkt und wird von zahlreichen Familienmitgliedern, Verwandten und Freunden besucht. Ein Ausbleiben der Besucher würde als Beleidigung und mangelnde Anteilnahme aufgefaßt.
Trennungsangst	Erwartungen oder Übertragungen werden meistens auf einzelne Personen oder kleine Gruppen gerichtet. Es wird z. B. nur eine begrenzte Zahl von Gästen eingeladen. Man ist enttäuscht, wenn jemand absagt oder nicht kommt. »Warum möchte er nicht zu uns kommen? Ist es ihm nicht gut genug bei uns?« »Wer so unzuverlässig ist, den können wir nicht mehr einladen.«	Die einfache Übertragung wird durch multiple Übertragung abgelöst, die zugleich eine gesellschaftlich anerkannte Rückversicherung gegenüber Trennungsängsten darstellt. Man lädt nicht nur Gäste ein, deren Nichterscheinen eine große Enttäuschung bedeutet, sondern macht viele Menschen zu seinen Gästen. Kommt jemand zu spät oder bleibt ganz weg, so garantiert die Anwesenheit der anderen einen geselligen Erfolg des Abends.
Angst	Die moderne Psychotherapie kennt ebenfalls diese drei Arten von Urängsten. Angst vor der	Orientalische Philosophen unterschieden drei Arten von Ängsten, die sie als Urängste be-

Verhalten / Konzept	West	Ost
	Vergangenheit und Angst vor der Gegenwart bezeichnet man als geschichtlich erlebte Ängste, die Angst vor der Zukunft als existentielle Angst. Gebet und Meditation als Mittel gegen die Angst vor der Zukunft haben sich seit Jahrtausenden bewährt und gelten als Vermittler von Vertrauen und Hoffnung. Dies wird nur dann problematisch, wenn die Forderung nach Gebeten die aktive Vorsorge für die Zukunft verdrängt.	zeichneten: Angst vor der Vergangenheit Ursache: Ungerechtigkeiten Behandlung: Verzeihung und Vergebung Angst in der Gegenwart Äußert sich in Einsamkeit Behandlung: Rückzug aus dem sozialen Umfeld und Askese Angst vor der Zukunft Äußert sich in dem Gefühl der Sinn- und Ziellosigkeit Behandlung: Gebete
Feierabend	»Wenn mein Mann kommt, muß das Essen fertig sein. Dann setzt er sich vor den Fernseher und trinkt sein Bier, geht dann ins Bett und liest seine Zeitung!«	»Mein Mann entspannt sich am besten, wenn er sich mit Gästen unterhält. Deshalb ist es meine Hauptaufgabe, abends für Gäste zu sorgen.«
Narzißmus	»Ich habe den ganzen Tag für euch gearbeitet und verlange deshalb als Gegenleistung, daß ihr auf mich Rücksicht nehmt und meine Spielregeln akzeptiert.« Diese Interpretation ist narzißtisch besetzt. Derjenige, der in der Familie Rücksichtnahme und einen ungestörten Feierabend verlangt, fordert zugleich Anerkennung seiner Leistung durch die Familie.	»Ich habe es erreicht, daß ich euch alle bewirten kann, ich habe durch meine Arbeit und Geschäftstüchtigkeit für euch alle gesorgt.« Das orientalische Konzept stellt einen extravertierten Narzißmus dar. Der Familienvater begnügt sich nicht mit seinem engeren Familienkreis, sondern benötigt ein großes Forum für seine narzißtischen Wünsche.
Ich-Stärke	Der Begriff gehorcht dem liberalen Willensmodell der bürgerlichen Gesellschaft, in dem soziale Bezüge und Aktivitäten der Phantasie gegenüber einer leistungsgerechten Bewältigung der Wirklichkeit im Hintergrund stehen. Für die Psychoanalyse sind Ich-Stärke und Ich-Reife zentrale Begriffe.	Basis der Identifikation ist nicht das Ich, sondern das Wir. Mir kann es nur gut gehen, wenn ich im Einklang mit meinem sozialen Umfeld lebe.

Verhalten / Konzept	West	Ost
Verbundenheit	Selbständigkeit und Autonomie gelten als wünschenswert. Die Ablösung geschieht früh: »Ich bin alt genug und kann auf eigenen Füßen stehen!« »Du bist jetzt alt genug und mußt wissen, was du tust.« Zu große Nähe zur Ursprungsfamilie wird als Bedrohung der Selbständigkeit erfahren.	Große Betonung der familiären Verbundenheit. Eltern schicken ihre Kinder oft mehrere tausend Kilometer weit weg zur Ausbildung und wissen, daß durch die »soziale Nabelschnur«, Kontakte, Briefe etc. unbeschadet der Entfernung eine Abhängigkeit von den Eltern und dem Familienverband erhalten bleibt.
Einsamkeit	»Der Starke ist am mächtigsten allein.« Die Fähigkeit, selbständig, unabhängig und allein zu sein, gilt als Stärke. Niemand findet etwas dabei, wenn jemand alleine spazieren geht und seinen Gedanken nachgeht.	Die Suche nach Einsamkeit und Rückzug aus dem aktuellen sozialen Geschehen wird als Störung des Vertrauens betrachtet. Es entsteht Mißtrauen: Was ist los mit ihm? Ist er beleidigt? Wir können doch helfen, wenn er Kummer hat.
Rücksicht	Lautes Verhalten gilt als unhöflich, ungehorsam und rücksichtslos: »Als Kinder durften wir nur sprechen, wenn wir gefragt wurden.« »Das Spielen ist während der Mittagsruhe verboten!« »Sei nicht so laut, du weißt doch, daß die Nachbarn sich beschweren!«	Es gilt als normal, wenn man laut ist, vor allem wenn Kinder laut sind. Es wird weniger Rücksicht auf die Nachbarn genommen, die sich im allgemeinen auch nicht an Kinderlärm stören. Die verbale Betätigung ist weitaus lustbesetzter und weniger durch Regeln und Normen eingeschränkt. Man kann singenderweise durch die Straßen gehen, ohne als »verrückt« eingestuft zu werden.
Leid	Der Leidende steht meist allein, sei es, weil er seine Sache »allein auslöffeln« will, sei es, weil die anderen keine Zeit für ihn haben oder sagen: »Soll er doch sehen, wie er zurecht kommt.« Der Leidende hat oft zusätzlich noch die Gefühle der Gleichgültigkeit, Ablehnung oder Schadenfreude zu ertragen.	Der Leidende – egal ob materielle Not oder psychische und körperliche Leiden – wird in den sozialen Körper der Großfamilie eingeschlossen und versorgt. Die Verantwortung wird kollektiv getragen. Dieses Engagement gibt dem Betroffenen eine gewisse emotionale Geborgenheit.

Verhalten / Konzept	West	Ost
Alkohol	Alkohol kann als Volksdroge bezeichnet werden. Alkoholismus ist in diesem Sinne eine Volkskrankheit und ist nahezu über die ganze Welt verbreitet. Als Genußmittel verfügt der Alkohol über eine lange und reiche Tradition. Alkohol hatte, wie die meisten anderen Rauschmittel auch, kultische Bedeutung. Es ist im Rahmen einer allgemein anerkannten »Höflichkeit« Brauch, Alkohol zu bestimmten Anlässen zu trinken. Dies reicht vom Sektempfang in der Diplomatie bis zum Umtrunk nach bestandener Prüfung. Da es sich gehört, Alkohol zu trinken, hat es ein Nichtalkoholiker schwer, sich dieser »Pflichtübung« zu entziehen. Er wirkt leicht als Außenseiter, und dazu noch als unhöflich. Ein französischer Weinbauer ist trotz seines Alkoholkonsums in das Wertsystem seiner Gesellschaft integriert. Weder er noch seine Umgebung würde sein Verhalten als abnorm empfinden.	Moses führt in bezug auf Alkohol keine Ge- oder Verbote an. Auch im Evangelium Jesu Christi finden wir keine ausdrücklichen Verbote. Dem Sinn der christlichen Botschaft entsprechend ist aber Mäßigung in allen Lebensbereichen notwendig. Der Islam kennt strengstes Alkoholverbot. Schon mäßiger Alkoholgenuß bedroht das Ansehen eines Menschen. Die Bahá'i-Religion verbietet den Alkoholgenuß, ausgenommen im Fall einer ärztlichen Verordnung. »Die Erfahrung hat gezeigt, wie sehr die Enthaltsamkeit von Tabak, Wein und Opium Gesundheit, Kraft, geistige Freude, ein scharfes Urteilsvermögen und physische Lebenskraft mit sich bringt.«
Drogen	Ein von Drogen abhängiger Mensch gerät schnell in die Haltung eines Außenseiters, vielleicht eines Kriminellen. Die soziale Ächtung trifft ihn zwangsläufig, wenn er keine körperlichen Leiden hat, die den Drogengebrauch rechtfertigen. Hier sind die Grenzen dessen, was toleriert wird, sehr eng, denn man sieht ernsthafte Gefahren, die der Gesellschaft durch Drogen entstehen.	Hier trifft man auf Menschen, die trotz lebenslangen Gebrauchs von Drogen angesehene Mitglieder ihrer Gesellschaft geblieben sind und keine größeren Schäden auf körperlichem und geistigem Gebiet erkennen lassen. Es ist auch weit verbreitet, anstelle des verbotenen Alkohols »als Ausgleich« Haschisch zu rauchen, was fast noch größere Schäden anrichtet und ebenfalls – wenn auch vielleicht nicht ausdrücklich – dem Willen des Propheten zuwiderläuft. Aber auch hier ist zu beobach-

Verhalten / Konzept	West	Ost
		ten, daß der regelmäßige Drogengebrauch sich überwiegend auf Kreise am Rande der Gesellschaft beschränkt.
Schizophrenie	Mit der Einweisung in eine Klinik geben die Bezugspersonen, die bisher für den Kranken gesorgt haben, scheinbar ihre Sorgepflicht und ihre Bereitschaft zur Mitarbeit an eine Institution ab. Eine Beziehung, die anfänglich noch zu dem Patienten besteht, nimmt häufig im Verlauf des Klinikaufenthaltes ab. Der Patient gerät in eine zunehmende Isolierung, die seine Rehabilitation erschwert. Krankheitsursachen werden vom Patienten oft in Erscheinungen der Umwelt gesucht, so z. B. die Vorstellung, von der Polizei durch Radar gesteuert zu werden. Solche Äußerungen des Patienten sind sogleich als pathologisch zu erkennen und führen zu einer Distanzierung seiner Umgebung.	Hier wird der Patient so lange wie möglich in der Familie belassen. Häufig wehrt sich die Großfamilie sogar gegen eine Ausgliederung eines kranken Familienmitgliedes. Die Umwelt zeigt sich sehr besorgt, bietet Hilfestellung an, durch Besuche, Geschenke und dergleichen. Dies birgt die Gefahr in sich, daß diese volkspsychotherapeutischen Hilfeleistungen wenig sachlich, dafür aber für den Patienten emotional bedrängend, einengend und beängstigend wirken. Als Krankheitsursache wird hier oft angesehen, daß sich der Patient von Nachbarn oder Verwandten behext fühlt. Eine solche Vorstellung scheint innerhalb der orientalischen Denkwelt annehmbar zu sein und sichert dem Betroffenen verstärkte emotionale Unterstützung samt einer eindrucksvollen Therapie. Der Ruf der Besessenheit kann einen sonst unbeachteten Menschen in den Mittelpunkt der öffentlichen Aufmerksamkeit stellen und ihm für eine Weile einen gewichtigen Einfluß verleihen.
Depressionen	Mitteleuropäer und Nordamerikaner entwickeln depressive Verstimmungen, weil ihnen der Kontakt fehlt, sie isoliert sind und sie unter dem Mangel an emotionaler Wärme leiden. Die Inhalte der Depressionen unterscheiden sich in vieler Hinsicht voneinander. Im Vordergrund	Im Orient entwickeln sich Depressionen eher, weil sich die Menschen durch die Enge ihrer sozialen Verpflichtungen und Verflechtungen überfordert fühlen, der sie auch nicht ausweichen können. Inhaltlich stehen Ängste um die Fruchtbarkeit, das soziale Ansehen und das

Verhalten / Konzept	West	Ost
	stehen Ängste, die sich auf das äußere Aussehen, Schönheit, sexuelle Potenz, aber auch soziale Isolation, Ordnung, Sauberkeit und in besonderem Maße auf Sparsamkeit beziehen können.	Verhältnis zur Zukunft im Vordergrund.

Praxis: Zum Beispiel Ablösungsproblematik

Ziel dieser Darstellung der unterschiedlichen Konzepte ist nicht, zu beweisen, daß das eine besser und das andere schlechter sei. Vielmehr erscheint es mir wichtig, wenn der Leser die Erfahrung machen kann, daß sich verschiedene transkulturelle Konzepte gegenseitig ergänzen. Auch wenn sie sich nicht zu einer gemeinsamen Harmonie auflösen lassen, haben sie doch einander viel zu sagen, vor allem, daß das eigene Wertsystem nicht ein absolutes ist, sondern von unseren Lebensbedingungen abhängt und einer Überprüfung bedarf, wenn sich unsere persönlichen und gesellschaftlichen Lebensbedingungen ändern. Wir fragen danach, wie die gleiche Störung oder Krankheit von anderen Kulturen wahrgenommen und bewertet wird, wie andere Menschen der eigenen Kultur und der Familie damit umgehen und welche spezielle Bedeutung die Konflikte für einen selber haben und auf welche Inhalte sie sich beziehen. Nehmen wir an, ein Mädchen möchte sich von zu Hause ablösen und hat dabei Schwierigkeiten mit seiner Mutter. Es entstehen typische Generationsprobleme, Trennungsängste, Aggressionen und Schuldgefühle als Ausdruck einer beide Parteien ergreifenden Vertrauenskrise. Wir können diese Reaktionsweisen dadurch relativieren, daß wir uns fragen, wie Mutter und Tochter in einem anderen Kulturkreis, beispielsweise im Orient, mit der entsprechenden Situation umgehen würden. Weiterhin können wir fragen, wie andere Menschen der gleichen Kultur, vielleicht sogar Mutter und Tochter, zu einem anderen Zeitpunkt, mit dem gleichen Problem umgegangen sind. Schließlich fragen wir uns, welche Bedeutung diese Ablösung für die Tochter und die Mutter hat, auf welche Inhalte (Sparsamkeit, Ordnung, Sexualität, Vertrauen, Höflichkeit, Pünktlichkeit usw.) sich der Konflikt bezieht, welche Funktionen der Konflikt in der Entwicklung der familiären Beziehungen besitzt, und welche positiven Züge er für die Konfliktbeteiligten mit sich bringt. Diese Vorgehensweise beendet die neurotische Einbahnstraße der Kommunikationsstruktur und gibt beiden, der Mutter und der Tochter, Einsichten in ihre Beziehungen und alternative Lösungsmöglichkeiten für ihr Problem.

Ost-West-Konzepte in der Politik

Um die Situation im Orient zu verstehen, müssen wir einige Informationen nachholen. Im Orient besteht eine starke Verbundenheit innerhalb der Familie. Auch Aggressionen, familiäre Schwierigkeiten usw. stellen den Vorrang der Familie nicht infrage. Die bekannte orientalische Höflichkeit ist eine Strategie, diese Gefährdungen durch Aggressionen und Frechheiten abzubauen. Hier haben wir also die Höflichkeit, die ritualisierte Rücksichtnahme und die Anerkennung bestehender familiärer Ordnungen als ein Moment, das die Stabilität der Familie sichert. Dies bedeutet letztlich, daß eine Ablösung aus der Familie schwer möglich ist, und daß die Aggressionen gegenüber den Eltern, vor allem dem Vater, nicht ausgetragen werden dürfen. Diese Unterdrückung der Aggression geschieht in der Regel im Hinblick auf die Person der Mutter.

Die aggressionshemmende Höflichkeit ist eine Ursache dafür, daß viele Orientalen eine depressive Struktur zeigen. Diese Analyse wirft auch ein neues Licht auf die derzeitigen Geschehnisse im Orient. Neben den wirtschaftlichen, machtpolitischen und religiösen Faktoren im engeren Sinne spielen auch die angedeuteten psychologischen Motive, die auch zum Teil religiöse Hintergründe haben, eine Rolle. Gehen wir einmal davon aus, daß im Orient die Familie die beschriebene zusammenhaltende Rolle spielt. Aggressionen gegenüber dem Vater dürfen nicht geäußert werden. Eine Trennung ist unmöglich, weil der Einzelne zu stark in die familiären Zusammenhänge verstrickt ist. Der Vater erhält seinerseits die Verbundenheit aufrecht und bezahlt beispielsweise gerne das Studium des Sohnes im Ausland. Auch die Mutter ist gerne bereit, Verzichte zu leisten. Diese Großzügigkeit hat in der Regel zur Folge, daß sich der Sohn seinen Eltern und seiner Familie gegenüber verpflichtet fühlt und eigentlich immer im Zwang steht, der Familiengemeinschaft eine »Schuld« abzutragen. Dabei gehen beispielsweise die Geldgeschäfte nicht immer mit der maximalen Ehrlichkeit ab. Der Auslandsaufenthalt des Sohnes ist mit vielen Kosten verbunden. Es kommt zwangsweise zu Korruption, vor allem staatliche Institutionen müssen »geschmiert« werden. Die Unehrlichkeit wird zwar zunächst als Erfolg erlebt, gibt aber das Gefühl, ungerecht behandelt worden zu sein. Das Gefühl der Unehrlichkeit und Ungerechtigkeit darf aber nicht dem Vater angelastet werden. Schließlich tut er doch alles für seinen Sohn, was er kann. Hier tritt ein Mechanismus in Kraft, der große Auswirkung auf die augenblickliche Situation im Orient hat. Symbolisch wird ein Teil des Vaters geliebt. Er ist es, der das Geld schickt, der sich um einen sorgt, dem man verpflichtet ist, der die Geborgenheit garantiert. Ebenso entsteht das Bild des bösen Vaters, der korrupt ist, sich Ungerechtigkeiten und Unehrlichkeiten zu Schulden kommen läßt, ungerecht bestraft, seine Macht gegen die »Kinder« ausnützt, religiöse Gebote mißachtet etc. Diese Trennung, die eigentlich die Funktion hat, das Bild des guten Vaters zu retten und deswegen den bösen Vater abzuspalten, hat sich im Orient politisch vollzogen.

Der gute Vater ist – religiös untermauert – der Führer, für den man bereit ist, alles aufzugeben, ja sogar das eigene Leben, weil man von ihm die Geborgenheit und Sicherheit erwartet, die nur ein guter Vater erbringen kann.

Die Aggression richtet sich gegen den vorherigen Machthaber, als dem »bösen« Vater, den man töten wollte.

Diese Spaltung des Vaterbildes nimmt kämpferische Gestalt an, zumal der gute Vater grünes Licht dafür gibt, den bösen Vater aus dem Weg zu räumen. Damit werden die Gewissenskonflikte, die zuvor Aggressionen unmöglich machten und sie unter dem Mantel der Höflichkeit verbargen, umgangen. Die Aggression darf jetzt auf der Grundlage des beschriebenen Mechanismus ohne jeden Skrupel frei ausgetragen werden. Unterstützt wird dies noch durch die Ansprüche des Religionsführers, die den Kampf von der religiösen Seite her rechtfertigen.

Hier haben wir ein klassisches Beispiel dafür, daß familiäre Strategien der Konfliktverarbeitung, so wie sie in einem Kulturkreis gültig sind, den familiären Rahmen sprengen und als Massenphänomene politische Bedeutung erlangen.

Transkulturelle Aspekte zum Verständnis individueller Konflikte

Vergleichen wir dazu die unterschiedlichen Erziehungsformen verschiedener Kulturen: Der Japaner, der die Verhaltensnormen seines Landes gelernt hat und mit ihnen typische Erwartungen und Haltungen verbindet, wird in einem westlichen Land auf gänzlich andere Bedingungen stoßen.

Er zeigt die in seinem Land übliche Höflichkeit, seine Frau trägt die Landestracht, den Kimono. In der neuen Umgebung wird sein Verhalten und Auftreten fremdartig wirken. Da man um die unterschiedlichen kulturellen Bedingungen weiß, akzeptiert man sein Verhalten, obwohl es dem eigenen in vielen Einzelheiten zu widersprechen scheint. Ebenso kommt jeder Mensch aus einem für ihn typischen Erziehungskreis. Er hat seine eigenen Erlebnisse, Erfahrungen und damit seine eigene Entwicklungsgeschichte.

Ist Pünktlichkeit wichtiger als Sauberkeit? Diese Alternative ist das Ergebnis unterschiedlicher Erziehungkreise. Für einen ist Pünktlichkeit das Verhaltensideal, während Sauberkeit für ihn sekundär sein kann. Beim anderen findet sich eine hohe Bewertung der Sauberkeit. Pünktlichkeit dagegen wird von ihm vernachlässigt. Phänomene dieser Art finden sich in gleicher Weise hinsichtlich anderer Verhaltensmuster und Normen, wie Ordnung, Höflichkeit, Ehrlichkeit, Fleiß, Sparsamkeit, Genauigkeit usw.

Betrachtet man die Störungen der zwischenmenschlichen und kollektiven Kommunikation genauer, findet sich hinter den meisten der auftretenden Probleme, die zwischen Eltern und Kindern, zwischen Ehepartnern, gegenüber den Mitmenschen und anderen Gruppen bestehen, unterschiedliche Werthaltungen und Wertmaßstäbe.

Störungen in der Beziehung zwischen Menschen können auf zwei unterschiedliche Bedingungen zurückgehen:

– Auf mangelnde Toleranz, die mangelnde Bereitschaft, den anderen zu akzeptieren. Sie beruht darauf, daß man zu wenig über den anderen weiß und somit nicht die Möglichkeit hat, sich mit ihm zu identifizieren.

– Auf mangelnde Flexibilität: Man ist nicht bereit oder in der Lage, den Anforderungen der Situation und der Zeit Rechnung zu tragen. Ein Verhalten, das in einer Situation seine Berechtigung besaß, kann in einer anderen Situation unangemessen und unzeitgemäß sein.

Intoleranz und mangelnde Flexibilität beobachten wir bei allen Störungen der zwischenmenschlichen Beziehungen. Sie wirken als Hindernisse gegenüber der Verständigung, sowohl in der Beziehung von Völkern zueinander, wie in der Beziehung von Gruppen und nicht zuletzt in dem Verhältnis von Bezugsperson und Kind in der Erziehungssituation. Wenn die Mutter sagt: »Mein Kind ist böse«, sagt sie etwas anderes, als sie tatsächlich meinen kann. Nicht das Kind ist böse oder gar schlecht, sondern einzelne Verhaltensweisen werden von der Mutter als böse oder schlecht interpretiert. Das Kind ist seinem Wesen nach gut. Auch die Mutter ist in ihrem Wesen gut. Beide besitzen die Liebes- und Erkenntnisfähigkeit. Die unterschiedlichen Ausprägungen der eigenen Wertvorstellungen sind die Gundlage der Kritik und der Auseinandersetzung. Nicht alle Menschen können das gleiche Muster von Wertvorstellung entwickeln. Mehr noch, jeder Mensch besitzt sein eigenes Muster. Nicht alle Frauen müssen den Kimono tragen. Nicht alle Männer benötigen einen Schlips. Genausogut muß nicht jeder die Ordnung eines Buchhalters, die Pünktlichkeit eine Maurers, die Genauigkeit eines Schneiders und die Sauberkeit eines Chirurgen haben. Losgelöst von der Situation und dem Zeitpunkt, in dem sie ihre volle Berechtigung besitzen, werden diese Fähigkeiten zur Karikatur. Mehr noch, zum Konfliktpotential. Ein Chirurg wäscht sich mehrmals vor und nach der Operation die Hände. Vollzieht er das gleiche Ritual zu Hause und verlangt es auch von seiner Familie, wird die in der einen Situation begründete und notwendige Handlung in der anderen zur Farce. Sie ist funktionslos, das Kind widersetzt sich, die Frau ärgert sich, das Familienleben ist gestört.

Konsequenzen

Diese Analyse ist eine psychologische Analyse. Entsprechend der Positiven Psychotherapie bin ich hier von transkulturellen Überlegungen ausgegangen. Diese Analyse berücksichtigt religiöse Faktoren als Elemente einer Konfliktverarbeitungsstrategie und gibt Aufschluß darüber, wie psychische und soziale Faktoren beispielsweise religiösen und weltanschaulichen Fanatismus nähren.

> Unsere Patienten leiden nicht nur unter ihren Krankheiten und Störungen, sondern auch unter der Hoffnungslosigkeit, die ihnen mit der Diagnose suggeriert wird.
>
> Positive Psychotherapie

3. Sinn der Krankheit

Ein Optimist

Ein Mann kam während einer Reise durch eine kleine Stadt. Als er durch die Straßen ging, kam er an einem Süßwarenladen vorbei. Da bekam er plötzlich Hunger auf Süßigkeiten. Obwohl er kein Geld besaß, ging er in den Laden und aß, was ihm in die Finger kam. Da nahm der Ladeninhaber einen Stock und schlug dem Mann mehrmals auf die Finger. Der Reisende sagte: »Was für ein schönes Land, was für freundliche Menschen. Hier zwingt man einen mit dem Stock, Süßigkeiten zu essen.«

Was heißt »Positive Psychotherapie«?

Die traditionelle Psychotherapie und Medizin beziehen ihr Menschenbild aus der Psychopathologie. Ihr Gegenstand sind Krankheiten. Ziel einer Behandlung ist, diese Krankheiten zu beseitigen, so, wie man in der Chirurgie ein krankes Organ entfernt. Zwar wird mitunter die Krankheit behoben, aber noch längst nicht Gesundheit hergestellt.

Der Patient lernt als erstes: Anspruch auf den Therapeuten habe ich nur durch meine Krankheit. Die Störung rückt noch mehr in den Vordergrund. Damit werden auch die therapeutischen Möglichkeiten eingeschränkt.

Diese Einseitigkeit ist geschichtlich-kulturell bedingt. Sie ließe sich vermindern, wenn wir bereit wären, andere Denkmodelle einzubeziehen. Diese geben den Krankheitsbegriffen unterschiedliche Bedeutung und legen alternative Behandlungsstrategien nahe.

Nach traditioneller Auffassung steht zwischen Therapeut und Patient die Krankheit:

Therapeut	Krankheit	Patient

Traditionelles Vorgehen

Sobald wir uns nicht mehr nur mit der Krankheit beschäftigen, sondern auch die regenerativen Fähigkeiten der Patienten berücksichtigen, erhält die Beziehung zwischen Therapeut und Patient eine neue Qualität:

Therapeut	Fähigkeiten Krankheiten	Patient

Positives Vorgehen

Das positive Vorgehen bedeutet in diesem Sinne, uns und andere Menschen so zu akzeptieren, wie sie gegenwärtig sind. Wir müssen in ihnen zugleich aber auch das sehen, was sie werden können. Dies bedeutet zunächst, den Menschen mit seinen Störungen und Krankheiten anzunehmen, um dann mit seinen noch unbekannten, verborgenen und durch die Krankheit verschütteten Fähigkeiten Beziehung aufzunehmen. Ziel der Positiven Psychotherapie ist es, die bestehenden Sperren zu beseitigen und den Weg zur Integration frei zu machen, indem man die Liebesfähigkeit des betreffenden Menschen in die Lage versetzt, seine Erkenntnisfähigkeit zu unterstützen und umgekehrt. Von diesem Aspekt aus können Neurosen, Psychosen, psychosomatische Beschwerden und Verhaltensauffälligkeiten einseitige Differenzierungen der Aktual- und Grundfähigkeiten darstellen. Es reicht daher nicht aus, nur nach dem »Warum« einer Störung, eines Leides, einer Prüfung zu fragen. Sie blieben unverstanden, wenn die Frage nach dem »Wozu« nicht gestellt würde. Die Frage nach dem »Wozu« meint die Reintegration, die Tendenz zur Einheit und Weiterentwicklung. Je nach den Bedingungen seines Körpers, seiner Umwelt und der Zeit, in der ein Mensch lebt, werden sich diese Aktual- und Grundfähigkeiten differenzieren und zu einer unverwechselbaren Struktur von Wesenszügen führen. Modell für dieses Vorgehen ist eine frühe Eltern-Kind-Beziehung: Die Fähigkeiten eines Kindes drängen nach außen. Die Bezugsperson, z. B. die Mutter, tritt in der Erziehungssituation unwillkürlich zu den unentwickelten und daher für sie unbekannten Fähigkeiten in Beziehung. Obwohl sie die Fähigkeiten des Kindes nicht sieht, glaubt sie daran. Diese Haltung gegenüber den unbekannten Fähigkeiten erleichtert es ihr, mit der Unbeholfenheit des Kindes, seiner Unsauberkeit, seinem ungeduldigen Schreien usw. umzugehen. Das Kind hat keine Zähne, kann nicht laufen, nicht sprechen, und trotzdem verhalten sich die Eltern so, daß es all dies beherrscht, wenn die Zeit dafür gekommen ist. Diese Entwicklung des Kindes und die Haltung der Eltern ihm gegenüber läßt sich auf allgemeine zwischenmenschliche Beziehungsprobleme übertragen. Auch hier geht es darum, nicht allein von dem auszugehen, was an Defiziten, Schwierigkeiten, Problemen, Störungen und Krankheiten vorhanden ist, sondern auch davon, welche Fähigkeiten bestehen, die es erlauben, mit diesen Störungen fertig zu werden. Wir versuchen, wenn irgend möglich, nicht nur kritische Bereiche zu berücksichtigen, sondern das Ganze, das Tatsächliche. Erst diese Beziehung erlaubt es, das Bild vom duldenden und passiven Patienten aufzugeben und ihn als Subjekt der Selbsthilfe zu begreifen.

Übersetzung konventioneller Krankheitsbegriffe

Jedes Symptom, jede Krankheit ist grundsätzlich umdeutbar. Dies bezieht sich weniger auf den objektiven Befund als auf die subjektive und gruppenspezifische Verarbeitung dieser Störung. Da Symptome in der Regel negativ gedeutet werden, das heißt als ausweglos und unangenehm, bietet sich die positive Deutung geradezu an. Ihr Ziel ist es, im individuellen, familiären und gruppenabhängigen Verständnis eine Änderung hervorzurufen, die neue Lösungsmöglichkeiten anbahnt.

Praktisch sieht dies so aus, daß wir nach der Bedeutung fragen, die ein Symptom für einen Menschen und seine Gruppe hat und dabei auch die »positive« Bedeutung miterfassen: Welche positiven Aspekte hat das Erröten? Welche Vorteile bringen Hemmungen mit sich? Welche Funktionen erfüllen Schlafstörungen? Was bedeutet für mich die Tatsache, daß ich Angst habe? usw.

Diese Denkweise ist sicher für die meisten Menschen ungewohnt, da sie Störungen der Gesundheit und des Wohlbefindens mit traditionellen – meist pessimistisch getönten – Einstellungen verbinden. Die positiven Umdeutungen sind daher im wesentlichen Anregungen und Provokationen, überkommene Konzepte zu überdenken und im Einzelfall zu erwägen, ob nicht alternative Behandlungsformen möglich sind. Wir sehen ihre Aufgabe vor allem darin, den Patienten alternative Einstellungen zu ihren Erkrankungen zu ermöglichen und an die Flexibilität des behandelnden Therapeuten zu appellieren.

Im folgenden werde ich versuchen, allgemeine Begriffe aus dem Bereich der Medizin, der Psychotherapie und der Psychiatrie differenzierungsanalytisch zu beschreiben, die neuen Denkformen auch auf der Grundlage dieser Begriffe verständlich zu machen und damit Anregungen für Neuorientierung bezüglich der Therapie zu geben. Es geht dabei zunächst darum, die Krankheit in ihrer Bedeutung umzuwerten und ihre positiven Aspekte zu berücksichtigen. Zum anderen werden Hinweise gegeben (Ausbaufähigkeit), die sich bei der Behandlung von

Patienten mit entsprechenden Krankheitsbildern als günstig erwiesen haben und die zunächst eine konventionelle Therapie unter psychohygienischen Gesichtspunkten leiten bzw. als Orientierungspunkte für eine psychotherapeutische Behandlung dienen können. Wir versuchen, die Krankheit nicht abstrakt zu sehen, sondern stets inhaltlich im Zusammenhang mit den betroffenen und korrespondierenden Aktualfähigkeiten und Medien.

Praktische Anwendung der »Positiven Übersetzung«

Depressionen möchte ich nicht nur als »das Gefühl des Niedergedrücktseins bei vorwiegend passiver Haltung« verstanden wissen, sondern auch als die Fähigkeit, mit tiefer Emotionalität zu reagieren. Angst vor der Einsamkeit ist nicht nur die Unfähigkeit, mit sich selbst auszukommen, sie weist auch auf ein ausgeprägtes Bedürfnis, Beziehungen mit anderen Menschen aufzunehmen. Ein Beispiel für das positive Vorgehen mag folgender Dialog mit einer zweiunddreißigjährigen verheirateten Patientin sein, die unter starken Depressionen litt:

Patientin: »Ich fühle mich nur noch als menschliches Wrack ... Ich bin so niedergeschlagen und traurig und habe manchmal das Gefühl, daß es besser wäre, wenn ich aus der Welt ginge. (Patientin beginnt zu weinen.) Ich fühle mich so allein. Ich werde immer niedergeschlagener und fühle mich in allen Lebensbereichen überflüssig belastet. In den letzten Wochen fühle ich mich immer häufiger niedergedrückt und ratlos. Ich weiß einfach nicht mehr, wie ich mit meinen Schwierigkeiten fertig werden soll. Es hat niemand für mich Zeit. Mein Mann lebt nur für seinen Beruf. Ich habe solche Angst vor den einsamen Abenden, an denen ich auf meinen Mann warte und nicht weiß, wann er kommt...«

Therapeut: »Ich habe den Eindruck, daß Sie gerne mit Ihrem Mann zusammen sein möchten und daß Sie auch sehr gerne mit anderen Menschen zusammen wären.«

Patientin: »Das würde ich gerne, aber mein Mann hat ja keine Zeit, und ich selber kann nichts unternehmen, weil er mir nie richtig sagt, wann er kommt...«

Die positive Interpretation verläuft hier recht nuanciert. Die Patientin wurde nicht darin bestärkt, ihre ausweglose Konfliktsituation erneut zu wiederholen, sondern erhielt durch die veränderte Sichtweise ihrer Problematik (»Sie sind gerne mit Ihrem Mann und anderen Menschen zusammen«) die Möglichkeit, selber neue Wege zur Konfliktlösung zu beschreiten und sich von dem oft genug wiederholten neurotischen Kon-

zept zu distanzieren. Allein dieser kurze Gesprächsabschnitt gibt Hinweise auf zentrale inhaltliche Komponenten des Konfliktes: das Pünktlichkeitsverhalten des Ehemannes gegenüber der Pünktlichkeitserwartung der Patientin und die Art, wie die Patientin ihre Zeit organisiert:
– Pünktlichkeit als Kriterium des Vertrauens;
– Zeit als Kriterium für Zuwendung und Anerkennung;
– Höflichkeit als in der Familientradition verwurzelte Aggressionshemmung. Die Höflichkeit bewirkte, daß Probleme nach innen getragen wurden.
Im Rahmen der fünfstufigen »Positiven Psychotherapie« konnte, ausgehend von diesen Konfliktpotentialen, die Problematik der Patientin konfliktzentriert aufgearbeitet werden:
Pünktlichkeit: »... Für meinen Mann ist Pünktlichkeit ein Buch mit sieben Siegeln. Wenn er sagt, er kommt um siebzehn Uhr, rechne ich immer eine Stunde dazu, aber meistens langt das nicht. Er kommt erst um zwanzig oder zweiundzwanzig Uhr. Obwohl ich weiß, daß es so ist und es meistens mit seinem Beruf zusammenhängt, kann ich mich nicht daran gewöhnen. Ich liege ab siebzehn Uhr auf der Lauer und kann nichts Rechtes machen und mich nicht mehr konzentrieren. Ich beeile mich den ganzen Tag, um gegen siebzehn Uhr auf jeden Fall fertig zu sein, es könnte ja sein, daß er doch kommt. Es gibt für mich nichts Schlimmeres, als zu warten. Jeden Abend muß ich warten, weil er nie genau sagen kann, wann er kommt. Es macht mich krank. Früher als Kind herrschte bei uns immer Pünktlichkeit. Wir aßen zum Beispiel jeden Tag um die gleiche Zeit. Wenn es mal früher oder später war, dann war es außergewöhnlich. Wenn meine Mutter einmal einkaufen ging oder etwas zu erledigen hatte, sagte sie, wann sie zurück sei, und ich konnte mich immer darauf verlassen. Ebenso war es umgekehrt. In der Schule war ich auch immer pünktlich, eher zu früh, niemals zu spät. Ich wache schon immer vor meinem Wecker auf und versuche, immer früh schlafen zu gehen, um morgens nicht zu spät zu kommen. Bei meinen Verabredungen war ich immer zu früh ...«
Situation: »Am Freitag hatten wir Hochzeitstag, wir hatten uns furchtbar gestritten, nur weil er wieder zu spät kam. Er konnte wirklich nichts dafür, das Auto war in der Werkstatt, und es war zu der verabredeten Zeit noch nicht fertig. Ich stand abmarschbereit mit den Kindern vor der Haustür, weil er sagte, in einer halben Stunde würden wir fortfahren, aber es wurden zwei Stunden. Für mich und die Kinder war das Warten schrecklich. Wir standen vor der Haustür. Die Kinder wurden unruhig, daß ich sie dauernd ermahnen mußte, und die Nachbarn schauten schon neugierig zum Fenster raus. Mir war das ausgesprochen peinlich.«

»Ich weiß nicht, ob ich es schaffen kann, aber ich hätte mich auch anders verhalten können: Mit den Kindern wieder hoch in die Wohnung gehen und mit ihnen zusammen spielen, bis mein Mann kommt und uns abholt. Ich glaube, bis ich das kann, muß ich erst über meinen eigenen Schatten springen.«

Konzept: Ich arbeite nach der Uhr. Bei Verabredungen muß ich schon mindestens eine halbe Stunde früher fertig sein.

Gegenkonzept: Sich nicht nur nach der Uhr, sondern auch nach der Situation richten.

Zeit: »Meine Eltern hatten genügend Zeit für mich gehabt, sind aber nicht immer geduldig gewesen. Um anerkannt zu werden, habe ich schulische und sportliche Leistungen erbringen müssen ...«

Kommentar: Die Leute, die niemals Zeit haben, tun am wenigsten. Zeit heißt, den anderen in seiner Entwicklung Zeit lassen, meint aber auch, ihm in geeignetem Maße und in hinreichender Qualität Zeit, sprich Zuwendung zu geben.

Höflichkeit: »Meine Mutter verlangte immer absolute Höflichkeit. Mutter legte großen Wert auf gute Manieren. Sie begründete dies damit, daß sie meine Mutter sei, eine von Gott gewollte Einrichtung, und daß ich sonst den Zorn Gottes auf mich herabrufen würde. Ich habe innerlich revoltiert, aber mich dann doch gefügt. Überall sah ich den lieben Gott wie einen Polizisten lauern. Mein Mann freut sich immer so, wenn ich so tue, als wäre ich mit allem einverstanden. Hinterher könnte ich mich dann ärgern, daß ich ihm nicht die Meinung gesagt habe.

Faustregel für die Höflichkeit: Was würden Sie sagen, wenn Ihr Gegenüber Sie in der gleichen Weise behandeln würde, wie Sie es mit ihm tun?

Die Psychoanalyse zielt auf die Trennungsangst der Patientin bei drohendem Objektverlust, auf ihr infantiles Schutzbedürfnis und ihre emotionale Abhängigkeit, die in einer langen Wandlung mit Hilfe von Träumen und Assoziationen bearbeitet wird.

An die Stelle der Trennungsangst treten in der Positiven Psychotherapie Aktualfähigkeiten, in denen sich eben diese Trennungsangst realisiert. In diesem Fall handelte es sich vor allem um die passive Erwartungshaltung der Patientin gegenüber Zuverlässigkeit und Pünktlichkeit. Schon die Übersetzung der Trennungsangst in Aktualfähigkeiten eröffnet neue therapeutische Möglichkeiten.

Das positive Vorgehen im therapeutischen Prozeß

In der therapeutischen Situation berücksichtigt das positive Vorgehen drei Ansatzpunkte:

a) Beobachtung der Patientenfamilie und der Symptome. Dieser Ansatz erlaubt eine diagnostische Orientierung mit der Fragestellung: Welche Persönlichkeits- und Kommunikationsstrukturen liegen vor und welche differentialdiagnostische Erwägungen sind möglich? Welche Angebote machen die Patienten an den Therapeuten?

b) Die positive Deutung der Symptome. Wir wissen, daß die Beobachtung, die aus ihr abgeleiteten Befunde und diagnostischen Annahmen nicht objektiv sind. Vielmehr fließen die diagnostischen Bezugssysteme des Therapeuten, dessen subjektive Eindrücke und die Bewertungen der Patienten mit ein. Im Gegensatz zur somatischen Medizin kommt es in der Psycho- und Familientherapie auf eben diese Subjektivität an. Wenn wir andere Bewertungsmöglichkeiten (Umwertung, positive Deutung, Standortwechsel) versuchen, so nicht, weil diese objektiver wären. Wir tun dies mit dem Ziel, unsere eigenen Bezugssysteme, die der Patienten und ihrer Umwelt zu relativieren und alternative Lösungsmöglichkeiten zu initiieren. Damit verlassen wir das ursprüngliche Symptom und bewegen uns in den Bereichen, in denen sich der Patient »positiv«, das heißt symptomarm, relativ ich-stark und widerstandsfähig empfindet. Damit sind also zwei Aspekte beteiligt: die Umdeutung des Symptoms und das Eingehen auf die Fähigkeiten des Patienten.

c) Aufwertung des »Patienten«. Die positive Umdeutung der Symptome und der Ansatz, den Patienten als Therapeuten seiner Situation zu sehen, verbessert dessen familiäre Position. Die familiäre Struktur wird dadurch umgewichtet. Andere Angehörige erhalten Gelegenheit, sich ihrerseits als Patienten einzubringen. Auf diesem Wege können die familiären Mechanismen der »Krankheitsverteilung« aufgedeckt werden, wer also in der Familie die Aufgabe des Symptomträgers erhielt und warum dies geschah.

Traditionelle Interpretation	*Positive Interpretation*
Adipositas	
Fettleibigkeit Psychische und psychosomatische Symptome: Bluthochdruck, Stoffwechselstörungen, Schweißausbrüche, Zuckererkrankung, Neigung zu fatalistischer Haltung	Die Fähigkeit, über das Essen Befriedigung und Ersatz für mangelnde Zuwendung zu schaffen. Positive Beziehung zum Ich, Betonung der Mittel der Sinne, vor allem Geschmack, Ästhetik der

Speisen, Großzügigkeit in bezug auf Nahrungsmittel, Festhalten an bestehenden Eßtraditionen (wer fett ist, ist schön).

Ausbaufähig: Beziehung zu den anderen Sinnesorganen, zum Verstand, Beziehung zum Du und Wir, Ehrlichkeit, Kontakt, Sexualität.

Bereiche	Zieleinschränkung	Zielerweiterung
Adipositas	»Wenn ich mich mit meinem Freund treffe, ist es schon klar, was wir machen werden: Wir gehen in ein gutes Restaurant essen. Es macht mir Spaß, die Spezialitätenrestaurants durchzuprobieren« (38jährige Patientin; Übergewicht, Depressionen; beteiligte Mittel: Du, Mittel der Sinne).	»In der letzten Zeit sind wir kaum mehr in ein Restaurant gegangen. Dafür haben wir uns einige interessante Filme angeschaut und hinterher stundenlang diskutiert. Ich habe manchmal das Gefühl, meinen Partner als ganz anderen Menschen kennenzulernen. Außerdem ist das um einiges billiger« (Du, Mittel der Intuition und des Verstandes).

Kommentar: 55 Prozent aller Schüler sind übergewichtig. Bei 53 Prozent der Patienten mit Herzerkrankungen spielt fettreiche Nahrung eine Rolle. Die Belastung, die das Übergewicht auf das Herz und den Kreislauf ausübt, ist unübersehbar. Psychosoziale Ursachen: Eßtradition (schön sein heißt dick sein; viel Essen ist Maß für Gesundheit), innere Spannung, Kummer, Probleme mit den Eltern, Verlust eines Angehörigen, Langeweile, Essen als Ersatzhandlung, besondere Bewertung des Eß- und Geschmackserlebnisses.

Traditionelle Interpretation   *Positive Interpretation*

Alkoholismus

●━━━━━━━━━━━━━━━━━━━━●

Trunksucht, psychische Symptome: Euphorie (Wohlbehagen), Selbstüberschätzung, Enthemmung, ungezwungenes Benehmen, Taktlosigkeit, Zudringlichkeit, lautes Verhalten, Neigung zu unüberlegten Reaktionen (Verkehrsdelikte und Kriminalität).

Die Fähigkeit, mit Hilfe des Alkohols Konflikte vorübergehend erträglich zu machen. Die Fähigkeit, über das Gefühl innerer Wärme die Illusion der Geborgenheit zu erzeugen und durch die Lockerung von Hemmungen und Ängsten das Akzeptieren der eigenen Persönlichkeit zu erleichtern.

Ausbaufähig: Ehrlichkeit, Unterscheiden, welche Bereiche (Familie, Partnerschaft, Beruf, Sinn des Lebens) konflikthaft besetzt sind; statt passiver Konflikterwartung aktiv gestaltete Beziehungen.

Fallbeispiel: »Nachdem ich vor etwa einem Jahr herausbekommen habe, daß mich mein Mann betrogen hat, habe ich zur Flasche gegriffen. Ich bin Alkoholikerin. Obwohl ich in den nächsten Tagen verzweifelt versucht habe, mit dem Trinken aufzuhören, gelang es mir nicht. Meine Depressionen wurden schlimmer, meine Minderwertigkeitsgefühle wuchsen, und das Leben erschien mir von Tag zu Tag sinnloser. Ich habe mich in klaren Momenten immer häufiger mit dem Gedanken getragen, Selbstmord zu begehen. Mein Mann versuchte dann, mich in das psychiatrische Krankenhaus einzuliefern, aber ohne Erfolg. In derselben Nacht habe ich dann versucht, mich mit Hilfe von Schlaftabletten umzubringen« (43jährige Patientin; konfliktbesetzte Bereiche: Treue, Vertrauen).

Kommentar: Für die Patientin schien die Kränkung, die ihr durch die Untreue ihres Mannes angetan wurde, zu groß. Darin war sie von ihren religiösen und familiären Konzepten bestärkt worden. Für sie war Treue die Grundlage des partnerschaftlichen Vertrauens und das wesentlichste Element ihrer Ehe. Entsprechend ihrer depressiven, anklammernden Persönlichkeitsstruktur vertrat sie das Konzept: Treue bis in den Tod. Darin war sie durch das Vorbild ihrer Eltern bestärkt worden, die den engeren Familienkreis von allen äußeren Einflüssen abschirmten und jedes Ausbrechen daraus stillschweigend verboten. Vor diesem Hintergrund war ihr der Seitensprung ihres Mannes unerträglich. Die Patientin hatte auf ihr äußeres Erscheinungsbild wenig geachtet. Obwohl sie ihren Haushalt optimal in Ordnung hielt, vernachlässigte sie sich selber. Wie sie zu Hause gelernt hatte, lebte sie in ihrer Wohnung, die sie lediglich zu Einkäufen und Verwandtenbesuchen verließ. Die therapeutischen Bemühungen zielten darauf ab, der Patientin die bestehenden Konzepte bewußt zu machen und ihr gewissermaßen als Nach-Erziehung die Möglichkeit zu geben, alternative Konzepte einzubeziehen, die ihr eine angemessene Lösung ihres Problems nahelegten.

Ambivalente Haltung

| Doppelwertigkeit. Nebeneinanderbestehen entgegengesetzter Gefühle in bezug auf denselben Gegenstand, z. B. gleichzeitig Liebe und Haß. Ausgesprochen ambivalent sind oft erotische Bindungen und das Verhältnis zwischen Eltern und Kindern. | Die Fähigkeit, sich nicht festzulegen. *Ausbaufähig:* Die Einsicht, daß man ein Risiko trägt, den Schritt ins Unbekannte wagt, die Last des Zweifels auf die Schulter nimmt und doch immer in der Hoffnung lebt, irgendwo eine neue Fähigkeit oder eine Grenze zu entdekken. |

Fallbeispiel: »Mutti, du willst, daß ich draußen spiele. Wenn meine Schuhe und Kleider ein bißchen schmutzig geworden sind, schimpfst du. Und kaum hast du mich ausgeschimpft, gibst du mir Schokolade. Ich weiß nicht, was mit dir los ist...« (neunjähriges Mädchen mit Konzentrationsschwierigkeiten und Waschzwang).

Kommentar: Der Doppelbindungstyp: Primäre und sekundäre Fähigkeiten werden inkonsequent von einer oder mehreren Bezugspersonen betont. Entwicklung: Die Bezugspersonen sind in der Erziehungssituation unsicher bzw. nicht einig. Sie verhalten sich ambivalent und lassen Tendenzen des naiv-primär orientierten und des sekundär orientierten Reaktionstyps einfließen. Ihr Verhalten dem Kind gegenüber ist inkonsequent. – Charakteristische Äußerungen dieses Typs sind: »Ich kann alles alleine ... kannst du mir nicht doch helfen? Ich weiß nicht, was ich will: ich will, aber zugleich will ich nicht. Wenn du mir hilfst, ist es mir unangenehm, wenn du es läßt, ist es mir auch nicht recht.« Die Erziehung pendelt zwischen Gerechtigkeit und Liebe. Die Erziehungsmittel wechseln sich ab, oft unbeschadet der Tatsache, daß sie sich im Erleben des Kindes widersprechen.

Formen: Aus der Doppelbindungsorientierung resultieren der »Unsichere und der Entscheidungsschwache« (Hamlet-Typ); der »sexuelle Entlastungstyp«, der seinen Partner solange liebt, bis er das Gefühl haben kann, ihn zu besitzen; der »Entlastungsneurotiker« (zeitweiliges Überengagement wechselt oft mit abruptem Rückzug ab), der »ewige Sucher« (ambivalente Haltung zur Religion).

Angst

| Stark unlustgetönter Affekt, entweder als Anfall bei drohender Gefahr oder als | Die Fähigkeit, kränkende und bedrohliche Situationen zu erkennen und sich |

quälender, grundloser Dauerzustand   durch Rückzug zu schützen.
ohne bestimmtes Objekt. Die Angst ist
begleitet von körperlichen Affektsym-
ptomen.

Fallbeispiel: »Ich leide sehr unter angstvollen Gedanken, die mit starker innerer Unruhe einhergehen. In letzter Zeit leide ich auch unter Konzentrationsnachlaß. Ich habe Angst, meinen beruflichen Anforderungen nicht mehr gewachsen zu sein. Oft beschäftige ich mich mit dem Selbstmordgedanken; ich finde keinen Ausweg. Ich habe große Spannungsschmerzen im Kopf. Zeitweilige Schwächezustände mit despressiven Verstimmungen, die mit Schweißausbrüchen einhergehen« (42jähriger Betriebsleiter; konfliktbesetzter Bereich: Leistung, Zieleinschränkung, Hoffnung und Glaube).

Kommentar: Die Familiensituation, in der der Patient aufwuchs, wird von diesem als betont leistungsorientiert realisiert. Leistungsanforderungen waren vor allem die Sozialisationsnormen ›Pünktlichkeit‹, ›Ordnung‹, ›Sauberkeit‹, ›Sparsamkeit‹ und ›Leistung‹. Sie wurden dem Patienten vor allem durch die Mutter vermittelt. Geborgenheits- und Zärtlichkeitswünsche des Patienten blieben dabei unbefriedigt. Die aktuelle äußere Konfliktsituation entstand Anfang bis Mitte 1976, als die Ehefrau, überfordert durch die überhöhten Erwartungen von seiten des Patienten, Ablösungstendenzen zeigt. Das Verhalten der Ehefrau wird im Erleben des Patienten mit dem Verlassenwerden durch die Mutter gleichgesetzt und aktualisiert. Mit seiner phobischen Symptombildung kann er aber auch ein Alibi aufweisen, um seine ambivalenten Anklammerungsversuche an die Ehefrau aufrechtzuerhalten. Längerfristig soll der Patient in die Lage versetzt werden, selbst schuldfrei Ablösungsmöglichkeiten zu entwickeln und als konkrete Zielerweiterung neue Kontakte aufzunehmen und zu halten.

Traditionelle Interpretation   *Positive Interpretation*

Angst vor der Bindung

Defensive und ambivalente abweisende Haltung gegenüber anderen Menschen, soziale Distanz. Hauptsymptom: Hemmungen und Beklemmungsgefühle bei zum Teil starker affektiver Beteiligung.

Betonung der Beziehung zum Ich oder zu bestehenden Partnern. *Ausbaufähig:* Kontakt, Beziehung zum Wir, Höflichkeit, Ehrlichkeit, Verbalisierung und Zielerweiterung.

Fallbeispiel: Ein Ehepaar kam wegen Eheschwierigkeiten in die familientherapeutische Behandlung. Der Ehemann wiederholte stereotyp, daß beide nicht zusammenpaßten und die Ehe für ihn eine Belastung sei. Seine Frau gab die Schwierigkeiten zu, war aber nicht bereit, die gleichen Konsequenzen zu ziehen. Sie widersetzte sich der möglichen Scheidung. Ich fragte nach den vier Vorbild-Dimensionen. Das Ergebnis:

Kommentar:

	Ehemann	Ehefrau
Beziehung zum Ich:	Die Eltern hätten genügend Zeit für ihn gehabt, seien aber nicht immer geduldig gewesen. Um anerkannt zu werden, habe er schulische und sportliche Leistungen erbringen müssen. Keine Geschwister.	Wegen des Geschäftes hätten die Eltern kaum Zeit gehabt. In den ersten Lebensjahren sei sie von einem Hausmädchen versorgt worden. Für sie sei sehr wichtig, daß der Partner viel Zeit für sie habe. Älteste von drei Geschwistern.
Beziehung zum Du:	Als er zwölf Jahre alt war, ließen sich seine Eltern scheiden. Die Jahre davor hatte der Vater schon mehrmals andere Freundinnen gehabt. Auch seine Mutter habe sich öfters mit Bekannten getröstet.	Die Eltern waren ihr Leben lang zusammen: im Geschäft, beim Essen, im Bett. Zärtlichkeiten seien vor ihr nur sparsam ausgetauscht worden, jedoch sei die Ehe ihrer Eltern für sie vorbildlich.
Beziehung zum Wir:	Beide Elternteile seien sehr kontaktfreudig gewesen. Wenn gefeiert wurde, habe er immer mitfeiern dürfen. Auch heute sei er gern unter Menschen. Sein Beruf als Generalvertreter sei deshalb für ihn der richtige.	Die Eltern hätten nur sparsame Kontakte gehabt, geschäftlich mit den Kunden, privat fast nur mit den engeren Verwandten. Bei Familienfeiern habe sie sich als Kind zurückhalten müssen. In der Schulzeit habe sie nur eine einzige gute Freundin gehabt. Jetzt fühle sie sich recht einsam.
Beziehung zum Ur-Wir:	Die Eltern seien politisch recht liberal eingestellt gewesen. Sie hätten der protestantischen Kirche angehört. Er sei konfirmiert. Trotzdem habe man Religion nur pro forma behandelt. Für ihn sei die Kirche nebensächlich. Er selbst betrachte sich als Optimist; beruflich jedenfalls ginge es voran.	Die Eltern seien konservativ gewesen. Als katholische Christen hätten sie jeden Sonntag die Kirche besucht. Sie selber habe auch öfters den Wunsch, in die Kirche zu gehen. Sie werde aber von ihrem Mann deswegen nicht ernst genommen. Sie sei mehr pessimistisch, vor allem, weil sie sich sehr einsam fühle.

Damit hatten wir innerhalb von 20 Minuten eine Konfliktanalyse erstellt, die wesentliche Konfliktpotentiale dieser Partnerschaft sowohl für den Therapeuten als auch für die beiden Ehepartner verständlich machte. Damit war der Einstieg für eine therapeutische Arbeit gegeben.

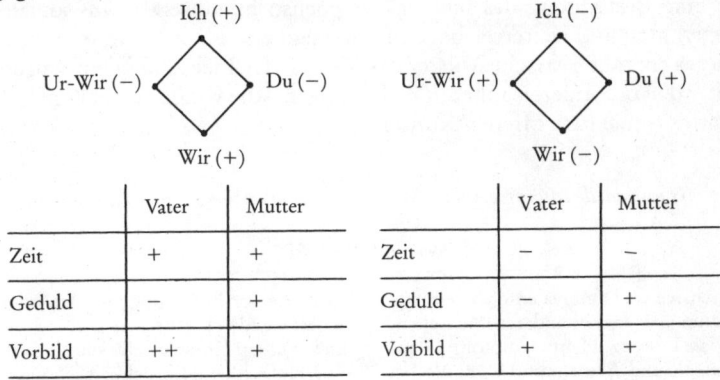

	Vater	Mutter
Zeit	+	+
Geduld	−	+
Vorbild	++	+

	Vater	Mutter
Zeit	−	−
Geduld	−	+
Vorbild	+	+

Traditionelle Interpretation   *Positive Interpretation*

Angst vor der Einsamkeit

Reaktion auf die Vorstellung, verlassen zu sein, als Gefühl einer vitalen Lebensbedrohung oder einer narzißtischen Kränkung.

Ausgeprägtes Bedürfnis nach einer Beziehung (zum Du und zum Wir). *Ausbaufähig:* Beziehung zum Ich. Beziehung zu einzelnen Aktualfähigkeiten (eigene Interessen), Ehrlichkeit (zu den eigenen Interessen stehen).

Fallbeispiel: »Verlust der Lebensaufgabe«
Eine 52jährige Hausfrau litt unter starken Depressionen, Angstzuständen, und wußte, wie sie immer wieder betonte, mit ihrem Leben nichts mehr anzufangen: »Ich habe das Gefühl, daß alles sinnlos und leer ist. Ich bin vollkommen ausgebrannt.« Im Gespräch ergab sich, daß die Patientin bisher zweimal ernsthaft versucht hatte, sich das Leben zu nehmen. Als ich etwas tiefer forschte, stellte sich folgendes heraus:

Kommentar: Die Frau hatte drei Kinder, die sie nach dem Tode ihres Mannes vor zwanzig Jahren allein aufgezogen hatte. Wie sie mir erklärte, hatte sie den Kindern zuliebe darauf verzichtet, wieder zu heiraten. Im Laufe der Zeit waren alle drei aus dem Elternhaus herausgewachsen und hatten an anderen Orten eine eigene Familie gegründet. Nun hatte die Patientin ihre Lebensaufgabe, die Kinder, »verloren«

und konnte keinen geeigneten Ersatz finden. In dieser Situation empfand sich die Patientin als überflüssig, ihr Leben als sinnlos und die Welt als ungerecht. In den Begriffen der Medien der Liebesfähigkeit: Hauptbeziehung der Patientin war die Beziehung zum ›Du‹ der Kinder und zum ›Wir‹ der eigenen Familie. Nur über diese beiden Instanzen erfuhr sie eine Bestätigung des Ich, das sie ebenso hintansetzte wie soziale Aktivitäten und weiterreichende Interessen.

Dieses charakteristische Muster der Medien der Liebesfähigkeit wurde unter den besonderen äußeren Bedingungen – die Kinder verließen ihre Mutter – zu einem offenen Konflikt.

Traditionelle Interpretation	*Positive Interpretation*
	Angst vor der Gruppe
Defensive und ambivalente abweisende Haltung gegenüber anderen Menschen, soziale Distanz. Hauptsymptom: Hemmungen und Beklemmungsgefühle bei zum Teil starker affektiver Beteiligung.	Betonung der Beziehung zum Ich oder zu bestehenden Partnern. *Ausbaufähig:* Kontakt, Beziehung zum Wir, Höflichkeit, Ehrlichkeit, Verbalisierung und Zielerweiterung.

Fallbeispiel: »Ich bin froh, wenn ich in meinem Zimmer bin und keine Menschen sehe. Wenn ich vor anderen Menschen etwas sagen muß, schlägt mir das Herz zum Hals heraus und ich kriege kein Wort hervor. Gruppen sind für mich ein Alptraum« (23jähriger Arbeitsloser; konfliktbesetzte Bereiche: Leistung, Genauigkeit, Vertrauen, Weltanschauung).

Kommentar: Hierbei wird folgender Grundkonflikt aktualisiert: Bis zum Alter von fünf Jahren wird der Patient ausschließlich von der Mutter und Großmutter erzogen, die ihn sehr verwöhnen. Der spät vom Kriege heimgekehrte Vater tritt plötzlich mit großen Leistungsanforderungen an den Patienten heran. Obwohl diese plötzlichen Forderungen von dem Patienten als große Ungerechtigkeit empfunden wurden, identifizierte er sich mit den Sozialisationsnormen des Vaters und nimmt sie als Kriterien der Selbst- und Fremdbeurteilung an. Die entwickelten Abwehrmechanismen werden nun durch verschiedene kumulativ wirkenden Ereignisse in Frage gestellt: Die Untreue der Partnerin bedeutet für den Patienten eine tiefgreifende narzißtische Kränkung, auf die er sehr heftig mit dem Wunsch nach sofortiger Trennung reagiert. In der gleichen Zeit treten Probleme mit dem Chef auf, auf den er seine ambivalente Haltung zum Vater überträgt. Diese Situation stellt eine Versuchung für die Ablösungswünsche von den Eltern dar, die der Patient stark schuldhaft erlebt. Mit seiner Symptomatik hat der Patient einen Grund, Leistungsanforderungen aus dem Wege zu gehen.

Traditionelle Interpretation	*Positive Interpretation*

Anorexia nervosa

Appetitlosigkeit, Pubertätsmagersucht.	Die Fähigkeit, mit wenig Mitteln auszukommen. Die Fähigkeit, durch Hunger sich der weiblichen Geschlechtsrolle zu entziehen. Die Fähigkeit, an dem Hunger der Welt teilzuhaben.

Fallbeispiel: »Seit etwa fünf Jahren habe ich das Ziel, ganz dünn zu werden, das heißt, niemals dick zu werden. Dick sein ist das Schlimmste für mich. Darauf zu achten, daß ich ständig abnehme, ist periodenweise extremer – und schließlich zu meinem Lebensinhalt geworden. Meine älteste Schwester ist sehr dick, und ich hatte kein gutes Verhältnis zu ihr. Ich hatte panische Angst, auch mal unter den Schwierigkeiten dicker Menschen leiden zu müssen. Das Minimum der Nahrung übertrag ich in den letzten Jahren auch auf andere Lebensbereiche, wie z. B. die Handschrift oder die Gewohnheit, alles in kleinen Kästchen aufzubewahren anstatt im Schrank. Die einzelnen Diäten meiner Geschwister und Mutter bestätigten und bekräftigten mich in meiner Vorstellung. Als ich bis auf ein extremes Untergewicht abgemagert war, bekam ich Todesängste und hatte Angst, abends einzuschlafen. Ich wollte ja leben. Um nicht über die Probleme meiner Eltern nachdenken zu müssen, dachte ich lieber darüber nach, wie viele Kalorien und in welcher Form ich sie am nächsten Tag zu mir nehmen könnte. Auf das Jammern und Klagen meiner Familie war ich stolz – alle sagen: Ich bin zu dünn« (14jährige Schülerin; 1,64 Meter groß, 34 kg; konfliktbesetzte Bereiche: Mittel der Sinne – Du – Wir – Gerechtigkeit).

Kommentar: Entscheidend wurden die Eßgewohnheiten schon in der Kindheit geprägt. Das Verhalten der Eltern beim Essen, besonders der Mutter dem Kind gegenüber, entscheidet meist über die späteren Eßgewohnheiten. Man lobt und ermutigt das Kind, wenn es gut und viel ißt, jeder Bissen wird überwacht. Wenn das Kind einmal etwas weniger ißt, zeigt die Mutter große Unruhe und Besorgnis. Ißt es zu wenig, versucht die Mutter das Essssen zum Beispiel durch Märchen- und Geschichtenerzählen schmackhaft zu machen. Das Mädchen erfährt früh, daß die Mutter dem Essen eine sehr große Bedeutung zumißt. Es lernt das Essen als ein Mittel kennenzulernen, mit dem es die Mutter in Atem halten kann, mit dessen Hilfe es ihm aber auch gelingt, die bedrängende mütterliche Zuwendung abzuwehren. Bezogen auf das innere Gleichgewicht der Familie gab unsere junge Patientin durch ihr Symptom ihrer Mutter zu verstehen: Kümmere dich nicht nur um mich, sondern auch um den Vater, deinen Mann, und die anderen Angehörigen unserer Familie (Gerechtigkeitssinn) und vor allem zeige deine Liebe auch einmal anders als nur durch das Essen (Zielerweiterung).

Traditionelle Interpretation	*Positive Interpretation*

Asthma bronchiale

Anfallweise Atemnot, durch Krampf der Bronchialmuskeln und reflektorisch des Zwerchfells sowie der Atemmuskeln bedingt.	Intensive Beziehung zum eigenen Körper, zu einer Bezugsperson; die Fähigkeit, durch das Symptom (Röcheln, Husten, nach Luft schnappen) auf sich aufmerksam zu machen.
	Ausbaufähig: Konflikte verbalisieren (Verstand), Verbundenheit – Ablösung, Ehrlichkeit, Zutrauen, Vertrauen, Hoffnung.

Fallbeispiel: Eine 56jährige Asthmatikerin wurde acht Jahre – allerdings vergeblich – somatisch auf Asthma behandelt. Die Patientin war innerhalb dieser Zeit in vierzehn Kliniken untersucht und therapiert worden. Ihre Lebenssituation und der Ausbruch der Asthmaanfälle waren in gewisser Hinsicht typisch. Aufopfernd pflegte sie ihre alte Mutter und paßte sich deren Wünschen an, obwohl sie dies innerlich als ungerecht empfand und Aggressionen und Ablösungswünsche abwehren mußte. Ein zweiter Problembereich war die berufliche Überforderung, zu der es regelmäßig dadurch kam, daß die Patientin sich bereits durch die Pflege der Mutter genügend gefordert fühlte und daher auch die zusätzliche berufliche Belastung als ungerecht empfand. Es kam so weit, daß die Patientin auf Anraten ihres Hausarztes die Berentung beantragte (Konfliktbereiche Leistung – Gerechtigkeit und Hoffnung).

Kommentar: Im Sinne des Positiven Vorgehens fragte ich die Patientin, welche Bedeutung das Asthma für sie hätte, und weiterhin, welche positiven Aspekte die Krankheit gerade für sie biete. So schrieb sie unter anderem: »Meine Asthmaanfälle erforderten die Krankschreibung. Ich sehnte mich einfach nach Ruhe und Befreiung vom Streß . . .« Das Positive Vorgehen machte den Weg für die Arbeit mit den beteiligten Konfliktthesen frei. Im dritten Abschnitt der Behandlung wurde die Patientin als »Therapeutin« ihrer Mutter eingesetzt, eine Funktion, die es erlaubte, sich von ihrer einseitigen Abhängigkeit zu lösen und die Beziehung zu ihrer Mutter neu zu definieren. Die positive Umdeutung der Krankheit war so ein Einstieg in die schließlich erfolgreiche Behandlung zweier Patienten.

Traditionelle Interpretation	*Positive Interpretation*
Bettnässen	
Das Bettnässen ist eine besondere Form der Blasenentleerung ohne Kontrolle. Es tritt nachts auf, wenn man im Bett liegt und schläft.	Die Fähigkeit, in schwierigen Situationen auf frühere, nicht vergessene Reaktionsweisen zurückzugreifen. Die Fähigkeit, nach unten zu weinen.

Fallbeispiel: »... Meine Tochter ist Bettnässer. Beate war nie ganz trocken, außer während des ersten Schuljahres. Mit 1¾ Jahren bekam sie ihre Schwester Bettina. Bis zu diesem Zeitpunkt war sie absoluter Mittelpunkt in der Familie, im Geschäft bei den Kunden und Angestellten. Mit Bettina bekamen wir ein neues Kindermädchen, sehr zuverlässig, sehr korrekt, das sich natürlich mehr um das Neugeborene kümmern mußte als um Beate. Die täglichen Besuche im Geschäft stellten wir ein, weil das Kindermädchen meinte, dieses Bestaunen und Getue täte weder dem Neugeborenen noch Beate gut. Beate war nun nur noch auf das Kindermädchen angewiesen, das aber eben häufig mit dem Neugeborenen beschäftigt war. Sie wurde nun zur Ordnung erzogen, erhielt auch Liebe, aber hatte nicht mehr den Kontakt zu den anderen Menschen. Mein Mann mußte in die Kanzlei, ich in das Geschäft, so daß wir uns um Beate nicht mehr so kümmern konnten, wie es nötig gewesen wäre« (Auszug aus dem Erstinterview; konfliktbesetzte Bereiche: Sauberkeit, Ordnung, Kontakt, Vertrauen – Du – Wir).

Kommentar: Nach dem dritten Lebensjahr können fast alle Kinder die Blasenfunktion kontrollieren. Ist dies nicht der Fall, so kann es verschiedene Gründe haben: 1. Körperliche Störungen oder Schäden liegen vor (Blasenentzündung, Reizung der Harnorgane durch Madenwürmer oder Zuckerkrankheit). 2. Der Schlaf des Kindes ist so tief, daß die automatische Kontrolle der Blasenfunktion ausfällt. 3. Familien-Probleme. Sie sind die häufigste Ursache (Verwöhnung, Eheprobleme der Eltern, Überbetonung der Sauberkeits- und Ordnungserziehung, Milieuwechsel, Geschwisterprobleme, Kontaktprobleme). Das Weinen nach unten bedeutet verstärkten Wunsch nach Kontakt.

Depression

Das Gefühl des Niedergedrücktseins bei vorwiegend passiver Haltung. Seelische Niedergeschlagenheit, Abspannung.	Die Fähigkeit, mit tiefer Emotionalität auf Konflikte zu reagieren. *Ausbaufähig:* Beziehung zum Du, zum Wir, zum Ur-Wir, Zeit, Vertrauen und Hoffnung.

Fallbeispiel: »Ich fühle mich niedergeschlagen und habe starke Depressionen. Nachts kann ich kaum mehr einschlafen, und wenn ich doch einschlafe, wache ich nach 1 bis 2 Stunden schreiend und voller Angst wieder auf und weiß nicht, wo ich mich befinde. Erst wenn ich den Lichtschalter gefunden habe, kann ich mich langsam wieder beruhigen. Ich habe das Gefühl, daß mir alles noch über den Kopf wächst, und bin oft sehr gereizt. Verstärkt wird das alles noch durch die Schwierigkeiten mit meinem Sohn. Er befindet sich in einer ständigen Abwehrhaltung mir gegenüber« (52jährige Patientin; konfliktbesetzter Bereich: Zieleinschränkung, Kontakt, Leistung und Hoffnung).

Kommentar: Die aktuelle Konfliktsituation geht nach unseren Erfahrungen bei depressiven Beschwerden auf Konflikte und Belastungen in den verschiedenen Lebensbereichen zurück:

Im Beruf: Der Ausbruch der depressiven Erkrankung stand im Zusammenhang beruflicher Unsicherheit, beruflicher Konkurrenz, beruflicher Überforderung, Entlassung.

In der Familie: Hier waren vor allem Erziehungsprobleme relevant. In zeitlicher Korrelation mit dem Ausbruch der Symptomatik fanden sich schulische Mißerfolge des Kindes, Erziehungsprobleme, Krankheit eines Kindes und Ablösung aus der familiären Gemeinschaft.

In der Partnerschaft: Permanente Konflikte zwischen den Ehepartnern, Verlust oder Krankheit einer Bezugsperson, Ehescheidung, Ehebruch mit anschließenden Schuldgefühlen und Entscheidungsschwäche, sexuelle Mißerfolgserlebnisse.

In der Beziehung zu Mitmenschen: Umzug und Wechsel der sozialen Bezugsgruppe. Konflikte mit Nachbarn und Kollegen.

In allen diesen Bereichen der äußeren Konfliktsituation spielt die Zukunftsperspektive eine besondere Rolle. Die Depressionen unserer Stichprobe zeigten ein nur geringes Vertrauen zu den eigenen Fähigkeiten, jedoch ein großes Vertrauen gegenüber einzelnen Bezugspersonen und dem Arzt. In der Beziehung zu sich selbst herrschten Zweifel und Unsicherheit vor.

Als belastende Faktoren treten weniger die großen traumatisierenden

Ereignisse in Erscheinung, als demnach vielmehr kumulativ wirkende »psychosoziale Mikrotraumen« (Peseschkian, 1974; 1980). Da diese sich der üblichen Anamneseerhebung entziehen, erscheint es angezeigt, gerade auf die kumulativ wirkenden Faktoren besonders einzugehen.

Traditionelle Interpretation	*Positive Interpretation*

Eifersucht

Suchthafte Angst, einen Partner zu verlieren, verbunden mit mangelnder Realitätskontrolle. Aus dem Ausschließlichkeitsanspruch besonders der Liebe entspringende heftige Abneigung gegen jeden möglichen Nebenbuhler.	Die Fähigkeit, zu lieben, ohne sich so zu verhalten, um geliebt zu werden. Positive Beziehung zum Ich, zum Partner und zur Treue, ausgeprägte Phantasie. Betont ist die Fähigkeit, den Partner zu lieben und ihn an sich zu binden. *Ausbaufähig:* Die Entwicklung der Fähigkeit, sich so zu verhalten, um geliebt zu werden, Beziehung zum Wir, Erweiterung der Kontaktmöglichkeiten, Stabilisierung des Selbstwertgefühls, des Vertrauens und Zutrauens.

Fallbeispiel: »Ich war auf einer Party bei Freunden. Auch meine Freundin war da; ich habe sie extra von zu Hause abgeholt, eine Zeitlang ging alles gut, und dann hat sie ein anderer zum Tanzen aufgefordert. So ein langsamer Blues mit Anfassen und so weiter. Ich konnte das nicht sehen. Als sie dann noch bei diesem Typ geblieben ist und mit ihm quatschte, bin ich durchgedreht. Genauso wie früher ein paarmal. Damals habe ich mich auch ins Auto gesetzt und habe voll durchgetreten. Ich bin dann durch die Umgebung gerast. Wenn ich dann zurückkam, ging es mir besser, und keiner hat mir meine Eifersucht angesehen. Ich hatte sogar vor den anderen erklärt: Ich habe es gar nicht nötig, eifersüchtig zu sein. Dieses Mal hat es mich erwischt« (21jähriger Student; konfliktbesetzte Bereiche: Treue, Vertrauen und Zutrauen, Weltanschauung).

Kommentar: Im Sinne des »Wiedergutmachens« überträgt der Patient sein Mutterbild auf die Freundin, die nun für ihn als einzige Kontaktperson fungiert. In der Familiensituation waren Ordnung, Treue, Gewissenhaftigkeit und Zuverlässigkeit zentrale Sozialisationsinhalte, die von dem Patienten verinnerlicht wurden. Leider wurde bisher auf diesen Anteil der Problematik nicht eingegangen, so daß inzwischen eine hochgradige Chronifizierung vorlag. Als Konfliktbeteiligte haben die Mitglieder in aller Regel die Distanz zu ihren Konflikten verloren. Dies gilt für neurotische ebenso wie für psychosomatische und psychische Störungen. Die soziale und emotionale Bedeutung wurde in einem Beispiel plastisch: Die Konfliktbeteiligten verhalten sich ähnlich wie jemand, der so nahe vor einem Bild steht, daß er es fast mit der Nase berührt. Er sieht lediglich einen kleinen Ausschnitt, und diesen sehr genau. In welchem inhaltlichen und farbigen Zusammenhang dieser Ausschnitt steht, sieht er nicht. Er hat das Bild als Ganzes und damit dessen Bedeutung aus den Augen verloren. Der Therapeut machte den Versuch für einen Standortwechsel: Eifersucht sei ein Ausdruck für ein starkes emotionales Engagement. Es käme jetzt darauf an, sich auch so zu verhalten, um geliebt zu werden.

Traditionelle Interpretation	*Positive Interpretation*
Erregbarkeit	
Zustand enormen Bewegungsdranges bzw. erhöhter Reaktionsbereitschaft, besonders bei Gefahren, freudigen Ereignissen usw., aber auch endogen bei manischen Krankheitsbildern. In extremen Fällen kann die Erregbarkeit sich zu Kurzschlußreaktionen steigern.	Die Fähigkeit, auf bestimmte Aktualfähigkeiten spontan motorisch zu reagieren. *Ausbaufähig:* Auf welche Aktualfähigkeiten bezieht sich die Erregbarkeit, Vertrauen, Zutrauen, Geduld und Zeit?

Fallbeispiel: »Seit 1979 leide ich unter zeitweiliger Schlaflosigkeit und Kopfschmerzen. Nach beruflichen Aufregungen und Ärger fühle ich mich unwohl und habe Depressionen. Ich hatte einen Nervenzusammenbruch. Nicht selten habe ich das Gefühl der Stagnation und manchmal der Angst, den beruflichen Anforderungen nicht mehr gerecht werden zu können. Ich meine, es könnte irgendwie schiefgehen. Wegen dieser Beschwerden war ich bei meinem Internisten in Behandlung. Es wurde jedoch keine organische Störung festgestellt« (36jähriger Kaufmann; Konfliktbereiche: Leistung, Genauigkeit, Kontakt, Vertrauen und Hoffnung).

Kommentar: Die Identifizierung mit der idealisierten Mutter führte zu einer hohen Ich-Ideal-Bildung des Patienten, vor allem auf dem Leistungsbereich. Unter dem Druck der Rivalität mit dem Bruder versucht der Patient den überhöhten Ideal-Anforderungen zu entsprechen. Die Leistungsbeweise galten vor allem als Kriterien der emotionalen Zuwendung von seiten der Mutter und wurden zu einer wesentlichen Quelle des Selbstwertgefühls des Patienten. Die Zusammenarbeit mit seinem Vater bedeutete für ihn eine neue Konfliktsituation, da er ansonsten keine Beziehungen zum Vater gehabt hat. Diese neue Situation führte zu einem totalen Rückzug (wegen Anpassung) aus dem bisher favorisierten Leistungsbereich. Die Erwartungen seiner Verlobten führten immer wieder zu Enttäuschungen und Selbstwertproblemen. Die ambivalente Haltung zum Vater und zu seiner Verlobten führten, zu einem tiefgreifenden Konflikt. Durch die starke emotionale Belastung und Angst vor der Zukunft werden die entwickelten Abwehrmechanismen in Frage gestellt, und der Patient reagiert mit einer starken emotionalen Erregbarkeit, wobei er seine Wünsche zum Teil psychosomatisch verarbeitet. Nach dem Durcharbeiten der bestehenden Verneinungsphase wurden die Kontaktwünsche zum Vater und deren psychosomatische Verarbeitung angegangen.

Traditionelle Interpretation	*Positive Interpretation*

Exhibitionismus

Öffentliche Entblößung der Schamteile; sexuelle Befriedigung durch öffentliche Zurschaustellung des Geschlechtsteils.	Die Fähigkeit, sich zur Schau zu stellen und dadurch Befriedigung zu erfahren, daß das Geschlechtsteil öffentliche Beachtung erfährt. *Ausbaufähig:* Wann, wo und wem gegenüber der eigene Körper oder Geschlechtsteile gezeigt werden; Höflichkeit. Das Ausziehen allein führt nicht zu Konflikten; erst durch den Ort des Geschehens, wem gegenüber und wann man es tut, kann es zu Konflikten kommen (Zeit).

Fallbeispiel: »Mein Sohn ein Sexualverbrecher?« Die Mutter eines zehnjährigen Jungen kam völlig aufgelöst in meine psychotherapeutische Praxis. Sie machte einen vollkommen verstörten Eindruck und erzählte weinend: »Es ist unvorstellbar, was passiert ist. Was soll ich bloß mit meinem Sohn machen? Heute früh hat mich der Direktor seiner Schule angerufen, ich müßte sofort in die Schule kommen. Ich dachte, Stefan sei etwas passiert. Der Direktor sagte mir, daß Stefan sich in der Klasse ausgezogen hätte. Er sagte mir, daß das später dazu führen könnte, daß Stefan ein Exhibitionist und Sittenstrolch wird, und ich müßte dringend mit ihm zum Psychiater gehen, andernfalls müßte man mit einem Schulverweis rechnen.«

Kommentar: Im Sinne der Positiven Psychotherapie differenzierte sich: Sichausziehen ist an sich nicht schlecht. Jeder von uns muß sich täglich mindestens einmal ausziehen. Es kommt allerdings darauf an, wo, wann und wem gegenüber das geschieht. Damit war das symptomatische Verhalten in zwei Teilverhalten unterschieden: Das Ausziehen einerseits, andererseits die soziale Situation, in der es geschieht und durch die es erst auffällig wird. Die Mutter war sichtlich erleichtert. In der darauffolgenden Behandlung, an der sowohl die Mutter als auch der Junge teilnahmen, wurden die Motive durchgearbeitet, warum er sich in der Klasse vor den anderen ausgezogen hatte. Es stellte sich dabei heraus, daß sexuelle Motive in diesem Fall weniger bedeutsam waren als ein zu dieser Zeit modernes »Vorbild«, die Blitzer, die ihren ›Mut‹ bewiesen, indem sie nackt über offene Plätze liefen.

Traditionelle Interpretation	*Positive Interpretation*
Existenzangst	
•————————————————————————————————————•	
Unsicherheit, Angst vor der Zukunft, verbunden mit psycho-vegetativen Störungen.	Die Fähigkeit, für die Zukunft zu sorgen und sich nicht der Illusion der Sicherheit hinzugeben.
	Ausbaufähig: Differenziertes Verhältnis zur Zukunft, Rationalisierung der beteiligten sekundären Fähigkeiten.

Fallbeispiel: Ein 56jähriger Patient war wegen starker Angstzustände in die psychotherapeutische Behandlung gekommen. Nachts schreckte er auf, träumte, der Boden unter seinen Füßen schwanke, Spalten und Risse wie beim Erdbeben täten sich auf, und er selbst kralle sich mit aller Macht am Boden fest, um nicht in eine dieser abgrundtiefen Spalten zu stürzen.

Kommentar: Man könnte sich daranmachen, diese Angstzustände konventionell zu behandeln; auch könnte man deutende Verfahren heranziehen, mit deren Hilfe sich dieser Traum analysieren läßt. Konkreter Hintergrund der Angst war die Vorstellung, daß alles, was der Patient erworben hatte, was er selber als seine Existenzgrundlage bezeichnete, durch gesellschaftspolitische Veränderungen in Frage gestellt werden könnte und daß er damit seine Existenzgrundlage verlieren würde. Sein Konzept lautete:»Hast du was, dann bist du was.« Dieses Grundkonzept mit den Selbstwertkriterien Erfolg, Fleiß, Leistung, Sparsamkeit war solange von Vorteil, wie die Wirtschaft einen Aufwärtstrend zeigte.

Die Leistung wurde überkompensatorisch narzißtisch besetzt. Sie war der Bereich, in dem der Patient seine Wunschvorstellungen nach einem grandiosen Selbst bestätigt finden konnte. Bezüglich des eigenen Körper-Ich, der zwischenmenschlichen Kontakte und der Phantasien, die nicht durch Leistung okkupiert waren, bestand hingegen ein nahezu unvermeidliches Bedürfnis. Auf diesem Feld erwies er sich als besonders kränkbar.

Dieser narzißtische Wunsch nach unangreifbarer Vollkommenheit ging Hand in Hand mit einer tiefen Angst vor dem Versagen. Minusvarianten im Repertoire seiner Möglichkeiten, Konflikte zu verarbeiten, sind die Bereiche: Körper, Kontakt und Phantasie. Diese waren, obwohl sie viel zur Dynamik des Konfliktes beigetragen hatten, dem Patienten nicht bewußt. Sie standen für ihn am Rande seiner Wirklichkeit und waren nicht mehr lustbesetzt; sie blieben defizitär und erzeugten ihrerseits Ängste. Verständlich werden sie vor dem Hintergrund der Vorbild-Dimensionen, welche die ursprünglichen erlebten familiären Beziehungen beschreiben.

Die Eltern des Patienten waren beide berufstätig und aktiv und ermöglichten ihm ebenfalls, nur über Aktivität und Leistung emotionale Zuwendung zu erhalten. Kontakte blieben weitgehend auf die Familie beschränkt. Sofern sie den Rahmen der Familie überschritten, waren sie Geschäftskontakte. Andere Kontaktformen waren »dummes Zeug« oder wurden aus Angst vor einer möglichen Rivalität möglichst umgangen.

Die therapeutische Strategie richtet sich primär auf die nicht erlebten Bereiche, die im Sinne einer Um-Erziehung neu erarbeitet werden können (Zielerweiterung im Hinblick auf das Körper-Ich, zwischenmenschliche Kontakte und die Aktivitäten der Phantasie). Hand in Hand damit geht die lebensgeschichtliche Analyse des überbetonten Bereiches, dessen Hintergründe dem Patienten transparent werden.

Traditionelle Interpretation	*Positive Interpretation*
	Ejaculatio tarda
Verzögerter Samenerguß verbunden mit partnerschaftlichen Problemen und Versagensangst.	Die Fähigkeit, auf den eigenen Höhepunkt zu verzichten, um dem Partner Lustgewinn zu gewähren. *Ausbaufähig:* »Lerne zu unterscheiden zwischen Sex, Sexualität und Liebe.« Höflichkeit, Ehrlichkeit, Zeit, Leistung und Sparsamkeit.

Fallbeispiel: »Ich bin unglücklich, weil ich unzufrieden bin. Meine Frau hat sich auch schon darüber beklagt, daß sie in sexueller Hinsicht seit zwei Jahren keinen aktiven Mann mehr hätte. Ich verstehe aber gar nicht, warum sie sich soviel Gedanken über die Sexualität macht, das Problem ist gar nicht so groß. Ich werde jedenfalls ganz gut mit meiner Sexualität fertig. Wir haben einen zu unterschiedlichen Tagesrhythmus. Meine Frau muß schon um 4.00 Uhr aufstehen, weil sie bei der Post bis 11.00 Uhr arbeitet. Wenn sie nach Hause kommt, bin ich bei der Arbeit, und abends, wenn ich zurückkomme, ist sie sehr müde und möchte früh schlafen gehen, während ich ein Nachtmensch bin. Ich finde die Situation so unbefriedigend, daß ich morgens, wenn meine Frau weg ist, im Bett bis zu zwei Stunden lang vor mich hin schimpfe. Meiner Frau traue ich mich aber nicht zu sagen, daß ich darunter leide. Schließlich hat sie Spaß an ihrer Arbeit« (36jähriger Versicherungskaufmann; Konfliktbereiche: Sexualität, Zeit, Hoffnung).

Kommentar: Zeit, Pünktlichkeit und Kontakt erwiesen sich im vorliegenden Fall als Konfliktpotentiale und als Bereiche dauerhafter emotionaler Belastung. Zeit: Hier spielen gesellschaftliche und ökonomische Faktoren hinein (wenn meine Frau nicht Schicht arbeiten müßte ...). Subjektiv wird die Zeit, die der Partner aufbringen kann, als Zuwendung erlebt. Höflichkeit: Höflichkeit besitzt für beide Partner eine stabilisierende Funktion. Die ritualisierte Höflichkeit hindert den Ehemann daran, Konflikte offen auszutragen. Höflichkeit wird somit zum Zeichen der Aggressionshemmung und führt dazu, daß der Konflikt nach innen getragen wird. Kontakt: Der Patient interpretiert den Kontaktmangel seiner Frau als einen Selbstschutz (überbetontes Ordnungsverhalten). Er selber zeigt sich auf diesem Gebiet stark und entwickelt hier Wünsche, die allerdings im Wechselspiel mit den Konzepten seiner Frau nicht konsequent verwirklicht werden. Eine Konfliktbereitschaft in diesen Bereichen konnte aus der Lebensgeschichte des Patienten und seiner Frau (Grundkonflikt) nachgewiesen werden. Die Therapie wurde im Sinne der Positiven Psychotherapie als Partnertherapie durchgeführt und konnte nach 18 Sitzungen, die sich über einen Zeitraum von sechs Monaten erstreckten, abgeschlossen werden.

Traditionelle Interpretation	*Positive Interpretation*
	Ejaculatio praecox
Vorzeitiger Samenerguß	Die Fähigkeit, schnell zum Ziel zu kommen. Positive Beziehung zum Partner, betonte Ausprägung von Fleiß / Leistung, Zeit. *Ausbaufähig:* Zeit, Geduld, Pünktlichkeit, Vertrauen.

Fallbeispiel: »Der Beruf ist für mich eine einzige Hetze. Dauernd stehe ich unter dem Druck, meine Termine einzuhalten. Und dann passiert mir das mit meiner Frau, ich meine, daß ich sexuell schon fertig bin, bevor es eigentlich richtig angefangen hat« (48jähriger leitender Angestellter; Konfliktbereiche: Pünktlichkeit, Leistung, Zeit und Vertrauen).

Kommentar: Als der Patient fünf Jahre alt war, starb sein Vater. Als jüngster von zwei Brüdern entwickelte der Patient eine starke Mutter-Sohn-Bindung. Durch den Tod des Vaters wurde der Schwerpunkt der Problematik verlagert und der Geschwisterrivalität zugeordnet. Die Mutter trat dem Patienten gegenüber stark leistungsfordernd auf, wobei die Sozialisationsnormen ›Fleiß‹, ›Erfolg‹, ›Pünktlichkeit‹ und ›Höflichkeit‹ besonderes Gewicht hatten. Zur Schonung der Mutter entwickelte sich ein aggressionsgehemmtes Verhalten (überbetontes Höflichkeitsverhalten). Auf dieser Grundlage kam es im Beruf zu einer permanenten Überforderung, weil der Patient nicht in der Lage war, an ihn herangetragene Aufgaben abzulehnen. Vor sechs Jahren, zeitlich korreliert mit dem Beginn der Symptomatik, starb der ältere Bruder an Krebs. Dieses Ereignis bedingte eine Aktualisierung der ohnehin verstärkten Geschwisterrivalität und der damit verbundenen Wiedergutmachungswünsche. Diese kumulativ wirkenden Faktoren führten bei dem Patienten zu starken Verlassenheitsängsten, die er dadurch abzuwehren versucht, daß er den Kontakt zu seiner Frau verstärkt, um schnell zum Ziel zu kommen. Die Bedeutung des kindlichen Konflikts für die aktuelle Situation des Patienten in der Ehe und im Beruf wurde aufgearbeitet, um ihn emotional dadurch zu entlasten. Darüber hinaus wurde der Patient in die Lage versetzt, seine latenten Anlehnungsbedürfnisse wahrzunehmen und angstfrei zu erleben.

Traditionelle Interpretation	*Positive Interpretation*
Faulenzen	
Leistungshemmung, Flucht aus dem Feld, Mangel an Fleiß, Charakterschwäche.	Die Fähigkeit, Leistungsanforderungen aus dem Weg zu gehen.
	Ausbaufähig: Zeit (wann und wo man faul ist), Differenzierung und Bewußtwerdung der eigenen Fähigkeiten.

Fallbeispiel: Die Mutter eines 14jährigen Schülers kam völlig aufgelöst in meine psychotherapeutische Sprechstunde und beklagte sich: »Mein Sohn ist ein Faulenzer. Den ganzen Nachmittag über beschäftigt er sich mit allerhand unnützem Zeug, nur nicht mit der Schule. Er ist faul und schlampig. Womit habe ich es verdient, einen solchen Nichtsnutz in der Familie zu haben?« Die Verzweiflung der Mutter war genauso echt wie ihre Klage, daß sie in den letzten Nächten vor Kummer nicht mehr habe schlafen können: »Sie glauben gar nicht, wie sehr ich etwas freie Zeit nötig hätte.« Mangelnder Fleiß, Faulheit ist eine Sache; der Ärger, den die Mutter darüber verspürte, eine andere. Ich fragte vorsichtig, was der Junge so alles am Nachmittag mache. Da hörte ich, daß er sich mit Freunden trifft, sich sehr gesellig und kameradschaftlich verhalte, daß er sehr viel Interesse an Autos und technischen Dingen habe und mit Begeisterung Abenteuerromane lese: »Nur mit der Schule und den Hausaufgaben hapert's – er ist eben ein Faulenzer!«

Kommentar: Damit teilt diese Mutter die Hauptsorge eines Großteils der Erziehungsberechtigten, die besonders dem Fleiß ihrer Kinder große Aufmerksamkeit schenken. Das Bild des »Nichtsnutz« stellte sich nunmehr etwas anders dar: Dem Desinteresse für schulische Dinge stand großes Interesse für andere Sachen gegenüber. Der Mutter war diese Erkenntnis angenehm und unangenehm zugleich. Schließlich kann man es sich ja nicht so leicht mit der Zukunft seiner Kinder machen, dauernd müsse sie daran denken, wie schlimm es wäre, wenn die Schulleistungen nachließen. Schließlich trage sie als Mutter die Verantwortung, wo ihr Mann doch so wenig Zeit hätte, sich um den Jungen zu kümmern. Mich interessierte daraufhin, welche Prinzipien wohl in der Familie Geltung hätten: »Mir kommt es darauf an«, sagte die Mutter, »daß aus dem Jungen etwas wird, daß er es im Leben zu etwas bringt... schließlich soll er mal etwas darstellen.« Kontakt mit anderen Menschen und den Nachbarn habe man nur wenig, »woher sollten wir auch die Zeit nehmen, wir sind doch beide berufstätig«.
So kam es, daß die Eltern bei ihrem Sohn auf das achteten, was für sie die Hauptsache war, nämlich Fleiß und Leistung; der Sohn aber das tat, wozu die Eltern in ihrem Leben kaum gekommen waren. Langsam wurde der Mutter deutlich, daß ihr Junge mit seiner scheinbaren Faulheit das erreichte, was sie sich vergeblich für sich selbst gewünscht hatte: Zeit für eigene Interessen und für sich selbst. Faulheit bedeutet nämlich nicht nur Unfähigkeit und mangelnde Bereitschaft, etwas zu leisten. Faulenzen ist im gleichen Maße: die Fähigkeit, Leistungsanforderungen aus dem Wege zu gehen. Die Frage ist nur, wann und wo man es sich erlaubt, faul zu sein. Mit dieser Überlegung erlangen wir eine neue Sichtweise des Problems Faulenzen, die uns eine Möglichkeit bietet, sowohl die Faulheit, als auch den Fleiß besser in den Griff zu bekommen.

Fetischismus

Sexuelle Erregung und Befriedigung mit Gegenständen wie Damenwäsche, Schuhen, Pelzen, die oft zur Masturbation gestohlen werden.	Die Fähigkeit, sich bereits mit Teilen des Liebesobjektes zufriedenzugeben. Positive Beziehung zum Ich, zum Partner. Idealisierung von Gegenständen, die symbolisch bestimmte Beziehungen zum Partner beinhalten. Betonung der Sexualität, Lernerfahrungen aus der Lebensgeschichte (individuelle und kollektive Tradition), lebhafte Phantasie. *Ausbaufähig:* Beziehung zum partnerschaftlichen Du, zur Gegenwart, Offenheit, Ehrlichkeit.

Fallbeispiel: Ein 50jähriger Angestellter war wegen Eheschwierigkeiten und beruflicher Probleme zu mir in die psychotherapeutische Behandlung gekommen. Bereits in der ersten Sitzung kam er auf ein Problem zu sprechen, das ihn offenkundig beschäftigte: »Der Anblick einer Frau oder eines Mädchens in einem Regenmantel aus Gummi, Lack oder Plastik erregt mich sexuell ungemein stark. Erst wenn meine Frau schwarz glänzende Sex-Kleidung trägt, kann ich sie als Frau akzeptieren. Früher hat meine Frau mitgemacht, und ich habe mir aus England die ganzen Gummi- und Lackartikel schicken lassen. Seit einiger Zeit sträubt sie sich, so etwas anzuziehen. Meine Ehe ist seitdem nicht mehr in Ordnung.«

Kommentar: Für die Behandlung dieses Falles hätte es nahegelegen, den Fetischismus, der sich hinter diesen Wünschen verbirgt, in das Zentrum der Behandlung zu stellen und alle Fragen und Lösungsmöglichkeiten auf das Problem ›Gummiwäsche‹ abzustellen. Im Sinne der Positiven Psychotherapie ging ich etwas anders vor: Mich interessierten vor allem die Konzepte, welche die Leitbilder seiner Erziehung waren, denn es fanden sich deutliche Hinweise, die sich als Erklärung und Verständnishilfe für seine Problematik anboten. »Zu Hause kam es vor allem darauf an, daß wir immer sauber und adrett waren. Meine Mutter sagte immer: Der Mensch wird nach der Kleidung empfangen und nach dem Geist entlassen. Das hat mich sehr beeindruckt. Mir fällt es heute noch schwer, Menschen zu akzeptieren, die keinen Schlips umhaben, die unrasiert sind oder die sonst nicht korrekt gekleidet sind.« Im Sinne der Positiven Psychotherapie war der Fetischismus in den Hintergrund getreten und der Weg frei gemacht für die Behandlung einer Problematik, für die der Fetischismus nur die Spitze des Eisberges einer noch umfassenderen Konfliktsituation war. In gewisser Weise zeichnete der Patient die Strategie seiner Behandlung vor, deren wesentliche Züge eine Zielerweiterung waren: Bei einem Gesprächspartner nicht nur auf dessen Einhaltung der formalen Höflichkeitsregeln zu achten, nicht nur den Schlips, sondern auch das übrige Verhalten eines Menschen zu sehen, nicht nur die Sex-Kleidung, sondern auch seine Frau zu akzeptieren, so wie sie ist. Der Patient versuchte nun selber seine Umgebung, seine Partner, Kollegen und seine Frau neu zu erfahren. Es war für ihn eine Entdeckungsreise in ein bisher fast unbekanntes Land.

Traditionelle Interpretation	*Positive Interpretation*
Fixierung	
Nach Freud das Beharren der Triebbetätigung auf einer frühen Entwicklungsstufe, um dadurch ein Festhalten an der kindlichen Befriedigungsweise zu ermöglichen. Die Fixierung steht vielfach in unmittelbarem Zusammenhang mit Perversion und Neurose.	Die Fähigkeit, sich an etwas festzuhalten. Die Fähigkeit, sich an Einstellungen und Haltungen festzuhalten. *Ausbaufähig:* Jedes Verhalten und jede Einstellung steht im Rahmen irgendeines Grundkonzeptes. Die Frage stellt sich: Wann und unter welchen Bedingungen wird die Fixierung zu einem Konfliktherd?

Fallbeispiel: »Meine Mutter hat mir alles weggeräumt. Während sich meine Mutter nach jedem Fusselchen bückte, läßt meine Frau den Staub zentimeterdick liegen« (28jähriger Patient, Schlafstörungen, Angstzustände und Eheschwierigkeiten).

Kommentar: Überbetonung der primären Fähigkeiten bei Vernachlässigung der sekundären Fähigkeiten. Entwicklung: Die primären Fähigkeiten nehmen eine dominante Rolle in der Erziehung ein. Die Bezugspersonen versuchen hier, alle Schwierigkeiten aus dem Weg zu räumen. Dem Kind werden somit alle Lasten und Verantwortungen abgenommen. Es ist charakteristisch, daß das Kind in der Erziehung nicht überfordert werden soll; es soll sich nicht zu sehr anstrengen.

»Liebling, du kannst das doch nicht. Laß mich das machen.« Worauf das Kind lernt und reagiert: »Ich kann es nicht alleine. Die anderen müssen helfen. Wenn ich keine Hilfe bekomme, ist alles aus!«

In der für diesen Reaktionstyp kennzeichnenden Erziehungssituation dominiert die Liebe vor der Gerechtigkeit. Als Erziehungsmittel dienen Androhung von Liebesentzug, Belohnung und Dankbarkeit. Formen: Es entwickeln sich der »Wehleidige«, der »Bescheidene«, der »Störenfried«, der »Naiv-Religiöse«, der »Fanatiker« und der »passive

Erwartungstyp« (im sexuellen und Leistungsbereich). Dabei dominiert die passive Erwartungshaltung. Man erwartet, daß einem die anderen alle Schwierigkeiten aus dem Weg räumen, genauso wie es die Eltern getan haben.

Traditionelle Interpretation	*Positive Interpretation*

Hemmungen

Ein Ausdruck von Schwäche und Kontaktarmut. Kontaktarmut (Isolation) kann zu schweren seelischen Störungen führen, die sich nicht selten in Krankheitssymptomen manifestieren.	Die Fähigkeit, sich zurückzuhalten und das Aufgenommene in sich wirken zu lassen: Wenn ich mich nicht in Gefahr begebe, brauche ich auch keine Angst zu haben, verletzt zu werden.
	Ausbaufähig: Hemmung ist nicht etwas Allgemeines, sondern bezieht sich in der psychosozialen Umgebung des Menschen auf konkrete Inhalte. Wem gegenüber, wann, wo und in welcher Form treten Hemmungen auf? Hemmungen richten sich auf folgende Bereiche der Aktualfähigkeiten: Ordnung, Sparsamkeit, Sauberkeit, Leistung, Pünktlichkeit, Vertrauen, Hoffnung, Zeit und Sexualität.

Fallbeispiel: »Ich leide unter starken Hemmungen und erröte im Umgang mit anderen Menschen sowohl im Beruf, als auch im Privatleben. Ich bin dann vollkommen verkrampft. Ich fühle mich unzufrieden, niedergeschlagen, depressiv. Verstärkt wird das alles durch die Schwierigkeiten mit meinem Partner. Meine Konzentration ist sehr schlecht. Außerdem habe ich Magenbeschwerden, die sich oft in einem fürchterlichen Brechreiz äußern, außerdem Atemnot und öfters Kreislaufbeschwerden.« (28jährige Sekretärin; Konfliktbereiche: Hoffnung, Vertrauen, Kontakt und Leistung).

Kommentar: Hemmungen spielen trotz all ihrer Nachteile eine wichtige Rolle für das innere und soziale Gleichgewicht eines Menschen. Es würde daher wenig nützen, ihm nur die Hemmungen zu nehmen, ohne daß er Beziehung zu ihrem Sinn aufgenommen hätte. Dieser Aspekt der Hemmungen wird in seiner positiven Bedeutung erfaßt: »Ich will mich nicht blamieren. Ich will nichts falsch machen, ich will den anderen den Vorrang lassen. Warum soll ich mich exponieren, wo es doch andere besser machen? Wenn ich mich nicht in Gefahr begebe, brauche ich keine Angst zu haben, verletzt zu werden. Ich warte lieber ab. Kommt Zeit, kommt Rat. Wenn dir das Wort auf der Zunge brennt, laß es brennen.«

Hemmungen sind somit nicht ein Ausdruck von Schwäche, sondern der Ausdruck der Fähigkeit, sich zurückzuhalten, vielleicht sogar die Fähigkeit, auf den richtigen Augenblick zu warten. Ziel einer Behandlung sollte es nicht sein, diese Fähigkeiten abzubauen, sondern sie verfügbar zu machen, sich ihrer dann zu bedienen, wenn man sie braucht, statt sich von ihnen beherrschen zu lassen.

Lebensgeschichtliche Bedingungen dafür sind, wie wir selber in unserer Familie aufgenommen wurden, wie wir durch eigene Erfahrungen und vor allem durch das Vorbild unserer Eltern lernen konnten, Kontakte aufzunehmen, welche Umgangsformen in unserer Gesellschaft üblich waren und welche Bedeutung der zwischenmenschliche Kontakt für unser Lebenskonzept besitzt. Die Angst, auf andere zuzugehen oder ihre Annäherung zu erdulden, schützt uns vor unbekannten, bedrohlich wirkenden Situationen. Die Hemmung erhält somit eine Bedeutung für unser inneres Gleichgewicht. Wir liefern uns anderen nicht aus und entziehen uns der Möglichkeit, von ihnen gekränkt zu werden. Die Schattenseite dieses Selbstschutzes ist, daß wir uns gerade dieser Wärme und Zuneigung entziehen, nach der wir ein übermächtiges Bedürfnis haben. Unser Hunger nach Zuwendung führt dazu, daß wir mit Zuwendung und Kontakt geizig werden. Wir fragen, was bringt es mir, wenn ich mit anderen zusammen bin, und ich wage nicht daran zu denken, daß meine Anwesenheit den anderen etwas bringen könnte. Uns fehlt manchmal der Mut, zu denken: Es kommt nicht immer darauf an, alles richtig zu machen, sondern daß man mehr richtig als falsch macht.

Traditionelle Interpretation	*Positive Interpretation*
Herzinfarkt	
Gewebsuntergang der Herzmuskulatur infolge eines Verschlusses von Herzkranzarterien.	Die Fähigkeit, sich Belastungen und Risikofaktoren zu Herzen gehen zu lassen. *Ausbaufähig:* Korrektur des Leistungskonzepts, Änderung der Eßgewohnheiten (Mittel der Sinne), richtige Ernährung (Mittel des Verstandes) und Ausbau der Beziehung zum Ich, zum eigenen Körper.

Fallbeispiel: Ein 56jähriger Ingenieur war wegen eines Rentenverfahrens bei mir in der psychotherapeutischen Praxis. Er machte einen sehr depressiven Eindruck. Verkrampft hockte er in seinem Sessel und verzog kaum das Gesicht, während er mit kurzen abgehackten Sätzen seine Beschwerden schilderte. Es schien, als trüge er eine faltige, ins Depressiv-Pessimistische hin verzerrte Maske. Dabei zeigte er sich nur wenig gesprächig. Was er sagte, waren Informationen in Stichworten: »Herzinfarkt vor zwei Jahren, Konzentrationsstörungen. Mein Hausarzt sagt, ich soll die Rente beantragen.«

Kommentar: Außer diesen Klagen und einem kurzen Abriß der Lebensgeschichte war nicht viel zu erfahren. Er war das, was man in der Psychotherapie einen unergiebigen Patienten nennt, der seine Sprache in der Hauptsache zum Schweigen benutzt. Da ich durch direktes Fragen nicht weiterkam, versuchte ich die Art und Weise zu erkunden, wie er auf seine Konflikte reagierte. Besonders auffällig war seine affektive Ablehnung des sozialen Kontaktes:

Patient: »Wenn ich nach Hause komme, will ich meine Ruhe.«

Therapeut: »Unternehmen Sie mit Ihrer Frau und den Kindern etwas?«

Patient: »Ich kann nicht, und ich möchte auch nicht.«

Therapeut: »Nehmen wir an, Sie würden noch 20 Jahre leben. Möchten Sie weiterhin so isoliert und einsam bleiben?«

Patient: »56 Jahre lang habe ich so gelebt, da werde ich auch die weiteren 20 Jahre so leben können. Man kann gegen sein Schicksal nichts unternehmen. Man ist einfach so, wie man ist. Man kann sich doch nicht einfach umstellen.«

Therapeut: »Was machen Sie statt dessen?«

Patient: »Ich lese Bücher.«

Therapeut: »Was, wenn ich fragen darf? Wer ist Ihr Lieblingsautor?«

Patient: »Schopenhauer!«

Therapeut: »Was haben Sie von ihm besonders in Erinnerung?«

Patient: »Da gibt es einen Spruch, der ist für mich sehr wichtig: Das Schicksal mischt die Karten, und wir spielen!«

Therapeut: »Was sagt Ihnen dieser Spruch?«

Patient: »Daß es auf das Schicksal ankommt und daß wir nicht viel dagegen unternehmen können. Ich war immer ein stiller, zurückgezogener Mensch, und man kann das nicht umstoßen!«

Gerne wird die an sich selbstverständliche Tatsache übersehen, daß die Erziehung Möglichkeiten bietet, auch sogenannte »angeborene Schädigungen« in ihren Auswirkungen auf das Leben eines Menschen positiv oder negativ zu beeinflussen. Wichtig ist die Frage: Was kann ich aus der Vergangenheit lernen, wie kann ich auf die Erfahrungen der Gegenwart eingehen? Es gibt alternative Wege, die jederzeit zur Wahl freistehen. Dies bedeutet nichts anderes, als daß das Schicksal eines jeden Menschen zu einem wesentlichen Teil in seiner Hand liegt und in der

Kindheit in der Hand seiner Eltern und Erzieher. In diesem Dialog zeigen sich die Mißverständnisse »bestimmtes – bedingtes Schicksal« und »angeboren – erworben«.

<table>
<tr><td>*Traditionelle Interpretation*</td><td>*Positive Interpretation*</td></tr>
</table>

Zwangsneurose

Beispielsweise wiederholtes Nachsehen, ob Türen geschlossen sind, Waschzwang, Zwangszeremonien, der Zwang, den Tagesablauf in Gedanken immer wieder zu wiederholen.

Die Fähigkeit, etwas mit außerordentlicher Genauigkeit, Gewissenhaftigkeit, Pünktlichkeit und Konsequenz durchzuführen. Die Fähigkeit, sich selbst zu mißtrauen und sich durch Wiederholungen und Kontrollen bewußt vor äußeren, unbewußt vor inneren Gefahren abzusichern. Verstärkt ausgeprägt ist das Bedürfnis nach Ordnung, Zuverlässigkeit.

Ausbaufähig: Gewißheit, Zeit, Zutrauen, Kontakt, Hoffnung, Zukunft, die Fähigkeit, sich überraschen zu lassen.

Fallbeispiel: »Nach jedem Gang auf die Toilette mußte ich mir drei Stunden lang die Hände waschen. In meinem Elternhaus herrschte peinlichste Sauberkeit. Mein Vater hätte am liebsten die Weinberge gebohnert« (35jähriger Mann, chronische Verstopfung).

Kommentar: Der sekundäre Typ: Überbetonung sekundärer Fähigkeiten bei Vernachlässigung der primären Fähigkeiten. Entwicklung: Die sekundären Fähigkeiten stehen in der Erziehung im Vordergrund. Die Bezugspersonen versuchen, ein Kind so früh wie möglich mit den sozialen Anforderungen wie Leistung, Ordnung, Pünktlichkeit, Sauberkeit, Gehorsam, Sparsamkeit etc. vertraut zu machen. Der Erziehungsstil ist zeitlich streng organisiert und zielt auf den Gehorsam des Kindes ab: »Wenn du nicht machst, was ich dir sage, wird aus dir nichts. Nimm dir ein Beispiel daran, zu was ich es gebracht habe.« Menschen, die überwiegend durch die sekundären Fähigkeiten motiviert sind, reagieren typischerweise: »Solange ich Erfolg habe, bin ich etwas wert. Man kann sich auf nichts verlassen, außer auf die eigene Leistung. Ich kann alles alleine. Ich brauche keine Hilfe von anderen. Laß die anderen für dich arbeiten.«

In einer solchen Erziehungssituation steht die Gerechtigkeit gegenüber der Liebe im Vordergrund. Als Erziehungsmittel dienen Mahnungen, Drohungen, Liebesentzug und körperliche Bestrafung. Formen: Es entwickelt sich der »Erfolgs- und Prestigetyp«, der »Objekttyp«, der dazu neigt, seine Partner nur als Gegenstand der Bedürfnisbefriedigung zu sehen, der »Perfektionist«, der häufig zu Zwangshandlungen neigt, der »Zwanghafte«, und im religiösen Bereich die Einstellungen des intellektuellen Widerstandes oder des bigotten Aberglaubens.

Traditionelle Interpretation	*Positive Interpretation*

Aggressivität

Angriffslust, Gewalttätigkeit.	Die Fähigkeit, auf etwas spontan, emotional und hemmungslos zu reagieren. *Ausbaufähig:* Wem gegenüber, Wann, wo und in welcher Form treten Aggressionen auf?

Frigidität

Der Begriff kommt aus dem Lateinischen (frigidus – kalt) und bedeutet geschlechtliche Kälte und Orgasmusunfähigkeit bei Frauen.	Die Fähigkeit, durch den Körper nein zu sagen. *Ausbaufähig:* Die Fähigkeit entwickeln, auch verbal nein zu sagen. Die eigenen Bedürfnisse besser formulieren.

Hypertonie

Bluthochdruck kann a) Anzeichen von chronischer Nierenentzündung, Arterienverkalkung, Zuckerkrankheit, Fettsucht usw. sein, b) ohne erkennbare organische Ursache als eigenständiges Krankheitsbild auftreten.	Die Fähigkeit, auf permanenten äußeren Druck durch Erhöhung des Blutdrucks zu reagieren. *Ausbaufähig:* Höflichkeit, Ehrlichkeit, Geduld, Zeit, Vertrauen, Verbundenheit.

Homosexualität

Geschlechtstrieb zu Menschen des selben Geschlechts. In der Pubertät sind Schwärmereien für gleichgeschlechtliche Lehrer oder Freunde nichts Außergewöhnliches, da die endgültige Sexualität sich aus einer ursprünglich bisexuellen Anlage entwickelt; krankhaft ist nur das Ausbleiben der späteren Ausrichtung des Sexualtriebs auf das andere Geschlecht.	Die Fähigkeit, sexuelle und erotische Beziehungen zum eigenen Geschlecht aufzunehmen. Die Fähigkeit, andere erotische Zonen akzeptieren zu können. Positive Beziehung zum Ich, zum Partner des eigenen Geschlechts. Die Fähigkeit, emotionale Beziehungen aufzunehmen und gesellschaftliche Tabus in Frage zu stellen. *Ausbaufähig:* Beziehung zum Partner des anderen Geschlechts, vor allem zu

dessen körperlichen Merkmalen, Erweiterung der Kontaktfähigkeit und Ehrlichkeit.

Hypochondrie

Tiefe seelische Niedergeschlagenheit aufgrund eingebildeter oder unbedeutender körperlicher Leiden.

Die Fähigkeit, die eigenen Körperfunktionen genau zu beobachten und die Störungsanfälligkeit der Organe wahrzunehmen.
Ausbaufähig: Verstand, Unterscheidungsfähigkeit, Beziehung zu den einzelnen Aktualfähigkeiten, Beziehung zum Du und zum Wir, Verbundenheit – Unterscheidung, Ablösung.

Hysterie

Eine Psychoneurose, bei der sich psychische Eindrücke und Vorstellungen unter gesteigerter Gefühlsbetonung in krankhafte seelische und körperliche Vorgänge und Zustände umsetzen.

Die Fähigkeit, psychische Konflikte durch Reaktionsbildung zu verdrängen und durch die Symptome aufmerksam zu machen.
Ausbaufähig: Verbalisierung, Ehrlichkeit (die Bedürfnisse verbalisieren und nicht körperlich als hysterische Erkrankung formulieren), Mittel des Verstandes, Verbundenheit – Ablösung.

Kleptomanie

Stehlsucht, krankhafte Sucht, zu stehlen. Der Akt des Stehlens ist mit Erregung, oft sexueller Natur, verbunden.

Die Fähigkeit, über die Aneignung von Dingen Erregung, Befriedigung und Aufmerksamkeit zu erfahren. Wenigstens vorübergehende positive Beziehung zu Dingen, Ausgleich für Mangelzustände anderer Art.
Ausbaufähig: Beziehung zu Dingen, Beziehung zum Du, Ehrlichkeit, Unterscheidung.

Kriminalität

Straffälligkeiten

Die Fähigkeit, sich über Verhaltensregeln hinwegzusetzen. Positive Beziehung zum Ich, zu einem bestimmten Du

oder zu einem begrenzten Wir.
Ausbaufähig: Beziehung zum Wir, Ur-Wir, Sparsamkeit, Gerechtigkeit, Liebe, Ehrlichkeit, differenzierte Beziehung zur nahen und fernen Zukunft, die Folgen berücksichtigen.

Paranoia

Verrücktheit, Wahnsinn, Geisteskrankheit mit primären Wahnvorstellungen (Verfolgungs-, Größenwahn usw.).

Die Fähigkeit, sich selbst als Mittelpunkt der Welt und deren geheimnisvollen Mächten zu sehen.
Ausbaufähig: Beziehung zu den übrigen Aktualfähigkeiten, Phantasie, Verstand, Mittel der Sinne, Höflichkeit, Ehrlichkeit, Vertrauen und Hoffnung.

Phobien

Angst vor bestimmten Objekten, wie Mäusen, Hunden, Spinnen etc. oder vor Situationen, z. B. Angst vor weiten Plätzen, geschlossenen Räumen oder Angst vor dem Erröten. Durch äußere Anlässe entstehende Zwangsvorstellung mit Angstgefühl.

Die Fähigkeit, als bedrohlich erlebten Situationen und Objekten auszuweichen.
Ausbaufähig: Das Verhältnis zu diesen Situationen und Objekten, Kontakt, Beziehung zum Ich, Du, Wir, Ur-Wir. Zutrauen zu den jeweils beteiligten Aktualfähigkeiten.

Potenzstörung

Unfähigkeit zur sexuellen Betätigung oder Befriedigung.

Die Fähigkeit, sich aus dem Konfliktfeld der Sexualität zurückzuziehen.
Ausbaufähig: Beziehung zum eigenen Körper, zur Partnerin und zu deren Körper, Leistung, Kontakt, Zukunft.

Psychosomatische Symptome

Auslösung körperlicher Krankheitszeichen durch seelische Ursachen.

Die Fähigkeit, durch Organsprache darauf hinzuweisen, daß zur Zeit kein anderes Mittel der Konfliktverarbeitung zur Verfügung steht.
Ausbaufähig: Leistung, Kontakt und Zukunft.

Manie

| Eine Geisteskrankheit, charakterisiert durch Exaltation, Ideenflucht, Bewegungs- und Rededrang. Kann auch führen zu Tobsucht, sinnloser Erregung und völliger Verwirrtheit. | Die Fähigkeit, die Flasche nur halbvoll zu sehen, sich selber mächtig zu erleben und sich über die Kleinigkeiten des Lebens hinwegzusetzen.
Ausbaufähig: Sparsamkeit, die Beziehung zum Ich, Du, Wir, Ehrlichkeit, Genauigkeit und Zuverlässigkeit. |

Masochismus

| Sexuelle Erregung durch Erdulden von Schmerzen oder Demütigungen und Beschmutzungen (besonders mit Kot und Urin). | Die Fähigkeit, aus dem Erdulden Lustgewinn zu erzielen. Die Fähigkeit, dem Partner die Möglichkeit zu geben, zu genießen. Die Fähigkeit, Unangenehmes positiv zu erleben.
Ausbaufähig: Bezieht sich nicht nur auf die Sexualität, sondern kann auch in Verbindung mit einzelnen sozialen Normen auftreten: Neigung, unpünktlich zu sein und aus der Bestrafung für Unpünktlichkeit Bestätigung zu beziehen. |

Masturbation

| Sexuelle Selbstbefriedigung, Onanie. Dies ist eine normale Durchgangsphase der Sexualentwicklung (Pubertät). Vor allem beim Mann aber als abnorm zu werten, wenn sie auch bei ausreichender Gelegenheit zum Geschlechtsverkehr fortgesetzt wird. | Es besteht die Fähigkeit, zu den eigenen Geschlechtsteilen Beziehung aufzunehmen.
Ausbaufähig: Die Beziehung zum Du, zur partnerschaftlichen Beziehung (Sexualität), zwischenmenschliche Kontakte, Ehrlichkeit und Sauberkeit. |

Narzißmus

| Form der Verliebtheit in das eigene Ich, das Sich-selbst-Gefallen. | Die Fähigkeit, sich selber lieben zu können und die vermeintlichen eigenen Schwächen als positiv zu erleben.
Ausbaufähig: Beziehung zum Du und zum Wir, Höflichkeit, Vertrauen und Kontakt. |

Rheumatismus (Weichteilrheumatismus)

Rheuma: Entzündliche oder degenerative, vorwiegend die Gelenke und Weichteile betreffende schmerzhafte Allgemeinerkrankung an der auch in teilweise charakteristischer Weise innere Organe, z. B. Herz oder Gehirn, beteiligt sein können.	Spannungen und Konflikte werden motorisch verarbeitet (Sinne und Körper). Bedeutung für die Erhaltung der Persönlichkeitsökonomie unter den gegebenen Umständen, Höflichkeit. *Ausbaufähig:* Höflichkeit – Ehrlichkeit. Welche Bereiche führen zu den bestehenden Spannungen (z. B. Ordnung, Sauberkeit, Treue, Beziehungen zum Partner, Ablösung von den Kindern etc.)?

Rivalität (Geschwisterrivalität)

Eifersüchtig gespanntes Verhältnis unter den Geschwistern, mangelnde Bereitschaft, Rücksicht zu nehmen.	Die Fähigkeit, sich durch Vergleiche zu bestätigen und weiter zu entwickeln. *Ausbaufähig:* Gerechtigkeit und Liebe, Einzigartigkeit, Kontakt, Höflichkeit, Ehrlichkeit.

Sadismus

Sexuelle Erregung durch Schmerzzufügung, Mißhandlung, Demütigung oder Beschmutzung der geliebten Person. Seine äußerste Steigerung ist der Lustmord.	Die Fähigkeit, die aktive Rolle zu übernehmen. Die Fähigkeit, das Bewußtsein der eigenen Macht und Gewalt zu genießen. *Ausbaufähig:* Anerkennung menschlicher Grundfähigkeiten, Gerechtigkeit, Beziehung zum Wir und Ur-Wir.

Schizophrenie

Seelenspaltung, Spaltungsirrsein; eine endogene Psychose, deren Genese unaufgeklärt ist. Kennzeichen sind z. B. Zerfahrenheit, Spaltung zwischen Gedankeninhalten, schlechter Kontakt, Spaltung zwischen Krankem und Außenwelt. Selbstentfremdungserlebnisse, Gefühlsverarmung, Verstimmung und Denkstörungen. Wichtige Formen sind: Jugendirrsein, früh einsetzende Versponnenheit, Ansätze zu Wahnbildungen, Wahnbildungen mit Stimmen-	Die Fähigkeit, untragbare Bereiche des Ich abzuspalten und die nicht befriedigende Umwelt durch eine phantastische Innenwelt zu ersetzen. Paranoide Form: Betonung der Phantasie und Tradition, z. B. Gerechtigkeitswahn, religiöser Wahn, Treue-Wahn, Höflichkeitswahn. Bei hebephrenen Formen: Fähigkeit, sich aus dem Feld der Leistungsanforderungen (Aktualfähigkeiten) zurückzuziehen und sie in Frage zu stellen. Bei

Schizophrenie

hören, Spannungsirrsein, Beeinflussungserlebnisse, Gedankenentzug.	Katatonen: Sich motorisch zurückzuziehen bzw. umgekehrt, Erregung durch unkoordinierte Bewegungen auszutragen. *Ausbaufähig:* Auf welche Inhalte bezieht sich der Wahn? Welche Aktualfähigkeiten sind noch relativ stabil? Auf welche Medien bezieht sich die Symptomatik?

Schwindel

Gefühl des gestörten Gleichgewichts, als ob der Boden schwanke oder die Umgebung sich drehe, oft begleitet von unlustbetonten Gemütszuständen und vegetativen Störungen.	Die Signalfunktion der psychosomatischen Störung »Schwindel« weist auf einen zugrunde liegenden Konflikt hin, den der Patient oft nicht in angemessener Form artikulieren kann. *Ausbaufähig:* Höflichkeit, Ehrlichkeit, Pünktlichkeit, Zeit, Verbundenheit, Ablösung, Mißverständnis: bedingtes und bestimmtes Schicksal.

Streß

Streß ist ein akuter Spannungszustand des Organismus, in dem dieser gezwungen ist, seine Abwehrkräfte zu mobilisieren, um einer bedrohlichen Situation zu begegnen.	Streß ist nicht für jeden gleich. *Ausbaufähig:* Es erhebt sich die Frage, auf welche Bereiche sich der Streß bezieht. Für den einen wirken Leistungsanforderungen, für den anderen die Konfrontation mit Unordnung, Unhöflichkeit, Untreue oder betonter Pünktlichkeitsanforderung als Streß.

Ulcus duodeni

Zwölffingerdarmgeschwür	Ausgeprägtes Verhalten zu Fleiß/Leistung, Zutrauen und Zweifel gegenüber einzelnen Aktualfähigkeiten. *Ausbaufähig:* Ordnung, Pünktlichkeit, Zeit (regelmäßiges Essen, langsam essen), Höflichkeit, Ehrlichkeit, Vertrauen und Kontakt.

Traditionelle Interpretation	Positive Interpretation

Ungehorsam, Trotz

Seelische Abwehrhaltung gegenüber fremden Autoritäten, häufig mit Affektausbrüchen (Wut) verbunden (Trotz-Phase).	Die Fähigkeit, nein zu sagen. *Ausbaufähig:* Zeit (wann nein zu sagen), Vertrauen, Verstand (lernen, warum man etwas tun soll, bzw. erklären, warum man nein sagt).

Verhaltensauffälligkeiten

Fingernägelkauen, Einnässen, Verwahrlosung, Schulschwierigkeiten, Aggressionen etc., Leistungsstörungen, Hemmungen, Tendenz zu neurotischen Entwicklungen, wenn nicht psychotherapeutisch behandelt wird.	Die Fähigkeit eines Kindes und Jugendlichen, auf bestimmte Situationen und Konflikte zu reagieren und die symptomatischen Verhaltensauffälligkeiten als Signale für eine Störung zu entwickeln. *Ausbaufähig:* Höflichkeit – Ehrlichkeit, die Sensibilität und das Einfühlungsvermögen der Bezugspersonen, die Fähigkeit, Konflikte zu verbalisieren. Eltern als Therapeuten einsetzen; Kinder nicht ohne ihre Eltern behandeln.

Verwahrlosung

Äußere Verwahrlosung – der Kleider, der Manieren – ist von der inneren, sittlich-moralischen Verwahrlosung zu trennen.	Die Fähigkeit, verbindliche Normen zu ignorieren oder ihnen zuwiderzuhandeln. *Ausbaufähig:* Beziehungen zum Ich, zum Du, zum Wir, die einzelnen Aktualfähigkeiten (Ordnung, Ehrlichkeit, Höflichkeit, Sauberkeit, Sparsamkeit, Pünktlichkeit etc.), Achten auf Entwicklung von Zutrauen und Hoffnung, Verbundenheit – Unterscheidung und Ablösung.

Wechseljahre

Klimax: Stufenjahre, Zeitabschnitt, in dem sich die weiblichen Geschlechtsorgane zurückbilden.	Stufe der menschlichen Reifung; die »dritte Trotzphase«, Chance, sich zu Schwierigkeiten und Beschwerden zu bekennen, die in den Jahren davor unter dem Zwang, sich zusammenzunehmen, verdeckt waren. *Ausbaufähig:* Zielerweiterung, Stadium der Ablösung, Zeit, Hoffnung, Integration von Vergangenheit, Gegenwart und Zukunft, bestimmtes und bedingtes Schicksal.

Positive Aspekte der Verlassenheit

Eine 37jährige Patientin, für deren Persönlichkeitsentwicklung der mehrmalige Aufenthalt in Kinderheimen wegen der Erkrankung an Asthma bronchiale und Entwicklungsstörungen richtungsgebend war und deren Problematik in einer vorhergehenden psychotherapeutischen Behandlung im Zusammenhang mit der Trennungsangst, der Ablösungsproblematik und dem Verlassenheitssyndrom bearbeitet worden war, begann erst in dem Augenblick mit einer Änderung ihres Lebensplanes, als sie die positiven Aspekte ihres Schicksals begreifen konnte.

In der Familie, in der sie aufwuchs, war es üblich, sehr viel über Probleme zu sprechen. Sehr oft stand sie dabei im Mittelpunkt: Entweder wurde sie wegen der Probleme, die sie mit ihrem Lehrer oder ihrem Vater hatte, bedauert oder wegen der Probleme, die sie ihrer Familie mit dem Essen machte. Sie habe dabei gleichzeitig gelernt, daß dieses Über-Probleme-Sprechen sie in den Mittelpunkt rückt, während sie sonst als älteres Kind wohl weniger beachtet worden wäre. Als sie 10 Jahre alt war, aß sie nichts mehr. Vielleicht wollte sie damit unbewußt ausprobieren, wer in der Familie zu ihr hält, sie nicht sterben läßt, und gleichzeitig ihren Vater provozieren, sich überhaupt um sie zu kümmern.

Durch intensive Beschäftigung mit Problemsituationen ist sie dann auch praktisch vorbereitet worden auf ihre Berufswahl, die sie dann später selbst traf, nämlich Sozialarbeiterin zu werden und schließlich Diplom-Pädagogin, um sich beruflich mit Problemen beschäftigen zu können. Aufgrund dieser gefühlsmäßigen, intellektuellen und praktischen Schulung während ihrer Kindheit, Problemsituationen zu erkennen, kann sie bei vielen Menschen Probleme und Schwierigkeiten ohne Mühe nachvollziehen und oft schon viel früher wahrnehmen als ihre Kollegen.

Sie stellte folgende Liste der positiven Auswirkungen des Kinderheimaufenthaltes und mit ihrer Problematik auf:

– Durch das Erlebnis von Einsamkeit und Verlassenheit verstehe ich andere Menschen besser mit ihren Problemen;

– dadurch kann ich meines Erachtens meinen Beruf besser ausüben, habe mehr Verständnis und kann Rat geben;

– braves, freundliches, zurückhaltendes Verhalten gegenüber den Kunden meines Vaters wurde sowohl von meinen Eltern als auch von den Kunden positiv anerkannt, ich wurde gelobt;

– dadurch fühle ich mich wahrscheinlich bei Kontakten wohler, bei denen ich Kritik und meine Bedürfnisse verschweige;

- ich gehe sehr selten auf Menschen zu, sondern warte auf ihre Initiative – dadurch entgehe ich dem Risiko, daß ich abgelehnt werde, und vermeide so unnötige Verletzungen und Abgewiesen-Werden;
- wenn ich jemanden einlade, bereite ich mich darauf vor, dadurch ernte ich das Lob, daß es schön und gemütlich und das Essen schmackhaft ist;
- ich lade so gut wie nie jemanden spontan ein, um zu vermeiden, daß ich die Leute enttäusche, daß es langweilig wird oder mir die spontane Freude genommen wird, wenn abgesagt wird;
- wenn ich früher meinen Wunsch, zu spielen, aufgab und meiner Mutter zu Hause half, wurde ich von ihr gelobt;
- wenn ich auf meinen Wunsch verzichtete, zum Tanzen oder zu Parties zu gehen oder mich mit Gleichaltrigen zu treffen, wurde ich zum ersten Mal von meinem Vater meiner Schwester vorgezogen, er lobte mich, daß ich vernünftig wäre – auf diese Anerkennung hatte ich jahrelang gewartet;
- da meine Mutter häufig äußerte, daß sie Angst um mich hat, mir könnte etwas passieren, wenn ich lange weg bin, wollte ich diesem Vorwurf entgehen und ihr eine Freude machen und verzichtete immer häufiger auf Kontakte;
- früher konnte ich nie gleichaltrige Kinder einladen, da wir zu beengt wohnten, außerdem schämte ich mich wegen unserer Wohnung;
- indem ich früher zum Spielen andere Kinder besuchte, konnte ich diesen engen Wohnverhältnissen entfliehen und den ständigen Kontrollen durch die Familie entgehen, ich fühlte mich freier;
- indem ich später immer mehr darauf verzichtete, zu spielen und statt dessen Aufgaben für die Schule machte, wurde ich von meinen Lehrern als fleißige Schülerin anerkannt und bekam gute Noten. Diese Anerkennung erkaufte ich mir durch Verzicht, doch für mich waren die Beachtung, Lob und Anerkennung lebensnotwendig;
- indem ich heute mehr den Kontakt zu Männern bevorzuge, die mir bildungsmäßig unterlegen sind, entgehe ich dem Risiko, mich intellektuellen Auseinandersetzungen stellen zu müssen, bei denen ich evtl. unterlegen bin oder dumm angesehen werde (ich stamme aus einer Arbeiterfamilie, wo wenig gelesen oder diskutiert wurde).
- Spontane Kontakte mit vielen Menschen zu schließen, wie das mein Vater machte, wurde von meiner Mutter und den Großeltern verurteilt. Das nahm ich mir zum Vorbild und vermied, überhaupt in Kneipen zu gehen. Wenn ich also auf spontane Kontakte verzichtete, vermied ich die Nichtbeachtung oder Verurteilung durch die Familie.

Die positive Umdeutung der Krankheit war so ein Einstieg in die erfolgreiche Behandlung. Aus diesen Beispielen geht hervor, wie wichtig ein Standortwechsel für das Finden neuer Lösungsmöglichkeiten und damit die Selbsthilfe ist.

Konsequenzen

Diese Übersetzungen sind nur Beispiele und Modelle für alle anderen möglichen Übersetzungen von Krankheiten und Störungen. Das Vorgehen ist zweifelsohne für die meisten ungewohnt, für die Krankheiten und Störungen fast notwendig mit einem negativen oder pessimistischen Konzept verbunden sind. Ein solches Konzept ist keine Garantie für eine realistischere Sicht der Dinge, aber es kann erklären, warum die Realität des Gesundheitswesens und der psychiatrisch-psychotherapeutischen Versorgung genügend Anlaß zum Pessimismus bietet. Wenn man die positiven Aspekte einer Krankheit außer acht läßt, braucht man sich über die Konsequenzen nicht zu wundern: daß die Eltern ihre Kinder frühzeitig aus dem Hause vertreiben; daß Jugendliche mit ihren Eltern und den Erwachsenen nichts mehr zu tun haben wollen; daß Partner sich trennen oder scheiden lassen; daß sehr viele Menschen frühzeitig aus ihrem Beruf ausscheiden; daß immer mehr Menschen die Lösung ihrer Probleme im Alkohol und in Drogen suchen; daß man versucht, den anderen zu helfen, ohne daß ihnen – wie das Beispiel Entwicklungshilfe zeigt – effektiv geholfen wäre; daß Menschen und Gruppen sich gegenseitig hassen, nebeneinander her leben, statt zusammen für ein besseres Leben aller zu sorgen; daß psychosomatisch Kranke als Simulanten verkannt oder ausschließlich mit Medikamenten behandelt werden; daß psychisch kranke Menschen ins Abseits des Abnormen gedrängt werden; daß psychiatrische Patienten in Kliniken statt einer psychotherapeutischen Behandlung nur Verwahrung erfahren müssen.

Die Milch muß im richtigen Verhältnis gegeben werden. Es ist die Milch, die den Säugling kräftigt, damit
er später imstande ist, festere Speisen zu verdauen.

(*Bahá'u'lláh*)

4. Fünf Stufen in der Positiven Psychotherapie

Leichte Heilung

Der Neffe des Herrschers Ghabus-Woschmgir war schwer erkrankt.
Alle Ärzte des Landes hatten bereits die Hoffnung aufgegeben. Die
Medikamente hatten keine Wirkung. Da die Ärzte nicht mehr weiter-
kamen, war der Herrscher damit einverstanden, daß Avicena, damals
ein junger Mann von sechzehn Jahren, die Behandlung übernahm. Als
Avicena den Palast betrat, waren alle über seinen Mut erstaunt, dem
Kranken helfen zu wollen, wo doch alle gelehrten Hakim des Landes
ihre Ratlosigkeit eingestehen mußten.
Avicena sah den Kranken, einen mageren, blassen jungen Mann, auf
dem Lager hingestreckt. Auf ärztliche Fragen gab der Kranke keine
Antwort, und die Verwandten berichteten, daß er schon seit einiger
Zeit kein Wort mehr sagte. Avicena griff an den Puls des Kranken und
hielt dessen Hand eine längere Zeit. Schließlich hob er bedächtig den
Kopf und sagte: »Dieser junge Mann muß anders behandelt werden.
Dazu brauche ich jemanden, der sich in dieser Stadt gut auskennt, der
alle Straßen und Gassen kennt, alle Häuser und alle Menschen, die in
ihr wohnen.« Alle wunderten sich und fragten: »Was hat die Heilung
des Kranken mit den Gassen unserer Stadt zu tun?«
Trotz ihres Zweifels gehorchten sie Avicenas Befehl und ließen einen
Mann kommen, von dem es hieß, er kenne die Stadt wie seine eigenen
Taschen. Ihn bat Avicena: »Nenne mir alle Viertel der Stadt!« Dabei
griff er nach dem Puls des Patienten. Als ein bestimmtes Viertel genannt
wurde, fühlte Avicena, daß sich der Puls plötzlich beschleunigte. Daraufhin ließ er alle Straßen dieses Viertels nennen, bis bei einem Straßen-
namen der Puls des Kranken erneut aufgeregt zu pochen begann. Jetzt
verlangte Avicena, daß alle Gassen dieser Straße genannt würden. Der
Kundige nannte die Gassen, eine nach der anderen, als plötzlich der
Name einer kleinen, wenig bekannten Gasse die Erregung des Kranken
sprungartig steigerte.
Zufrieden befahl Avicena: »Holt mir einen Mann, der alle Häuser dieser Gasse samt ihren Bewohnern nennen kann.« Ihn wies Avicena an,

alle Häuser dieser Gasse aufzuzählen, und der Pulsschlag des Kranken verriet, welches das richtige war. Als der Helfer zu den Namen der Bewohner kam, nannte er auch den Namen eines Mädchens. Mit einem Schlag begann der Puls des Kranken zu rasen. Avicena bemerkte: »Sehr gut. Alles ist klar. Ich kenne jetzt die Krankheit des jungen Mannes, und die Heilung ist leicht.« Er stand auf und sprach zu den Anwesenden, die ihn staunend anstarrten: »Dieser junge Mann leidet unter der ›Liebeskrankheit‹. Seine Beschwerden des Leibes haben darin ihre Wurzel. Er ist verliebt in das Mädchen, dessen Namen ihr hörtet. Geht, holt das Mädchen und werbt es als Braut.«

Der Patient, der mit größter Aufmerksamkeit und Erregung den Worten Avicenas gefolgt war, wurde rot bis über beide Ohren und versteckte sich verschämt unter der Bettdecke. Der Herrscher machte das Mädchen zur Braut seines Neffen, der von dieser Stunde an genas.
(Nach Mowlana)

Psychotherapie – Selbsthilfe

Patient als Therapeut

Im Rahmen der Psychotherapie und Selbsthilfe benutzt die Positive Psychotherapie ein fünfstufiges Verfahren. Dieses Verfahren stützt sich auf die beschriebenen Aktualfähigkeiten; es gliedert sich in die Stufen der Distanzierung/Beobachtung, Inventarisierung, situativen Ermutigung, Verbalisierung und Zielerweiterung.

Das fünfstufige Schema hält sich an eine Modellvorstellung des Konfliktprozesses. Dieses läßt sich an einem Beispiel veranschaulichen. Wenn wir uns über jemanden, beispielsweise über seine Unhöflichkeit ärgern, liegt es nahe, daß wir uns innerlich beunruhigt fühlen, offen über ihn schimpfen oder mit anderen über ihn und seine Schwächen sprechen. Weiterhin werden wir ihn plötzlich nicht mehr als Menschen mit seinen vielfältigen Fähigkeiten sehen, sondern nur noch als den unhöflichen, flegelhaften, der uns durch seine Unhöflichkeit herabgesetzt hat. Man ist nicht mehr in der Lage, sich mit seinen positiven Eigenschaften zu beschäftigen, da die negativen Erlebnisse wie ein Schatten auf die Beziehung zu diesem Menschen gefallen sind. Die Folge wird sein, daß man wenig bereit ist, sich mit ihm auseinanderzusetzen, und jede Auseinandersetzung letztlich zu einem Machtkampf oder einem Affektausbruch ausartet. Die Kommunikation ist behindert. Schließlich kommt es so weit, daß man selbst die eigenen Ziele einschränkt.

Die Stufen in diesem Modell eines Konfliktprozesses wie auch in dem Behandlungsmodell der Differenzierungsanalytischen Psychotherapie entsprechen den Möglichkeiten, welche dem Menschen zur Lösung von Konflikten und Problemen zur Verfügung stehen. Damit soll das hypothetische Modell des Konfliktprozesses nicht nur rekapituliert werden. Vielmehr zielen wir auf die in jedem Fall individuell bestehenden Konflikte ab, die ihre besonderen Lösungsmöglichkeiten erfordern. Diese Lösungsmöglichkeiten bestehen jedoch nicht isoliert nebeneinander, sondern sind innerhalb des therapeutischen Prozesses aufeinander bezogen, da eine Stufe als Vorbereitung und Weiterentwicklung der anderen gelten kann. Dies bedeutet praktisch, daß zwar bei jedem Menschen die fünfstufige Strategie angewandt wird, doch der Raum, den die einzelnen Stufen einnehmen, wie auch die speziell verwendeten Verfahren den Bedürfnissen des jeweiligen Falles entsprechen müssen.

Die Geschichten werden in der Positiven Psychotherapie nicht willkürlich verwendet, sondern gezielt im Rahmen der fünfstufigen Behandlung.

1. Stufe der Beobachtung / Distanzierung

In einer kalten Nacht hatten zwei Igel ein Problem. Wenn sie einander zu nahe rückten, um sich zu wärmen, stachen sie sich gegenseitig mit ihren Stacheln. Rückten sie aber zu weit voneinander, froren sie. Es kam für sie darauf an, so nahe beieinander zu liegen, daß sie sich wärmten, aber weit genug, um sich nicht gegenseitig zu stechen.

Der Patient und unter Umständen seine Umwelt beginnen, die Kompetenz zur Selbsthilfe zu erwerben. Die Schwerpunkte liegen – für einen Zeitraum zwischen einer und vier Wochen – hier ebenfalls auf der Verbundenheit und der positiven Umdeutung.

Hilfen dafür sind folgende Maßnahmen:

Beobachtung: Beobachten Sie das Verhalten Ihrer Partner. Schreiben Sie auf, worüber Sie sich ärgern und worüber Sie sich freuen. Beschreiben Sie diese Situationen genau. Kritik unterlassen: Während Sie Ihre Partner beobachten, kritisieren Sie nicht. Durch die distanzierte Beobachtung und den Verzicht auf Kritik wird der Konflikt abgesteckt. Das Gegenüber wird mitunter schon jetzt aus einer anderen Sicht wahrgenommen.

Tagesablauf / Wochenablauf: Schreiben Sie detailliert auf, wie Sie einen Tag verbringen. Machen Sie das gleiche für den Ablauf der letzten Woche. Dies ist eine Maßnahme der Selbstkontrolle. Einseitigkeiten können hier ebenso aufgedeckt werden wie Interessenschwerpunkte und vernachlässigte Bereiche.

Das Problem mit dem Partner ausmachen: Probleme sind Privatsache.

Sprechen Sie nicht mit dritten Personen darüber. Statt über Ängste, Aggressionen und Depressionen zu sprechen, notieren Sie die Umstände, unter denen sie auftreten.

Der Ist-Wert und der Soll-Wert: Kreisen Sie Ihre Konflikte mit Hilfe des Ist-Wertes und des Soll-Wertes ein. Bahnen Sie Verhaltensalternativen an. Als Situation stellt der Patient kurz die aufgetretene Konfliktsituation dar. Der Ist-Wert gibt seine Reaktion wieder und enthält die beteiligten Konzepte des Patienten. Der Soll-Wert umfaßt das Gegenkonzept, das dem Patienten als gangbare Alternative erscheint.

Beispiel für die Technik des »Ist-Wert und Soll-Wert«

Situation	Ist-Wert	Soll-Wert
Herr B. hat eine verantwortungsvolle Position. Abends kommt er sehr spät nach Hause. Seine Kinder sehen ihn fast nur noch am Sonntag. Zeit zum Spielen hat er so gut wie nie, da er am Wochenende private Korrespondenz erledigt.	Ehefrau: Lebst du für deinen Beruf oder für mich und die Kinder? Du kannst dich jetzt entscheiden!	Ehefrau: Ich weiß, wie anstrengend dein Beruf ist, und wir wissen deine Leistungen auch zu schätzen. Können wir dir irgendwie helfen, daß du auch einmal Zeit für die Kinder und mich hast? Wir wollen versuchen, die Durststrecke gemeinsam zu überwinden.

Die Erkenntnis, daß ein für uns auffälliges oder gar anstößiges Verhalten in einer anderen Kultur oder zu einer anderen Zeit nach anderen Maßstäben bewertet wird, daß es dort als unauffällig oder sogar wünschenswert gilt, kann für unsere Sicht der Dinge eine allgemeine Erweiterung bedeuten, die das Verstehen der Menschen untereinander erleichtert. Ausgehend von diesen transkulturellen Überlegungen und der Vorstellung, daß die verschiedenen individuellen Konzepte in vieler Hinsicht den transkulturellen Konzepten entsprechen, können wir auch die Krankheiten und Störungen in verschiedener Weise deuten: Nehmen wir zunächst die organischen Krankheiten, beispielsweise ein Karzinom. Diese Krankheit hat einen eng umschriebenen organischen Befund und aufgrund bisheriger Erfahrungen eine äußerst ungünstige Prognose. Dennoch können wir beobachten, daß die Betroffenen unterschiedlich auf ihre Situation reagieren und ihre Krankheit unterschiedlichen Wertsystemen zuordnen. Wir können Patienten beobachten, die sich verzweifelt gegen die Krankheit auflehnen, keine Einsicht in die scheinbare Sinnlosigkeit ihrer Krankheit erhalten oder resignierend und passiv ihren Tod erwarten. Umgekehrt finden wir Patienten, die trotz oder wegen ihres Leidens sogar noch in der Lage sind, ihre Ärzte und Pfleger zu trösten, schöpferisch tätig sind und den Menschen ihrer Umgebung helfen, mit ihren eigenen Todesängsten umzugehen.

Mit anderen Worten: Je nach den verschiedenen Konzepten können selbst schwerste Krankheiten unterschiedliche subjektive Bedeutung erhalten und das subjektive Lebensgefühl und Lusterleben beeinflussen.

2. Stufe der Inventarisierung

Die Stufe der Inventarisierung legt den Schwerpunkt auf das differenzierende Vorgehen. Dadurch, daß nicht nur die mit einem unerwünschten Verhalten verknüpften Bereiche angesprochen werden, sondern eine Vielzahl von Fähigkeiten, gewinnen die Mitglieder der Patientenfamilie neue Kriterien der gegenseitigen Wertschätzung. Sie erkennen, um es bildlich auszudrücken, daß ein Pfau nicht nur häßliche, faltige, lederne Füße hat, sondern auch wunderschöne Federn.

Für die Familiengruppe kommt es vor allem darauf an, diese Qualitäten voneinander zu unterscheiden und die lebensgeschichtliche Bedingtheit und Relativität dieser Bewertungen zu erfahren.

Bereiche der Konfliktverarbeitung: Schreiben Sie auf, in welchen Bereichen Sie Ihre Probleme austragen. Wie verarbeitet Ihr Partner seine Probleme?

Die vier Vorbild-Dimensionen: Wer war Ihr Vorbild? Welche Beziehungen hatten Ihre Eltern zu Ihnen und zueinander? Welches Verhältnis hatten Ihre Eltern zu anderen Menschen und Gruppen? Wie standen Ihre Eltern zu den Fragen von Religion und Weltanschauung? Wie sehen Sie die vier Vorbild-Dimensionen für Ihren Partner?

Aktualfähigkeiten: Führen Sie für sich und Ihre am Konflikt beteiligten Partner das Differenzierungsanalytische Inventar durch. Beschreiben Sie als Erläuterung zu Ihren Beurteilungen die entsprechenden Situationen.

Konzepte: Welches Motto oder Konzept galt bei Ihnen zu Hause? – Welches ist Ihr Konzept heute? – Was sind die Konzepte Ihres Partners? – Wer ist Ihr Lieblingsautor? – Welche seiner Aussagen fällt Ihnen gerade ein, und was sagt sie Ihnen? – Von wem wurden Sie bisher behandelt? – Wie stehen Sie, Ihr Partner, Ihre Eltern, die behandelnden Ärzte zur Psychotherapie?

Eine Patientin erzählte: »Wenn ich mich aufrege, kriege ich Kopf-schmerzen und beschäftige mich in Gedanken stundenlang damit.« Wir signieren diese Antwort folgendermaßen:

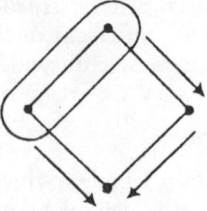

Zur Ergänzung fragten wir: »Wie reagiert Ihr Partner auf Konflikte?« »Mein Mann zieht sich in seinen Hobbykeller zurück und arbeitet wü-tend fast die ganze Nacht. Manchmal höre ich, wie er dabei laut schimpft.« Die Konfliktbereiche sind: »Fleiß / Leistung« und »Phanta-sie«. Es ergab sich folgendes Bild:

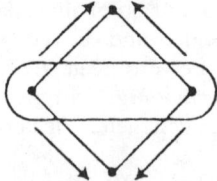

Wir erfassen damit individuelle Reaktionsbereitschaften und Verhal-tensmuster, wie sie in dieser Partnerschaft häufiger aufzutreten schei-nen. Ein Vergleich der beiden Darstellungen zeigt, daß der Körper (beide haben sich schon seit längerer Zeit sexuell nichts mehr zu sagen) und der Kontakt ausgespart sind. In der Tat ergibt die weitere Befra-gung, daß der Kontakt ein echter Defizitbereich in dieser Partnerschaft ist. Wir verlassen vorerst den konflikträchtigen Bereich und beschäf-tigen uns statt dessen mit den entwicklungsfähigen Bereichen.
Dieses Vorgehen entspricht wiederum dem positiven Ansatz.

3. Stufe der situativen Ermutigung

Ein mächtiger Hirsch betrachtet sich im klaren Wasser einer Quelle: Was für häßliche Läufe ich habe. Aber dafür ist mein Geweih um so prächtiger. Es ist das schönste Geweih, das ein Hirsch in unserem Wald je hatte. Es ist stark, ausladend und hat viele kräftige Sprossen und Enden. Während er sich betrachtete, hörte er ein leises Knacken im nahen Unterholz. Erschreckt drehte er sich um und sah einen Jäger, der ihm auf einem Pferd mit einem Spieß folgte. Sofort ergriff er die Flucht in den Wald. Die Bäume wurden dichter und dichter, so daß schließlich der Hirsch mit seinem Geweih in den Ästen der Bäume hängen blieb und hilflos das Nahen des Jägers erwarten mußte. Keuchend sprach er vor sich hin: Das, worauf ich stolz war, hat mich umgebracht. Das, was ich für häßlich und unwesentlich hielt, hätte mich retten können.

Situative Ermutigung: Kritisieren Sie Ihren Partner nicht. Ermutigen Sie ihn in seinem positiven Verhalten ein bis zwei Wochen lang (inhaltlich, kurz und sofort). Es kommt vielmehr darauf an, ein konkretes Verhalten oder ein aktuelles Konzept zu verstärken.

Während Sie bis jetzt vor allem die Unordnung Ihres Kindes gesehen haben, erkennen Sie jetzt zusätzlich die positiven Seiten seiner Unordnung: seine persönliche Art der Ordnung und den kreativen Umgang damit.

Relativität der Werte

Die unterschiedlichen Wertmaßstäbe in Verbindung mit der Einzigartigkeit des Menschen und seiner Entwicklung führen dazu, daß Menschen unterschiedlich auf die Sinnfrage reagieren, mit der sie in der Familie, im Beruf, in der Partnerschaft, im sozialen Kontakt und in bezug zur Zukunft zu tun haben. Nicht nur das: Wir können sogar davon sprechen, daß jeder Mensch in seiner Weise einzigartig mit Problemen umgeht. Was für einen Menschen wichtig ist, kann für einen anderen unwichtig sein.

»Warum muß ich meinen Mann bedienen?«

Eine 48jährige Frau, die wegen ehelicher Probleme die Psychotherapie aufgesucht hatte, klagte einmal: »Wenn mein Mann nur das kleinste Wehwehchen hat, schleicht er herum und tut so, als müßte er gleich sterben. Alle müssen ihn dann bedienen. Als ich vor kurzem eine schwere Gallenkolik hatte, arbeitete ich trotzdem weiter und habe versucht, den Schmerz zu verbeißen. Ich kann es nicht ausstehen, wenn sich jemand so gehenläßt.«

Mein Mann braucht seine Ruhe

»Wenn mein Mann von der Arbeit kommt, wäscht er sich, ißt und setzt sich vors Fernsehen. Es ist gar nicht daran zu denken, daß wir mal zusammen ausgehen. Ich muß raus, wenn ich mich den ganzen Tag mit den Kindern beschäftigt habe« (37jährige Hausfrau, Mutter von drei Kindern mit Depressionen).

Was der eine als sinnvoll erlebt, muß nicht für einen anderen in gleicher Weise sinnvoll sein. Wenn es für einen Familienvater sinnvoll erscheint, abends nach Dienstschluß absolute Ruhe in seinem Haus zu fordern, kann diese Rücksichtnahme für die übrigen Familienmitglieder zum Terror werden. Dieses Beispiel zeigt, daß der subjektive Sinn nie isoliert betrachtet werden kann, sondern stets nur in Beziehung zu den Interessen und Bedürfnissen der anderen Menschen!

4. Stufe der Verbalisierung

»Pedar Joun, lieber Vati, erkläre mir bitte, wie ein Krieg zustande kommt«, fragte ein kleiner persischer Junge seinen Vater. »Das will ich dir gern erklären«, sagte der Vater. »Stelle dir einmal vor, Persien schickt seine Truppen nach China.« In diesem Augenblick mischte sich die Mutter ein: »Wie kannst du denn dem Kind einen solchen Unsinn erzählen. Wann hat jemals Persien gegen China Krieg geführt?« »Liebe Frau«, versuchte der Vater zu erklären, »ich wollte nur an einem Beispiel erläutern, wie ein Krieg entsteht.« »Durch deine Beispiele, die nie stimmen, bringst du bloß das Kind durcheinander. Außerdem ist es eine Lüge, daß Persien gegen China Krieg geführt hat.« »Was, du bezeichnest mich als Lügner!« fuhr der Vater auf. »Ich nehme mir die Zeit und versuche dem Kind etwas zu erklären, und du meckerst daran herum. Wenn du meinst, du könntest es besser erklären, dann mach du es doch. Du weißt doch immer alles besser.« »Das ist aber unerhört, wie du mit mir sprichst. Ich werde nie mehr etwas sagen, daß du es nur weißt.« In diesem Augenblick unterbrach der Sohn das Streitgespräch seiner Eltern und sagte: »Liebe Eltern, ihr braucht mir nicht mehr zu erklären, wie ein Krieg entsteht. Ich kann es mir gut vorstellen.«

Dem Partner zuhören: Der Partner nennt seine Probleme und Wünsche. Hören Sie zu, seien Sie höflich. Fragen Sie sich und Ihren Partner, welche Bedeutung das Problem für ihn hat, seit wann er sich damit beschäftigt und wie er damit umgeht.

Ehrlich sein: Konkretisieren Sie Ihrem Partner gegenüber Ihre eigenen Probleme: Wie stehen Sie dazu? Welche Bedeutung hat für Sie der Konflikt? Was möchten Sie damit erreichen? Welches ist Ihr neuralgischer Punkt?

Spielregeln des Gesprächs: Für die Beteiligten gilt hinsichtlich des Gesprächs Schweigepflicht. Vergessen Sie nicht, daß falsche Rücksichtnahme Ihnen und Ihrem Partner mehr schadet als ein offenes Gespräch zur rechten Zeit. Falsche Rücksichtnahme ist Ungerechtigkeit gegenüber dem Partner. Nicht nur Kritik üben, sondern gleichzeitig sagen, wie man es besser machen könnte.

»Seit Vati tot ist, sehe ich keinen Sinn mehr.«

Konrad, 17 Jahre alt, resigniert: »Ich sehe keinen Sinn mehr, überhaupt noch etwas zu machen, seit Vati tot ist.« Die Mutter berichtete, daß sie darauf geantwortet habe: »Meinst du, daß ich noch einen Sinn sehe, ich habe selbst schon lange aufgegeben!« In der psychotherapeutischen Behandlung gab die Mutter noch eine andere Antwort: »Es ist nicht einfach für uns, daß wir unseren Vati mit 42 Jahren verloren haben. Ich glaube, es wäre nicht in Vatis Sinn, wenn wir alles fallen ließen. Er hat zeit seines Lebens dafür gesorgt, daß wir glücklich zusammenleben konnten. Jetzt wäre es widersinnig, wenn wir nur noch das Unglück sehen würden. Wenn wir zusammenhalten, können wir auch jetzt unser Leben sinnvoll gestalten.«

»Endlich habe ich meine Ruhe.«

Der 15jährige Uwe kommentierte den Tod seiner Großmutter: »Die Omi ist gestorben. Na endlich habe ich meine Ruhe.« Die Mutter reagierte spontan: »Du unverschämter und undankbarer Kerl! Über seine verstorbene Oma spricht man nicht schlecht.« Die Mutter hätte auch in anderer Weise reagieren können: »Ich weiß nicht, ob du das tatsächlich so meinst, wie du es sagst. Ich habe den Eindruck, daß du nicht zugeben willst, daß dich der Tod der Oma genauso betroffen hat wie uns. Du denkst, es ist eine Schande, wenn ein richtiger Junge seine Gefühle zeigt.«

Partnergruppe – Familiengruppe

Konflikte haben die Neigung, wie bösartige Geschwüre zu wuchern und in Bereiche einzudringen, die zunächst nicht davon betroffen sind. Die Partnergruppe kann dieser Tendenz entgegenwirken. Konflikte werden zeitlich und örtlich begrenzt zwischen den beteiligten Partnern behandelt. Die Partnergruppe stellt ihre Mitglieder vor eine sicherlich schwierige Aufgabe, die manchem so vorkommen wird, als müßte er dauernd versuchen, über den eigenen Schatten zu springen. Schließlich ist es nicht leicht, mit einem Partner, den man durch Schweigen strafte, plötzlich Gespräche zu führen und von gewohnten Umgangsformen Abstand zu nehmen.

Oft genug bringt nämlich eine solche Umstellung einen Statusverlust mit sich: Mitunter gerät die Rollenverteilung in der partnerschaftlichen Beziehung ins Wanken. Um diesen Schwierigkeiten entgegenzuwirken, bieten sich die Selbsthilfestufen der Beobachtung / Distanzierung, der Inventarisierung, der situativen Ermutigung, der Verbalisierung und der Zielerweiterung an. Fragen, die jeder Partner sich bei der partnerschaftlichen Konfliktsituation stellen sollte: Ist das Problem zu lösen? Will ich überhaupt was ändern? Kann mein Partner meinen Erwartungen entsprechen? Will er eine Lösung des Problems? Habe ich schon Versuche in Richtung einer Problemlösung unternommen? Sehe ich unsere Situation ehrlich und offen? Bringe ich meine Meinung ehrlich zum Ausdruck? Bin ich bereit, auch meinem Partner zuzuhören? Bin ich überhaupt bereit, meinem Partner Zeit zu geben und mir selber Zeit zu nehmen? Erwarte ich, daß Änderungen von einem Augenblick auf den anderen erfolgen sollten? Der Rollentausch ist die direkteste Methode, um die Struktur der Familie dynamisch zu gestalten. Ein Gruppenmitglied übernimmt für eine begrenzte Zeit Aufgaben und Rollenmerkmale, die bis dahin einem anderen Gruppenmitglied zukamen. So betätigt sich der Vater beispielsweise als Hausfrau, die Mutter übernimmt Planungsaufgaben, die sonst dem Familienoberhaupt zukamen, die Kinder übernehmen ihrerseits Aufgaben und Funktionen, die im Zuständigkeitsbereich der Eltern lagen, z. B. Haushalt, Planung und Beratung.

Merksätze für Verbalisierung: Nicht die Partnerschaft ist gut, in der es keine Probleme und Konflikte gibt, sondern die, in der die Bereitschaft besteht, offen und sachlich über Probleme zu sprechen und sie zu verarbeiten. Eine Partnerschaft ist keine Versicherungsanstalt. Sie ist vielmehr ein Balanceakt zwischen Liebe und Gerechtigkeit. Ehepaare können lernen, Probleme aus den verschiedenen Lebensbereichen (wie Kindererziehung, berufliche Probleme, größere Planungen und Ausgaben, sexuelle Probleme, Konflikte mit Schwiegereltern und Bekannten) miteinander zu besprechen. Hat man das Gefühl, allein mit den partnerschaftlichen Schwierigkeiten nicht fertig zu werden, oder betrifft das Problem nur sekundär die Partnerschaft (z. B. die ins Krankhafte gesteigerte Eifersucht gegenüber früheren sexuellen Erfahrungen des Partners), empfiehlt es sich, einen Fachmann zu Rate zu ziehen.

5. Stufe der Zielerweiterung

»Stellen Sie sich einen erfolgreichen Kaufmann vor, der sein ganzes Kapital, alles, was er über Jahre hinweg erworben hat, in ein einziges Projekt steckt. Solange die Wirtschaftslage gut ist, birgt dieses Vorgehen vielleicht die größere Gewinnchance. In dem Augenblick aber, in dem das Projekt schiefläuft, hat er so gut wie nichts mehr. Hätte er aber sein Kapital auf unterschiedliche Investitionsbereiche verteilt, könnte er sich bei Schwierigkeiten mit Hilfe dieses Kapitels auffangen.«

Erweitern Sie Ihre Ziele im Bereich der Aktualfähigkeiten (welche Aktualfähigkeiten haben Sie bisher stiefmütterlich behandelt?). Erschließen Sie neue Möglichkeiten der Konfliktverarbeitung (welche Bereiche sind bisher zu kurz gekommen?). Welche Formen der Beziehung halten Sie bei sich und Ihrem Partner für entwicklungsfähig (vier Vorbild-Dimensionen)?

Krise als Chance

Sinnhaftigkeit ist keine statische Größe. Was für sinnvoll erachtet wird, hängt von situativen Faktoren und in großem Maße von der Zeit und der Entwicklung ab. Neben der Fähigkeit, einen Sinn zu akzeptieren, an ihn zu glauben und ihn festzuhalten, die schon seit der frühsten Kindheit modelliert wird, unterliegt das, was man für sinnvoll erachtet, oft einem erstaunlichen Wechsel. So kann das Aufgeben und der Verlust eines Lebenssinns dazu führen, daß mit diesem Verlust auch das Leben selber hinfällig erscheint. Dann aber läßt sich nach einer gelungenen Trauerarbeit eine erstaunliche Wendung beobachten. Die lustvolle Besetzung wird von dem bisherigen Sinngehalt losgelöst und einem neuen Objekt zugewendet, ein Akt, der von den meisten sogar als Befreiung beschrieben wird.

»... dann wurde ich klug.«
»Nachdem ich mit einem Herzinfarkt im Krankenhaus war, habe ich endlich gemerkt, daß es gar keinen Sinn hat, daß ich mich beruflich fix und fertig mache« (52jähriger Geschäftsführer).

»Ich verändere mich von Tag zu Tag.«
»Mein Leben hat schon deshalb einen Sinn, weil ich mich manchmal von Tag zu Tag verändere und ich direkt verfolgen kann, wie ich mich entfalte. Gewiß, ich erleide Rückschläge und falle in eine engstirnige Leistungsakrobatik zurück. Ich habe aber auch Freunde, interessiere mich für Politik und Entwicklungshilfe und finde sehr viel Befriedigung, wenn ich mich musisch betätige« (43jährige Lehrerin).

»Endlich ein eigener, freier Mensch.«
Eine 26jährige Frau hatte gleich nach dem Schulabschluß mit 18 Jahren geheiratet. Zu Hause war sie als einzige Tochter beschützt worden und stand in Abhängigkeit von ihren Eltern. Diese wurde mit der Heirat durch eine Abhängigkeit von dem Ehemann abgelöst. Der zwölf Jahre ältere Mann kümmerte sich um alles, was die geschäftlichen Bereiche der Ehe betraf. Die junge Frau brauchte nichts anderes zu tun, als sich

dem Ehemann anzupassen. Als der Ehemann nach einem Verkehrsunfall starb, war die Frau plötzlich mit sich selbst konfrontiert. Sie bemerkte, daß sie kaum eigene Interessen hatte, daß ihre Zeiteinteilung die ihres Ehemannes war und sie als Schatten des Toten lebte. Das Leben hatte für sie, wie sie sagte, keinen Sinn mehr.

Nach einem Selbstmordversuch kam sie in psychotherapeutische Behandlung, wo sie unter Anleitung des Therapeuten lernte, einen eigenen Lebensplan zu erarbeiten. Sie begann ein Studium und war, wie sie es selbst ausdrückte, endlich ein eigener und freier Mensch. Ein Trost, der die Trauerarbeit erleichterte und die wegen der Verselbständigung auftretenden Schuldgefühle verarbeiten half, war die Vorstellung, sie könne jetzt die Aufgaben ihres verstorbenen Mannes auf ihre Weise fortführen.

Anwendung der fünf Stufen

Die fünf Stufen der Behandlung stellen ein therapeutisches Rahmenmodell dar. Innerhalb dessen bauen sich die einzelnen Stufen nicht statisch aufeinander auf, sondern sind dynamisch im Therapieplan aufeinander bezogen. So findet die Stufe der Beobachtung letztlich während der gesamten Psychotherapie statt, ebenso, wie während des gesamten therapeutischen Ablaufes differenzierende, verbalisierende und ermutigende Momente im Spiel sind. Was wir als Stufen bezeichneten, sind somit Schwerpunkte der Behandlung. Diese sind nicht notwendigerweise mit den charakteristischen Techniken verknüpft. Die in einem Fall erforderliche Differenzierung kann natürlich ausführlich mit allen verfügbaren Modellen eingeleitet werden. In komplizierteren Fällen, in denen aber auch die Mitarbeit der Patienten über längere Zeit hinweg gesichert ist, ist ein derartiges Vorgehen sogar angezeigt. In vielen Fällen dagegen brauchen wir nicht so weit auszuholen, um einen entscheidenden therapeutischen Effekt zu erreichen. Im optimalen Fall genügt sogar das Erstinterview selber als Interventionsbehandlung, um entscheidende Impulse für die Aktivierung der Selbsthilfefähigkeit des Patienten und seiner Familie zu geben. Hier sind die fünf Stufen ebenfalls enthalten, allerdings nur als Tendenzen, wobei einzelne Stufen in den Vordergrund gerückt werden. So hat sich gerade das positive Vorgehen (Stufe der situativen Ermutigung) als ein wesentliches Element der Kurztherapie erwiesen. Allerdings setzt dieser Schwerpunkt eine Beschreibung/Distanzierung (was läuft in unserer Familie ab?), der Inventarisierung (wie behandeln wir dieses Problem?) und der Zielerweiterung (welche Lösungsmöglichkeiten gibt es für uns?) voraus.

Mit anderen Worten: Die Positive Psychotherapie macht zweierlei er-

forderlich: einmal die möglichen Techniken und Interventionsmecha-
nismen beherrschen, bei gleichzeitig gesteigerter Sensibilität und
Selbstkontrolle des Therapeuten. Zum andern undogmatisches, flexibles Vorgehen, bei dem es darauf ankommt, sich nicht im Netz der
vielfältigen und damit im Prinzip unerschöpflichen Familienbeziehun-
gen zu verstricken, sondern die wirksamen Knotenpunkte mit Hilfe
der geeigneten Maßnahmen in den Griff zu bekommen.

Therapie

Die fünfstufige Behandlung ist kein starres Schema, kein Skelett, in das
sich der lebendige Patient, die dynamische Familiengruppe hineinzu-
zwingen hätte. Das Kunststück der Behandlung liegt darin, die »Knotenpunkte«, also die Konfliktbereiche, in denen sich die Konzepte und
Bedürfnisse treffen, herauszuarbeiten.
Diese »neuralgischen Punkte« sind der Einstieg in die Therapie. Sind
die zentralen Knotenpunkte getroffen, ist die therapeutische Technik,
die Methodik oder der Griff in die psychotherapeutische Trickkiste sekundär, sofern der Therapeut selber differenziert genug ist und zu den
eigenen Konzepten genügend Abstand besitzt, um differenziert auf die
Situation des Patienten und der Familiengruppe einzugehen. In diesem
Sinne ist es zunächst gleichgültig, ob man gesprächstherapeutisch vor-
geht, mit dem Patienten den Abstieg in psychoanalytische Tiefen wagt,
individuell therapeutisch auf den Konflikt eingeht oder tiefenpsychologisch versucht, den Sinn des Konfliktes und des Lebens zu erfassen.
Man kann primärtherapeutisch vorgehen, die Gestalttherapie verwenden, oder im Sinne der Transaktionsanalyse verfahren.
Wesentlich ist nur eins: daß wir das für den Patienten zentrale Thema,
den Knotenpunkt oder die verschiedenen Knotenpunkte, richtig begriffen haben.

Konsequenzen

Es scheint, als beruhe der Erfolg der meisten Therapien nicht darauf,
daß irgendwelche Methoden oder Techniken eingeführt wurden, sondern, daß mehr oder weniger zufällig und mit einem unterschiedlich
großen Aufwand psychotherapeutischer Suchaktionen der Knotenpunkt des Konfliktes erfaßt und dem Patienten zugänglich gemacht
wird. Der Patient kann nun seinen Standortwechsel durch neue Lösungsmöglichkeiten seines Konfliktes sehen und Spielregeln wählen,
die den Teufelskreis der Konfliktentstehung vermeiden.

Die Positive Psychiatrie geht davon aus, daß grundsätzlich jedes Symptom umdeutbar ist. Depression zum Beispiel wird nicht nur als das Gefühl des Niedergedrücktseins verstanden, sondern auch als die Fähigkeit, mit tiefer Emotionalität zu reagieren.

Viertes Kapitel:
Sinnfragen

Viele Fragen – viele Antworten

Das passende Wort

Ein Herrscher aus alten Zeiten grübelte über die Fragen des Lebens nach. Weil ihn das Wesen von Gut und Böse beschäftigte, befahl er seinem Diener, die Organe zu bringen, die am besten, schönsten und wertvollsten seien. Der Diener brachte das Herz und die Zunge eines Tieres. Der Herrscher schaute sich die Organe an, dachte über den Sinn nach, den sie bedeuteten und schickte den Diener nun, die häßlichsten und schlechtesten Organe zu holen. Der ging und brachte wiederum ein Herz und eine Zunge. Erstaunt fragte der Herrscher seinen Diener: »Du bringst Herz und Zunge als die besten Organe, aber auch gleichzeitig als die schlechtesten, wie kommt das?« Der Diener antwortete bescheiden: »Wenn das, was ein Mensch fühlt und denkt, offen von Herzen kommt und die Zunge nur Wahres ehrlich sagt, sind Herz und Zunge die wertvollsten Organe. Der Mensch, dem sie gehören, fühlt sich gesund und glücklich. Wenn aber das Herz zu einer Mördergrube wurde, die Wünsche verleugnet, und die Zunge Unwahrheit und Falsches sagt, sind beide Organe die reine Strafe für den Menschen, dem sie gehören. Die Zwietracht, die er nach außen sät, erfüllt auch sein Inneres, und das Glück hat sich von ihm gewandt.«

Zu verschiedenen Themen werden immer wieder Fragen an mich gerichtet, hinter denen ein echtes Bedürfnis steht. Ich habe versucht, auf einige dieser Fragen im Rahmen des vorliegenden Buches einzugehen und Antworten auf sie zu finden, da sie sehr eng mit der Frage nach dem Sinn des Lebens und Handelns verknüpft sind. Diese Arbeit konnte und wollte nicht alle sich stellenden Fragen lösen und Patentrezepte geben. Sie sollte vielmehr den Leser auf einzelne Sachverhalte und Fragen hinweisen, ihn sensibilisieren und Unterscheidungsmöglichkeiten darstellen. In diesem Sinn ist dieses Kapitel auch nicht abgeschlossen, sondern als in einer fortwährenden Entwicklung stehend zu begreifen. Dies kann nur dann praktische Konsequenzen haben, wenn der Leser bereit ist, immer wieder Fragen zu stellen.

Frage:
In welchem Zusammenhang stehen für Sie Erziehung und Psychotherapie?

Antwort:
Wir können davon ausgehen, daß ein Teil der psychischen Störungen darauf zurückgeht, daß zu viel und Unbewältigtes gelernt wurde; ein anderer Teil besteht darin, daß zu wenig gelernt wurde. Die Psychotherapie erhält somit die Bedeutung einer Korrektur der Erziehung.

Frage:
Ist nicht gerade der Erziehungsstil anfällig gegenüber Weltanschauungen und Ideologien?

Antwort:
Selbstverständlich! Man kann sogar davon sprechen, daß die Erziehung die bestehende Weltanschauung und Ideologie widerspiegelt. Diese Anfälligkeit macht es notwendig, daß wir nach den zugrunde liegenden Weltanschauungen und Ideologien fragen. Wenn wir uns der weltanschaulichen Beweg- und Hintergründe bewußt werden und die Bedeutung und die Funktion des dazugehörigen Menschenbildes verstehen, ist es uns viel eher möglich, die Erziehung und den Erziehungsstil dem Wesen und damit den tatsächlichen Bedürfnissen des Kindes anzupassen.

Frage:
In Ihrer Arbeit erscheint die Vokabel »Selbsthilfe«. Glauben Sie, nach der Lektüre könnte sich eine Art therapeutischer Selbsthilfe organisieren?

Antwort:
Selbsthilfe dürfen wir nicht mit Therapie verwechseln. Selbsthilfe betrifft die Prävention sowie einzelne Maßnahmen im präklinischen bzw. vorärztlichen Bereich. Ähnlich wie für Patienten im Bereich der inneren Medizin Fitness-Trainingsprogramme bzw. Diätvorschriften gegeben werden, können Erziehungsprobleme oder Konflikte in der Partnerschaft über die Selbsthilfe angegangen werden. Ein wesentliches Ziel meines Buches ist es, den Leser für den oft stiefmütterlich behandelten Bereich psychosomatischer, psychischer Störungen in Verbindung mit Sinnfragen zu sensibilisieren und auf die Möglichkeiten der ärztlichen Betreuung hinzuweisen.

Frage:
Bleibt der Mensch sich nicht im Verlauf seiner Entwicklung in irgendeiner Weise gleich?

Antwort:
Der Mensch verändert sich. Das bedeutet, daß er irgend etwas haben muß, daß er sich selbst gleichbleibend die Veränderungen durchläuft.

Auch wenn wir uns an die Zeit erinnern, als wir Kinder und Jugendliche waren, sprechen wir davon: Das war ich, das bin ich, und das werde ich vielleicht sein. Wir wahren also trotz oft erheblicher Änderungen unsere Identität, die Konstanz einzelner Merkmale und damit die Möglichkeit, uns als Individuum überhaupt wahrzunehmen. Identität und Veränderungen sind nicht Widersprüche, sondern zwei sich ergänzende Momente.

Frage:
Was für eine psychologische Bedeutung hat denn überhaupt die Zeit?

Antwort:
Die Zeit besitzt eine mehrfache psychologische Bedeutung. Zunächst ist sie die Bezugsgröße des Bewußtseins. Denn erst durch die Verfügung über die Kategorien der Vergangenheit, Gegenwart und Zukunft erweist sich das Bewußtsein. Weiterhin besitzt die Dimension der Zeit eine zentrale Bedeutung für die Entstehung von Störungen: In diesem Sinn kann man drei Typen von Störungen in der Dimension der Zeit feststellen: die mumifizierende Flucht in die Vergangenheit; die aktionistische Flucht in die Gegenwart; die utopische Flucht in die Zukunft. Man kann sogar soweit gehen, Störungen des Körpers und der Umwelt als Störungen in der Dimension der Zeit zu betrachten.

Frage:
Haben die Konflikte, denen Sie in der psychotherapeutischen Situation begegnen, auch Bedeutung im Alltagsleben?

Antwort:
Aber natürlich. Die Psychotherapie vollzieht sich nicht im luftleeren Raum. Schließlich entstehen die Konflikte ja nicht in der psychotherapeutischen Praxis, sondern in der Regel gerade im Alltagsleben: Eheprobleme beispielsweise spielen zunächst eine Rolle in der partnerschaftlichen Beziehung, im Verhältnis zu sich selbst, hinsichtlich der übrigen sozialen Kontakte, also im Alltagsleben. Erst wenn sie zu erheblichen Störungen geführt haben, vielleicht verbunden mit einer psychischen oder psychosomatischen Symptomatik, werden sie Gegenstand der Psychotherapie. Die Einzelfälle, mit denen sich die Psychotherapie beschäftigen kann, sind lediglich die Spitze eines Eisberges zwischenmenschlicher Probleme und Konflikte, denen jeder von uns ausgesetzt ist.

Frage:
Was verstehen Sie unter Grundfähigkeiten? Wie können Sie behaupten, daß es Erkenntnis- und Liebesfähigkeit gibt und daß jeder Mensch sie besitzt?

Antwort:
Was wir als Grundfähigkeiten bezeichnen, findet sich in der Sprache

der Psychologie unter den Begriffen der Kognition bzw. des Denkens und der Emotionalität wieder. Kognition, Denken entspricht der Erkenntnisfähigkeit, Emotionalität der Liebesfähigkeit. Die Analogie der traditionellen psychologischen Begriffe (Kognition und Emotionalität) mit den Grundfähigkeiten geht sogar noch weiter: Kognition und Emotionalität sind die umfassenden und damit die grundlegenden Kategorien, mit denen ein Mensch entwicklungspsychologisch von der Geburt an, ja sogar schon vor der Geburt betrachten und untersuchen kann. Da wir in diesen Kategorien bestimmte und typische Entwicklungen verfolgen können, das heißt unterschiedliche Ausprägungen in den verschiedenen Entwicklungsstufen, lag es nahe, diese Kategorien nicht nur als Grundkategorien der Beobachtung, sondern vor allem als Grundfähigkeiten aufzufassen. Diese Grundfähigkeiten lassen sich in unterschiedlichsten Ausprägungen bis hin zu den Aktualfähigkeiten bei jedem Menschen – selbst bei organisch gestörten Menschen – feststellen. Im engeren Sinne betrachten wir den individuellen Ursprung dieser Entwicklungskette als die Grundfähigkeiten. Dieser Begriff ist zwar abstrakt, aber als Ursprung von konkret gegebenen Phänomenen empirisch und theoretisch zu erschließen. Insofern können wir sogar dann davon sprechen, daß ein Mensch über diese Grundfähigkeiten verfügt, wenn wir durch schwerwiegende organische Störungen ihre Auswirkungen nicht unmittelbar oder zumindest nicht mit den uns zur Verfügung stehenden Mitteln beobachten können. Dieser Fall kann jedoch als Grenzfall betrachtet werden, da selbst bei schwerwiegenden organischen Störungen Rudimente von kognitivem und emotionalem Verhalten feststellbar sind. Auf der Basis der Erkenntnisfähigkeit entwickeln sich vor allem durch kognitive Differenzierung die sekundären Fähigkeiten, auf der Basis der Liebesfähigkeit entwickeln sich je nach der Differenzierung der Emotionalität die primären Fähigkeiten.

Frage:
Ist es nicht zu optimistisch, wenn man sagt: Der Mensch ist seinem Wesen nach gut?

Antwort:
Jeder Mensch ist seinem Wesen nach gut, das ist gleichbedeutend mit dem Satz: Jeder Mensch hat die Chance, die Fähigkeit und die Möglichkeit – in bezug zu dem gesellschaftlichen Moralsystem und den religiösen Normen –, gut zu sein. Im Gegensatz zu der Aussage »Der Mensch ist seinem Wesen nach schlecht«, die letztlich aus irgendwelchen Gründen von Störungen und Konflikten ausgeht, geht die Aussage »Der Mensch ist seinem Wesen nach gut« von den Fähigkeiten des Menschen aus, die sich bei geeigneten Umwelteinflüssen konfliktarm und nach unseren Maßstäben positiv entwickeln können. Während

diese Einstellung eine Aufforderung an die Gesellschaft ist, ist die Annahme eines schlechten Menschen gleichbedeutend mit einer Verurteilung. Da das Urteil »gut« oder »schlecht« nicht nur vom Beurteilten, sondern auch von den Maßstäben des Beurteilers abhängt, sind diese in Frage zu stellen: Halte ich einen Menschen für schlecht, weil er körperlich meinen Erwartungen nicht entspricht? Halte ich ihn für schlecht, weil sein Verhalten mich beunruhigt? Halte ich ihn für schlecht, weil die anderen ihn für schlecht halten oder weil ich ein Verhalten von ihm generalisiere?

Frage:
Wo finden sich die Grundfähigkeiten?

Antwort:
Alle Menschen haben die beiden Grundfähigkeiten: die Erkenntnis- und die Liebesfähigkeit. Diese Fähigkeiten sind im Menschen vorhanden, »wie die Flamme in der Kerze verborgen ist und die Strahlen des Lichtes nur als Möglichkeiten in der Lampe vorhanden sind« (Bahá'u'lláh). Welche Fähigkeiten jedoch entwickelt oder gehemmt werden, hängt von dem Einfluß der Umwelt ab (Unterscheidung): »Der Glanz dieser Kräfte kann durch weltliche Einflüsse verdunkelt werden, so wie das Sonnenlicht unter dem Staub und Schmutz, die den Spiegel bedecken, verborgen ist« (Bahá'u'lláh). Diese mit der Wissenschaft übereinstimmende Überlegung hat ihre erheblichen Folgen für die Erziehung. Man kann sich nicht mehr darauf zurückziehen, daß etwas nur angeboren sei und man daher hilflos ihm gegenübersteht, sondern man ist verpflichtet, nach den Bedingungen zu suchen, unter denen eine Störung entstanden ist, und Möglichkeiten zu finden, sie zu beseitigen: »Es ist klar und offenkundig, daß sich die Lampe niemals entzünden wird, ehe nicht ein Feuer in ihr entfacht wurde, und der Spiegel das Bild der Sonne niemals wiedergeben, noch ihr Licht und ihre Pracht zurückstrahlen kann, ehe nicht der Schmutz von seiner Oberfläche entfernt wurde.« (Bahá'u'lláh).

Frage:
Es wird einerseits gesagt, daß alle Menschen etwas Gemeinsames haben, auf der anderen Seite wird behauptet, daß jedes Wesen einzigartig ist. Ist das nicht ein Widerspruch?

Antwort:
Jeder Mensch verfügt über die Grundfähigkeiten, die ihm eine große Bandbreite von Möglichkeiten offenlassen. Je nach den Bedingungen seines Körpers, seiner Umwelt und der Zeit, in der er lebt, werden sich diese Grundfähigkeiten differenzieren und zu einer unverwechselbaren Struktur von Wesenszügen führen.

Frage:

Die Beispiele, aber auch Ihre Theorie, beschäftigen sich mit sogenannten Kleinigkeiten, wie Ordnung oder Pünktlichkeit. Meinen Sie wirklich, daß diese Faktoren eine solche Bedeutung in unserem Leben haben?

Antwort:

In unserem täglichen Leben haben wir es immer wieder mit diesen sogenannten Kleinigkeiten zu tun. Vielleicht sehen wir sie nur deshalb als Kleinigkeiten an, weil sie uns in unserem täglichen Leben fortwährend begleiten. Jedoch ist festzustellen, daß oft weniger die großen traumatischen Erlebniseinbrüche von Bedeutung sind, sondern vielmehr kleinste Erlebniseinheiten schließlich zu einem Konflikt führen. Fortwährende Tropfen höhlen den Stein der Persönlichkeit und formen ihn. Die einmalige und situationsgerechte Aufforderung an ein Kind ist somit mitunter ein positiver Hinweis. Werden aber ständig dergleichen Aufforderungen wiederholt, entwickeln sich Aggressionen, Ängste und Abhängigkeiten. Um eine weitere Antwort auf Ihre Frage zu finden, möchte ich Sie auf Ihre eigenen Erfahrungen mit Konflikten hinweisen. Sie werden dabei immer wieder feststellen können, daß die Konflikte eigentlich in recht begrenztem Rahmen auftreten: Jemand kommt beispielsweise häufig zu spät; jemand legt besonderen Wert auf Ordnung und Höflichkeit, jemand ist ungerecht und selbstsüchtig, jemand ist verschwenderisch oder nicht genügend sauber ... Alle diese Haltungen prädisponieren Konflikte. Strukturell sieht dies folgendermaßen aus: Die im Laufe der individuellen Geschichte erlernten Erwartungen werden mit Verhaltensweisen eines Partners konfrontiert, die von diesen Erwartungen abweichen. Berücksichtigt man dieses Modell, wird man die Bedeutung der Aktualfähigkeiten adäquat einschätzen lernen.

Frage:

Welche Funktion haben die Aktualfähigkeiten?

Antwort:

1) Kategorien der Beschreibung;

2) Kategorien der Sozialisation: Innerhalb der Entwicklung des Individuums treten die Aktualfähigkeiten als dynamische Faktoren in Erscheinung;

3) Konfliktpotentiale: Die Aktualfähigkeiten werden als Erwartungen und Verhalten im Konflikt relevant;

4) Aktualfähigkeiten als normative Kategorien: Die Aktualfähigkeiten sind in diesem Sinne normative Regeln, die das Verhalten in Gruppen oder Gesellschaften betreffen. Sie sind soziologische Normen;

5) Ersatzreligion;

6) Maskierung;

7) Waffe und Schutz.

Störungen können sich aus einer Diskrepanz zwischen den Aktualnormen und den Aktualfähigkeiten entwickeln. Die Extreme eines derartigen Konflikts sind die Asozialen und Kriminellen. Abweichungen von den gruppen- oder gesellschaftsspezifischen Normen werden in der Regel bestraft: Gesetzesübertretungen und Übertretungen spezifischer Gruppennormen werden institutionell oder durch Gruppensanktionen behandelt: nicht rechtzeitig bezahlte Schulden, nicht auf Verkehrsordnung achten, nicht wahrhaftig sein, Beleidigungen, Veruntreuungen, Versprechungen und Verträge nicht einhalten usw. Die gesamte Rechtsprechung betrifft die Aktualnormen. Die religiösen Normen überlagern in der Regel die gesellschaftlich gültigen Normen und haben einen Verstärkereffekt. Sie beeinflussen einerseits das Muster der Aktualnormen in einer Gesellschaft, zugleich bringen sie diese Normen aber dem Individuum nahe. Über die religiöse Erziehung/weltanschauliche Erziehung werden die gesellschaftlichen, religiösen Aktualnormen in einen umfassenderen Sinnzusammenhang gebracht und als Gewissensnormen, sprich Ich-Ideal bzw. Über-Ich, übernommen. In diesem Sinne erhalten die Aktualnormen den Charakter von Aktualfähigkeiten: Sie sind im Individuum und in den zwischenmenschlichen Beziehungen unmittelbar wirksame Verhaltensregulative. Die Soziologie untersucht – ihrem Wissenschaftsverständnis gemäß – den Bereich der Aktualnormen. Die individuell und interpersonell wirksamen – im Verhalten und im Erleben sich manifestierenden Aktualfähigkeiten – werden von der Psychologie erfaßt. Die Psychotherapie hat in diesem Sinn mit den Konflikten zu tun, die sich im Verhältnis der Aktualfähigkeiten zueinander, der Aktualfähigkeiten und der Aktualnormen zueinander und in einem gewissen Ausmaß zwischen verschiedenen Aktualnormen abspielen.

Frage:
Welche Beziehung haben Aktual- und Grundfähigkeiten zueinander?

Antwort:
Die Aktualfähigkeiten entwickeln sich auf der Basis der Grundfähigkeiten, unterstützt oder gehemmt durch die Einflüsse von Körper, Umwelt und Zeit. Die Grundfähigkeiten sind in diesem Sinn vergleichbar mit dem Samenkorn, in dem die Fähigkeiten der Pflanze ruhen und aus dem sich entsprechend den Entwicklungsbedingungen die Pflanze entfaltet.

Frage:
Welche Beziehung besteht zwischen dem Grund- und dem Aktualkonflikt?

Antwort:
Die Störungen haben ihre Geschichte. Sie entstehen nicht aus dem Nichts, sondern haben ihre Bedingungen und Voraussetzungen. Tritt ein Problem auf, das gerade diesen Voraussetzungen entspricht, kann sich hier ein komplexer Konflikt entwickeln. Würde das Problem nicht auf so fruchtbaren Boden fallen, würde es als solches mitunter gar nicht bewußt werden. Ein Beispiel aus dem Alltagsleben: Über die Unordnung eines Kollegen werde ich mich nur ärgern, wenn Ordnung in meinem Erleben einen großen Wert besitzt. Daß die Ordnung für mich so bedeutsam ist, hängt mit den Erfahrungen zusammen, die ich in meiner Entwicklung mit der Ordnung gemacht habe. Diesen Komplex der Geschichte eines Konflikts nennen wir den Grundkonflikt, das jetzt auftretende aktuelle Problem erhält die Bedeutung des Aktualkonflikts.

Frage:
Ihr Buch ist sozusagen gewürzt mit orientalischen Weisheiten, die Sie in Form von Legenden oder Mythen erzählen. Welche Notwendigkeit sahen Sie für orientalische Fabeln? Worin sehen Sie den Sinn solcher Parabeln für den in Deutschland lebenden Patienten?

Antwort:
Die Darstellung orientalischer Fabeln ist nicht Selbstzweck. In meiner Praxis, in Seminaren und Vorträgen konnte ich immer wieder die Feststellung machen, daß gerade die Parabeln den Zuhörern oder Patienten entgegenkommen. Parabeln sind für mich Bilder in Sprache. Als solche unterstützen sie das Verständnis und haben zentralen didaktischen Wert. Was von mir zu Beginn nur als didaktische Hilfe benutzt wurde, fand bei den Patienten Resonanz. Erst durch sie wurde ich angeregt, die Parabeln auch in meinen Büchern zu verwenden.

Frage:
Sie behandeln eine Reihe von Mißverständnissen in Ihrer Arbeit. Welche Bedeutung haben die Mißverständnisse in der zwischenmenschlichen Beziehung?

Antwort:
Konflikte und Schwierigkeiten haben sicherlich in vielen Fällen eine materielle Ursache. Jedoch dürfen wir nicht übersehen, daß eine Reihe von Konflikten gerade darauf zurückgehen, daß Menschen sich gegenseitig nicht verstehen. Mit anderen Worten: Es liegen Mißverständnisse vor. Wir beurteilen unsere Partner und ihre Handlungsweisen nicht objektiv. Je nach den Erfahrungen, die man gemacht hat, der Tiefe der emotionalen Beziehungen und den Erwartungen, die man in einen Partner setzt, wird die Art, wie man ihn wahrnimmt, subjektiv getönt. So kann eine Kluft entstehen zwischen den Erwartungen, die man irgendeinem Partner gegenüber hat, und dessen Handlungen und Moti-

ven. In diesem Sinne gehen sehr viele Probleme, die oft schwerwiegende Folgen haben, auf Mißverständnisse zurück: Man verwechselt Bildung und Ausbildung, vergißt, daß es auch andere Normen und Wertvorstellungen gibt als die eigenen. Man übersieht, daß ein Partner nicht zeit seines Lebens der gleiche bleibt, sondern sich ebenso entwickelt wie man selbst. Man verwechselt Mensch und Tier. Was angeboren und erworben ist, wird nicht angemessen unterschieden. Die Einzigartigkeit und das Recht eines jeden auf Einzigartigkeit wird ignoriert. Man schließt von sich auf andere und vergißt, daß es andere Motive geben kann als diejenigen, die man dem Partner unterstellt. Man verallgemeinert von einem Erlebnis aus oder von einer Eigenschaft des Partners aus, entwickelt Vorurteile. Ein zur Zeit besonders aktuelles Mißverständnis betrifft das Verhältnis von Mann und Frau. Man verwechselt das Geschlecht als Folge der Natur und die Geschlechtsrolle als Folge der Erziehung. Ein weites Feld der Mißverständnisse betrifft die intensivste Form der partnerschaftlichen Beziehung, die Liebe. Zu teilweise folgenschweren Konflikten führen die Verwechslung von Glaube – Religion und Kirche. Die Einstellung eines Menschen zu seinen Entwicklungsmöglichkeiten hängt mit davon ab, ob er zwischen dem bestimmten und dem bedingten Schicksal zu unterscheiden gelernt hat. Selbst der Tod kann zu einem Mißverständnis werden, wenn man nämlich übersieht, daß es einen Unterschied zwischen dem Tod als unabwendbarem Ereignis und der Einstellung zum Tod gibt.

Frage:
Viele Probleme haben ihre Ursache in der Sexualität. Wie stehen Sie als Psychotherapeut dazu?

Antwort:
Es erscheint mir sehr wichtig, die partnerschaftlichen Konflikte auf eventuell zugrunde liegende Mißverständnisse abzuklopfen. Gerade sie sind der zentrale Ansatzpunkt der differenzierungsanalytischen Psychotherapie. Ein zentrales Mißverständnis auf dem Sektor der Sexualität ist, daß man dazu neigt, Sex, Sexualität und Liebe miteinander zu verwechseln und diese isolierten Bereiche zum Kriterium der Partnerschaft erhebt oder zumindest der Erwartung, wie eine Partnerschaft sein sollte.

Frage:
Wenn die Erziehung eine so wichtige Rolle spielt, worauf bezieht sie sich inhaltlich?

Antwort:
Inhaltlich wird wichtig, daß sowohl die Wissensinhalte als auch die emotionalen Bindungen, ausgedrückt durch Ausbildung (Erkenntnisfähigkeit) und Bildung (Liebesfähigkeit), gleichermaßen zu ihrem

Recht kommen. Es reicht nicht, wenn der Vater ein Musterbild an Pünktlichkeit, Zuverlässigkeit und Höflichkeit ist, aber dem Kind die Möglichkeit nimmt, ehrlich seine Meinung zu sagen. Es reicht auch nicht, wenn die Mutter ordentlich und sauber ist, aber dem Kind gegenüber ungeduldig. Wenn Bildung und Ausbildung in der Erziehung nicht integriert werden, engt sich das Gesichtsfeld ein. Man wird entweder zu einem Leistungstyp oder zu einem weltfremden Idealisten, der wenig Beziehung zu seinem Beruf und täglichen Anforderungen hat. Ein Beispiel mag diese Einseitigkeit belegen: »Bei uns zu Hause galt: ›Hast du was, dann bist du was!‹ Die einzigen Gäste, die wir hatten, waren Geschäftsfreunde meines Vaters. Spielen und Freizeit galten als Zeitverschwendung. Statt dessen mußten wir immer nur lesen und arbeiten. Bevor ich überhaupt zur Schule ging, beherrschte ich Schreiben und Lesen und bekam von meinen Eltern jeden Tag Hausaufgaben auf. Meine Mutter achtete darauf, daß ich in Schönschrift schreibe. Wenn etwas nicht richtig klappte, sprach sie über eine Stunde kein Wort mit mir. Obwohl ich immer einer der Besten war, hatte ich die Schule satt, durfte es mir aber nicht anmerken lassen, sonst hätte es wieder Ärger gegeben. Für meine Eltern war es wichtig, daß ich Akademiker werde. Mein Beruf macht mir zwar Spaß, aber ich habe keine Beziehung zu anderen Menschen« (42jähriger Akademiker mit Depressionen).

Erziehung bedeutet, wie der Name Er-Ziehung sagt, nicht nur Hineinstecken von gutem Benehmen und Wissen. Es bedeutet vielmehr, das, was als Möglichkeiten und Fähigkeiten in dem Kind angelegt ist, gemäß dem Prinzip der Entwicklung zu unterstützen, zu pflegen und zu fördern. So wie ein Samenkorn über eine Fülle von Fähigkeiten verfügt, die durch die Umwelt, wie z. B. den Boden, den Regen, den Gärtner usw., entfaltet werden, entwickelt auch der Mensch seine Fähigkeiten in enger Beziehung zu seiner Umwelt. Um das Bild des Samenkorns zu erweitern: Die Entwicklung eines Menschen ist vergleichbar mit der Entwicklung einer Pflanze. Wohl braucht die Pflanze Sonne, Luft, Wasser, Erde und die schützende Hand eines Gärtners. Doch ist die Pflanze nicht das bloße Ergebnis dieser Entwicklungsbedingungen. Vielmehr gestalten diese die Entfaltung der in der Pflanze angelegten Fähigkeiten. Mit anderen Worten: Die äußere Umwelt ist nicht die Ursache. Sie ist jedoch von entscheidender Wirkung auf die Entwicklung und Entfaltung des Kindes. Sie bestimmt, was unterdrückt oder was gefördert wird. Sehr leicht wird Erziehung gleichgesetzt oder verwechselt mit der Ausbildung. Ausbildung bedeutet das Sammeln und Anhäufen von Informationen und Wissensstoffen, die es erlauben, im täglichen Leben und Wettbewerb zu bestehen. Auch hier werden die menschlichen Fähigkeiten und Tugenden ausgebildet.

Frage:
Fleiß und Leistung sind Voraussetzungen dafür, daß es uns gut geht.
Wie kann man überhaupt davon sprechen, daß man zu fleißig ist?
Antwort: Dabei ist folgendes zu beachten: Es kommt weniger auf das
Zuviel an Fleiß an, sondern auf das Zuwenig an anderen Aktualfähig-
keiten. Das Kind des arbeitswütigen Vaters leidet nicht so sehr unter
dem Fleiß des Vaters, sondern vielmehr unter dem Mangel an Zeit,
Geduld und Kontakt des Vaters ihm gegenüber.
Frage:
Die einen sagen, daß viele Erziehungsschwierigkeiten auf einen Mangel
an Liebe zurückgehen. Die anderen sagen, daß dafür das Fehlen von
Strafe verantwortlich sei. Wie verhält sich Liebe und Gerechtigkeit?
Antwort:
»Du hast dich höflich benommen, dafür darfst du länger aufbleiben.«
»Nachdem du mich belogen hast, kannst du dir irgend jemand anderen
suchen, der mit dir spielt.« »Man kriegt das, was man verdient hat.«
»Du bist fremdgegangen, also habe ich auch das Recht, fremdzuge-
hen.« »Sie haben Ihren Pflichten nicht genügt. Sie existieren für mich
nicht.«
Diese Beispiele basieren auf dem Prinzip der Gerechtigkeit, nach dem
eine Leistung gegen eine andere aufgewogen wird. Gerechtigkeit ist
eine Grundform der Erziehung, bei der die einzelnen aktuellen Fähigkeiten und Leistungen im Vordergrund stehen.
Den Gegenpol dazu stellen folgende Aussagen dar: »Ich bin immer für
dich da und gebe dir alles, was ich habe, gleichgültig, was du mir gibst.«
»Ich habe Vertrauen zu dir und hoffe auf dich.«
Diese Aussagen sind Aussagen der Liebe. Liebe ist das Zeichen der
positiven emotionalen Zuwendung und umfaßt den Menschen als Ganzes. Man baut nicht auf bestimmte Eigenschaften, Fähigkeiten und
Eigenarten auf, sondern meint den Träger dieser Eigenschaften: »Ich
liebe dich, weil du du bist.« »Wenn mein Sohn unordentlich ist, sehe
ich das gar nicht.« »Mein Mann hat sehr wenig Zeit. Ich sage es ihm
nicht, ich möchte ihm nicht weh tun.« »Gleichgültig, was er macht, ich
liebe ihn doch.«
Es ist richtig, Forderungen im Sinne der Gerechtigkeit an das Kind zu
stellen. Das Kind erwartet sogar diese Forderung. Versagt aber das
Kind, ist es nötig, zwischen der mangelnden Leistung des Kindes und
ihm selbst zu unterscheiden. Das heißt: Ich nehme dich so, wie du bist,
auch wenn du jetzt in diesem Bereich versagt hast. Ich weiß, daß du aus
deinen Fehlern lernen kannst, und ich werde meinerseits aus meinen
Fehlern lernen. Religionshistorisch ist die mosaische Religion Vertreterin des Prinzips der Gerechtigkeit: »Aug' um Aug', Zahn um Zahn.«

Die christliche Religion kann als Vertreterin des Prinzips der Liebe gelten: »Wenn ich mit Menschen- und Engelszungen redete, hätte aber der Liebe nicht, so wäre ich wie ein tönendes Erz oder eine klingende Schelle« (1. Korinther, 13.1).

Die Entwicklung der Zeit erfordert eine Integration des Prinzips der Gerechtigkeit und Liebe. Diese Integration von Gerechtigkeit und Liebe ist eines der Grundprinzipien der Bahá'i-Religion, nicht nur in der Erziehung und in der Ehe, sondern auch in der gesellschaftlichen Ordnung und der Religion: »O Sohn des Seins! Traue keiner Seele zu, was du dir selber nicht zugetraut hättest, und sprich nicht von dem, was du nicht ausführst. Dies ist mein Gebot an dich, so gehorche ihm« (Bahá'u'lláh).

Frage:
In welchem Zusammenhang steht für Sie Angst, Aggression und Nachahmung?

Antwort:
Die typischen Konfliktreaktionsmuster Angst – Aggression und Nachahmung erscheinen dabei in einem anderen Licht: *Angst* ist eine weitgehend sinnvolle Reaktion. Sie soll helfen, Kränkungen zu vermeiden. Das, was Kränkung ist, ist jedoch keine Naturkonstante, sondern ist über soziale Erfahrungen gelernt. So können wir Ängste unterscheiden, die dadurch sinnvoll sind, daß sie helfen, realen Bedrohungen aus dem Weg zu gehen, und Ängste, die diesen Realitätsbezug verloren haben die als Relikt früherer beeindruckender Erfahrungen zurückgeblieben sind. Schließlich kann auch die Angst sich so weitgehend von ihren Bedingungen gelöst haben, daß sie unabhängig von der Erkenntnisfähigkeit als Ausfluß der Liebesfähigkeit erscheint. Sie ist hier vor allem verständlich als soziales Signal, als Appell, als Wunsch nach einem ausreichend sicheren Gefühl der Geborgenheit, Sicherheit und Schutz, unabhängig davon, ob die Angst durch äußere und innere Bedingungen ausgelöst wird. Die Angst, die oft weniger eine Angst vor dem Bekannten, als vor dem Unbekannten ist, die uns bedroht, wenn wir die von uns geschaffenen Sicherheiten aufgeben, wird qualitativ verändert: Auch wenn wir nichts mehr zu haben scheinen, sind wir doch noch im Besitz unserer Grundfähigkeiten und können auf sie zurückgreifen.

Aggression: Ähnliches findet sich für die Aggression, die zwar einerseits eine bedeutsame triebhafte Komponente besitzt, die aber vor allem eine Funktion zu haben scheint: Kränkungen abzuwehren und den subjektiven Wertverlust durch Frustrationen mit Hilfe einer auf Omnipotenzgefühle zurückgreifenden Flucht nach vorn zu verhindern.

Die Wahrnehmung der Erkenntnis- und Liebesfähigkeit bei sich selber erlaubt es, auf andere Kompromißbildungen zurückzugreifen als auf die der zerstörerischen Aggression. Jeder Mensch ist kränkbar. Diese Erfahrung müssen wir uns deutlich machen, was auch bedeutet, Kränkbarkeit auch bei Menschen wahrnehmen zu können, die sich meist aus einer fundamentalen Angst davor als unkränkbar darstellen. Diese Kränkbarkeit ist selber ein Ausdruck der Liebesfähigkeit, wie auch die Aggression aus der Liebesfähigkeit entspringt. Während die Kränkbarkeit die passive Dimension der Liebesfähigkeit darstellt, ist die Aggression ihr aktiver Anteil. Nur bedeutet Aggression hier nicht notwendig das Zerstören von etwas, sondern zunächst das aus sich heraus- und auf jemanden oder etwas zugehen, was immer auch mit einer Veränderung von Bestehendem verbunden ist. In diesem Sinn ist die Aggression ein Mittel der Kommunikation: Statt einfach sitzen zu bleiben, wenn ein Mensch zu mir kommt, auf ihn zuzugehen, ihn zu umarmen und ihm damit Sympathie auszudrücken ist also auch eine Form der Aggression, die wir der Einfachheit halber die positive Aggression nennen. Dieses Beispiel, das für die meisten gerade das Gegenteil von Aggression sein wird, macht doch Anteile von Aggression und Kränkbarkeit deutlich. Distanz bedeutet für die meisten erwachsenen Menschen, vor allem im Abendland, ähnlich Sicherheit, wie in der frühkindlichen Zeit Nähe gleichbedeutend mit Sicherheit war. Die Erfahrung, die sich im Verlauf der Differenzierung der Erkenntnisfähigkeit in der Auseinandersetzung mit der sozialen Umgebung herausbildete, hat im Laufe der Zeit zu Differenzierungen geführt, die Nähe allenfalls in dem Bereich sexueller Intimität zulassen, sie aber ansonsten als Gegenteil von Stärke verdächtigen. Vor einem solchen Hintergrund ist das Auf-jemanden-zugehen, das Durchbrechen seiner Sicherheitsdistanz eine mitunter schwerwiegende Aggression – vielleicht auf der Senderseite, mit Sicherheit aber auf der Seite des Empfängers, den wir uns als typischen Vertreter der sozialen Mittelschicht des europäischen Kulturkreises vorstellen können. Hier kommt ein weiteres Moment hinzu, das uns hilft, unseren Wunsch, auf andere zuzugehen, deren Bedürfnissen anzupassen. Das Einfühlungsvermögen, das wir uns als eine Synthese von Erkenntnis- und Liebesfähigkeit vorstellen können.

Einfühlung bedeutet, die eigenen Bedürfnisse wahrzunehmen und die Gefühle, die die Reaktion unseres Partners in uns selber auslöst. Sie erlaubt uns, behutsam mit ihm umzugehen, wenn wir seine Schutzbedürftigkeit empfinden, und ihn zu fordern, wenn wir spüren, daß er seinerseits auf uns zugeht. Die Erkenntnisfähigkeit bedeutet damit ein differenzierteres Umgehen in emotionalen Situationen, aber auch das Lernen durch Einsicht, das es einem ermöglicht, Kränkungen wahrzunehmen, sie mit dem Partner und mit sich selbst durchzuarbeiten und nach Wegen zu suchen, nicht um wiedergutzumachen, sondern um es anders, besser zu machen.

Diese Prozesse von Kränkbarkeit und Aggression verlaufen vielschichtig. So ist es nicht nur meine Sache, daß ich Kränkungen von mir fernhalten möchte oder andererseits aus Angst vor Schuldgefühlen, die gewissermaßen eine Art moralischer Gewissenskränkung darstellen, auf Aggression verzichte. Durch meinen eigenen Umgang mit diesen beiden Dimensionen bin ich zugleich *Vorbild (Modell)* für die Menschen meiner Umgebung. Das heißt, durch mein Verhalten, wie auch immer es aussehen mag, biete ich den anderen Lernerfahrungen, bin Lehrer, Erzieher. Dies gilt wohl besonders für Eltern und Lehrer, im weiteren für Menschen im therapeutischen Bereich, jedoch letztlich potentiell in allen sozialen Beziehungen. Diese Wirkung des Vorbildes hat wiederum viel mit dem Sinn zu tun, den man einem Verhalten oder seinem ganzen Leben zuordnet. Das Vorbild ist als Ich-Ideal eine Projektion von Ziel- und Wunschvorstellungen, die meinem Ich sehr nahestehen, in die Zukunft projiziert. Psychodynamisch gesehen basiert diese Vorbildprojektion auf der frühen Eltern-Kind-Beziehung, in der die Eltern als omnipotent, allmächtig erlebt werden und ein Nachahmen von ihnen ebenfalls Anteil an dieser Allmächtigkeit verleiht. Dies macht auch deutlich, weshalb auch spätere Projektionsakzente mitunter verbissen verteidigt werden oder ihr Verlust tiefste Trauer und das Gefühl der Sinnlosigkeit hervorrufen. Beispiele hierfür finden sich bei allen typischen Massensituationen, in denen eine Identifikation mit einer Führerfigur – dem allmächtigen Ersatz für den letztlich doch enttäuschenden Vater – stattfindet und das Ich, vor allem das moralische Ich, diese Identifikation aufgibt. Ein Beispiel dafür, das mich zur Zeit zutiefst berührt, sind genau diese Erscheinungen in meinem Geburtsland. Die Geschichte bietet dafür genügend Beispiele der Idolatrie, in denen Idole zur kollektiven Ersatzreligion aufgebaut wurden, mit allen ihren schrecklichen Konsequenzen, welche die Behauptung der eigenen Überwertigkeit fordert. Ebenso, wie ich Lehrer bin, bin ich auch Schüler und lerne dadurch, wie mein Gegenüber auf mich reagiert und welches Modell des Umgangs mit sich selber und seiner Umgebung mein Partner für mich bietet. Es besteht also ein fortwährender vielschichtiger Prozeß des Lernens und Lehrens, der eine aktive und eine passive Seite der Erkenntnisfähigkeit präsentiert.

Frage:

Warum ist es häufig so, daß Eltern bemüht sind, das Beste für ihre Kinder zu tun, und diese ihnen trotzdem große Schwierigkeiten machen?

Antwort:

Wir wollen versuchen, diese zentrale Frage durch ein Beispiel noch deutlicher zu machen. Fall: Eine 35jährige Frau lebt mit ihrer 62jährigen Mutter zusammen. Bei der Tochter wurde von manchen Fachleuten die Diagnose Schizophrenie gestellt. Seit Jahren steht sie unter medikamentöser Behandlung. Die Lebensgeschichte zeigt, daß die Patientin trotz ausreichender Intelligenz keinen Beruf gelernt hat. Statt dessen half sie der Mutter immer im Haushalt. Zwischen Mutter und Tochter bestand eine verschworene Gemeinschaft, seitdem sich der Vater vor 28 Jahren von der Familie getrennt hatte. Die Mutter hatte ihrer Tochter immer alle Schwierigkeiten aus dem Weg geräumt, sie aber zugleich an ihrer eigenständigen Entwicklung gehindert. Die Mutter ist eine sehr intelligente und resolute Dame. Ein Ausschnitt aus einem Dialog zwischen Mutter und Tochter: Mutter: Komm, das Essen ist fertig. Tochter: Ja, Mutti, ich komme. Tochter: Mutti, es schmeckt sehr gut. Mutter: Dann iß doch! Zwei Tage später: Mutter: Du bist in der letzten Zeit richtig dick geworden, beinahe häßlich siehst du aus. So wie du aussiehst, bekommst du keinen Mann. Mit einem Beruf draußen wird es bei deinem Aussehen auch nicht so leicht klappen. Tochter: Ja, Mutti, du hast recht. Am darauffolgenden Tag: Mutter: Komm, das Essen ist fertig. Tochter: Sie ißt einige Löffel, legt dann den Löffel weg. Mutter: Warum ißt du nicht, das schmeckt dir wohl nicht. Tochter: Ich will etwas weniger essen, ich möchte abnehmen. Mutter: Für wen koche ich denn, auf ein bißchen kommt es außerdem nicht an. Tochter: Nein, ich bin zu dick, ich will abnehmen. Mutter: Du bist frech und undankbar. Warum hast du die Haare nicht gekämmt? Tochter: Ich sagte dir, ich will abnehmen. Du kannst mich nicht überreden. (Mutter weint, greift sich ans Herz.) Sie atmet schwer: Ich bin am Ende, ich bin am Ende. Die Tochter bemüht sich um die Mutter und ißt, nachdem sich die Mutter beruhigt hat, den ganzen Teller leer. An den darauffolgenden Tagen ißt die Tochter gut, daß die Mutter keinen Grund hat, sich zu beschweren. Sie ist gehorsam. Jedesmal, wenn die Tochter versucht, ihren Willen gegen die Anordnungen der Mutter durchzusetzen, sucht die Mutter die Flucht in die Krankheit, im gleichen Stil, wie im oben beschriebenen Dialog. In dem Dialog wird offenkundig, daß die Handlungsweisen der Mutter (sie möchte für das leibliche Wohl ihrer Tochter sorgen) gut gemeint sind. Dieser gute Wille erscheint jedoch eingeschränkt durch andere Tendenzen, die für beide Betroffene unbewußt sind. Die Tochter sieht ein, aufmerksam gemacht durch die aggressive Äußerung der Mutter, daß sie zu dick ist und daß sie damit privat und beruflich Nachteile zu erwarten hat. Konsequent möchte sie abnehmen. Von der Seite der

Mutter kommen folgende Tendenzen ins Spiel: Sie möchte die Tochter für sich behalten, zumal die anderen zwei Töchter an einem anderen Ort wohnen. Die Abmagerungsversuche der Tochter mußten von diesem Gesichtspunkt als der Versuch gesehen werden, einen Mann zu finden oder einen Beruf zu ergreifen, mit anderen Worten, sich aus der Enge der Beziehung zur Mutter lösen. Die Rückweisung der Nahrung wurde von der Mutter so aufgefaßt, als wäre sie selber zurückgewiesen worden. Um dem zu begegnen, mußte die Tochter wieder dazu gebracht werden, so viel wie möglich zu essen, wodurch wiederum die objektive Abhängigkeit von der Mutter verstärkt wurde. Hier zeigen sich unter der guten Absicht der Mutter tiefer liegende unerfüllte Wünsche, Erwartungen, Ängste und Aggressionen. Es bestand der Wunsch, nicht allein und verlassen zu sein. Zugleich sollte die Tochter das tun, was die Mutter sich wünschte und wie sie es sich vorgestellt hatte.

Frage:
Kann man das, was man versäumt hat, nachholen?

Antwort:
Die Einzigartigkeit der Fähigkeiten eines jeden Menschen hängt ab von der Dimension der Zeit und den mit ihr verbundenen Umständen und Bedingungen. Jedes Verhalten eines Menschen wird in Beziehung zur jeweiligen Situation beurteilt: Ein Mensch kann morgen, übermorgen oder nächstes Jahr bei veränderter Umweltsituation ein anderes Verhalten zeigen. Er kann Pech gehabt haben. Er ist deswegen noch lange kein Pechvogel. Wird die Einmaligkeit verkannt, verwechselt man ein situativabhängiges Verhalten eines Menschen mit dessen Wesen. Man unterscheidet nicht zwischen Handlung und Persönlichkeit. Dies bedeutet, daß man zu einer Eigenschaft, die man jetzt hat, nicht in aller Zukunft verurteilt zu sein braucht. In gleicher Weise wie der Beurteilte sind der Beurteiler und das Urteil selber von der Zeit und ihren Bedingungen abhängig. Jemanden, den man bis gestern gehaßt hat, kann man heute wieder schätzen, sogar lieben, wenn sich die Umstände ändern. Ein Wunsch, der bisher immer versagt blieb, kann in Erfüllung gehen, wenn es die Umstände der Zeit erlauben. Etwas, was man bisher nicht gelernt hat, kann man lernen.

Frage:
Sie meinen also, daß die gute Absicht von unbewußten psychischen Vorgängen abhängt?

Antwort:
Das Kind ist jedoch nicht das Spielzeug der Eltern und der Partner nicht das Mittel, um sich unerfüllte Wünsche zu verwirklichen. Es ist daher angezeigt, daß man seine eigenen, meist gut gemeinten Absichten auf ihren unbewußten Hintergrund untersucht.

Frage:
Sind nicht jedem Menschen Grenzen gesetzt?

Antwort:
Mit einem solchen Gültigkeitsanspruch ist diese Aussage sicherlich nicht richtig. Über die Veränderbarkeit besagt Einmaligkeit etwas anderes. Auch wenn sich viele Ereignisse und Erlebnisse abändern lassen, steht dem Menschen innerhalb seiner Entwicklungszeit nur eine begrenzte Zeit zur Verfügung. Einmal ist die Zeit des Lebens begrenzt. Zum anderen steht für die Entwicklung der menschlichen Fähigkeiten nur ein bestimmter Zeitraum zur Verfügung. Wird diese Zeit übergangen, hat man oft große Schwierigkeiten, das Versäumte nachzuholen. In bestimmten Fällen ist ein Nachholen aus eigener Kraft nicht möglich. Ein Akademiker, dessen Frau sich nach einem Ehebruch hat scheiden lassen, bekam schwere Depressionen, als sich seine geschiedene Frau mit einem anderen Mann wieder verheiratete. Der Patient entwickelte starke Schuldgefühle und versuchte nun, seine geschiedene Frau wieder umzustimmen, um sie wieder zu heiraten. Er hatte dabei ganz übersehen, daß sich die Situation grundlegend gewandelt hatte. Es war nicht mehr möglich, zu seiner geschiedenen Frau die gleichen Beziehungen aufzunehmen, die vor dem Ehebruch bestanden hatten. Er konnte wohl Konsequenzen ziehen, jedoch nicht bei seiner ehemaligen Frau, sondern bei einer neuen Bekanntschaft. Der Patient ist seit zwei Jahren wieder glücklich verheiratet, und es besteht keine Beziehung zu der geschiedenen Frau.

Frage:
Können Männer wie Frauen gleiche Rechte in der Gesellschaft haben? Läßt sich das überhaupt praktisch durchführen?

Antwort:
Die Erwartungen der Eltern hinsichtlich des Geschlechts des Kindes und seiner Geschlechtsrolle können sein Schicksal entscheidend bestimmen: »Ein Junge weint nicht«, »Du bist doch kein Mädchen«, »Ein Mädchen wartet, bis es gefragt wird«, »Der Junge hat im Garten zu arbeiten, das Mädchen in der Küche«. Geschlechtsstereotype wirken sich auch bei der Ausbildung und der Berufswahl aus. Den wohl größten Einfluß auf die Einstellung zum anderen Geschlecht besitzt allem Anschein nach das Vorbild der Eltern, wie sich der Vater gegenüber der Mutter oder die Mutter sich dem Vater gegenüber verhält: »Mein Vater hat meine Mutter wie ein Dienstmädchen behandelt.« »Es hat mich viel Nerven gekostet, bis ich meine Einstellung zu meiner Frau einigermaßen ändern konnte.« Wenn die Frauen die gleichen Vorzüge in der Erziehung genießen wie die Männer, so wird sich zeigen, daß beide, Mann und Frau, ähnliche Fähigkeiten besitzen und sich gleichermaßen zur Bildung eignen.

Frage:

Was hat Glaube mit Psychotherapie zu tun?

Antwort:

Glaube wird in unserer Zeit zumeist mit Kirche und Religion und dem Leben nach dem Tode assoziiert, obwohl die Funktion des Glaubens viel weiter reicht. Glaube als die Fähigkeit, mit Personen oder Objekten oder auch mit der Zukunft positiv in Beziehung zu treten, ist eine Grundkategorie des sozialen Verhaltens. Auch im Verhältnis zu mir selbst spielt der Glaube eine bedeutende Rolle. Denn bevor ich mich selbst akzeptieren kann, muß ich anders als ablehnend mit mir in Beziehung treten. Diese Grundfunktion findet sich in der partnerschaftlichen Beziehung, in sozialem Verhalten und in der Beziehung zur Religion wieder. Glaube ist somit ein grundlegendes psychisches Phänomen, das der Gegenstand der Psychotherapie werden kann und deshalb nicht tabuisiert werden sollte, weil es in assoziativer und inhaltlicher Nähe zur Religion steht. Wir haben es hier mit psychischen Erscheinungsbildern zu tun, die wir auch als solche behandeln.

Frage:

Ist nicht Glaube nur eine Sache von Leuten, die das Glück oder Unglück haben, diese Fähigkeit zu besitzen?

Antwort:

Wir alle haben eine Art kosmischen Hunger, ein Bedürfnis, zu allen Dingen, einschließlich der Unendlichkeit des Alls, in Beziehung zu treten. Somit ist Glaube ein wesenhafter Ausdruck unseres Lebenszweckes, das Unerkennbare zu erkennen und zu lieben. Glaube kann allgemein als die Fähigkeit jedes Menschen betrachtet werden, die es ihm erlaubt, zu den Dingen, zu den ihm unbekannten Dingen der Vergangenheit, Gegenwart und Zukunft in Beziehung zu treten. So glaubt man, die Prüfung auf sich zu nehmen. Man glaubt an die Fähigkeiten eines Kindes, die man nicht sieht. Dieser Glaube, diese Haltung bewirkt, daß man sich dem Kind so gegenüber verhält, daß es diese seine Fähigkeiten mit der Zeit entwickeln kann. Man glaubt an eine Theorie und fühlt sich durch diesen Glauben verpflichtet, sie auf ihren Wahrheitsgehalt zu prüfen und so fortzuführen. Man glaubt an das Unbekannte und Unerkennbare und verhält sich so, daß man ihm gegenüber in Beziehung treten kann. Die Fähigkeit, an einen Menschen zu glauben, bedarf zu ihrer Entwicklung des Kontaktes mit einem Mittler, einer Bezugsperson, die einen lehrt, wie und unter welchen Bedingungen man anderen Menschen glauben und ihnen vertrauen darf. Der religiöse Glaube bedarf der Religionsstifter, Religionen und religiösen Institutionen, damit das Feuer des Glaubens entfacht werden kann.

Frage:
Viele der heutigen Menschen sind von der Religion enttäuscht. Hat dann Religion überhaupt noch eine Chance?

Antwort:
Die heutigen scheinbaren Verfallserscheinungen des religiösen Lebens, wie Massenaustritte aus der Kirche und intellektueller Widerstand gegen religiöse Wahrheiten und Werte, sind als ein Teil eines Einschmelzungs- und Auflösungsprozesses aufzufassen (das Gesetz der Entwicklung), dessen tiefere Ursachen nicht in einer »religiösen Schwäche«, wie viele Fachleute annehmen, sondern in einer »Unterscheidungsschwäche« zu suchen sind. Es handelt sich hier eher um ein gesteigertes religiöses Leben, das von seinen naiven Äußerlichkeiten abgelöst werden muß, damit später eine echte Substanz weiter wachsen kann: Lerne zu unterscheiden zwischen Glauben, Religion und Kirche.

Frage:
Was haben alle Religionen gemeinsam?

Antwort:
Jede Religion weist etwa sieben Attribute auf, die sich auch in der primitivsten Form des religiösen Verhaltens wiederfinden.

1. Die Vorstellung eines Schöpfers, die sich inhaltlich entsprechend der Vorstellungskraft des Menschen erweitert.
   Sieben verschiedene Epochen in der Entwicklung von Gottesvorstellungen sind zu nennen: die Zauberei, Magie; Animismus, Glaube an die Beseeltheit der Natur; Polytheismus, Glaube an eine Vielzahl von Göttern; Priesterkönig, Verehrung einer Verbindung von Menschen; Priester und Gott; Monotheismus, Glaube an einen Gott. So unterschiedlich diese Gottesvorstellungen auch sein mögen, gemeinsam ist ihnen die Suche nach dem Unbekannten, dem Schöpfer.
2. Das Leben nach dem Tode: Dieses Charakteristikum der Religionen beinhaltet eine grundlegende Hoffnung des Menschen, die sich auf eine Einheit in der Schöpfung, eine Verbindung von »Diesseits« und »Jenseits« bezieht. Auch dieser Teil unterliegt inhaltlich geschichtlichen Wandlungen, während seine Struktur letztlich gleich bleibt: »O Sohn des Seins! Prüfe dich selbst jeden Tag, ehe du zur Verantwortung gezogen wirst. Denn unerwartet kommt der Tod, und dann wirst du für deine Taten Rechenschaft ablegen müssen« (Bahá'u'lláh).
3. Das 3. Prinzip, in allen Religionen zu finden, ist das des Gebetes und der Meditation, des Opferns und des Fastens. Es findet sich in unterschiedlichen Formen: In früheren Zeiten opferte man Tiere, Nahrungsmittel, Menschen usw. In einigen Religionen hat sich dieses Ritual auf symbolischer Ebene erhalten. War der Sinn des Opferns in

früheren Zeiten mehr auf das Wohlergehen des Stammeskollektivs gerichtet oder darauf bezogen, eigene Ziele oder die der Familie zu erreichen, ist er heute notwendigerweise auf die gesamte Menschheit gerichtet.

Die Wirkung von Gebet und Meditation beschränkt sich nicht auf die beiden Bereiche von Körper und Seele, sondern eine weitere Wirkungsdimension, die Beziehung zum Unerkennbaren anzunehmen. Jeder, der einen anderen liebt, versucht mit ihm auf irgendeine Art und Weise in Beziehung zu treten. Ebenso verhält es sich mit der menschlichen Fähigkeit, Gott zu lieben.

4. Alle Religionen bestätigen in ihren Lehren die früheren Religionen. Die verschiedenen Religionsstifter zu den verschiedenen Zeiten sind daher keine Rivalen, die sich gegenseitig die Wahrheit ihrer Offenbarung absprechen wollen, sondern sie sprechen von der gleichen Wahrheit, welche absoluten Charakter besitzt. Sie sprechen von einem Gott und von einer Wahrheit.

   Daß ihre Erscheinungsform, ihre Sprache, ihre Gebote und Verbote sich unterscheiden, hat letztlich nichts mit dieser Wahrheit zu tun, sondern ist Folge der unterschiedlichen Bedingungen und Bedürfnisse einer Zeit.

5. Das fünfte Prinzip betrifft die Tatsache, daß jede Religion verbunden ist mit Normen und Werten, die das Verhalten der Gläubigen und ihre Werthaltungen bestimmen sollen. Diese Normen dienen vor allem der Regelung des zwischenmenschlichen Verhaltens und haben ihre Auswirkungen auf die gesamte betroffene Kultur. Der Wandel und die Entwicklung der Gesellschaft bedingen die Notwendigkeit eines Wandels der Normen, Gesetze und Gebote.

6. Jede zeitgemäße Religion bringt nicht nur neue Normen mit sich, sondern trennt für die vorhergehende Religion den wesentlichen Kern von dem, was im Laufe der Zeit als äußere Schale entstand. Im Laufe der Geschichte einer Religion hat sich durch von Menschen gemachte und hinzugefügte Dogmen, zweckdienliche Faktoren, die übertrieben worden sind, veraltete Normen und Werte, Kompromisse, naive oder bewußte Fehlinterpretationen, verdrehte Auffassungen und die Sakralisierung von Profanem und Begrenztem das Verhältnis von erstrangiger und zweitrangiger Religion verschoben. Die Menschen dieser Zeit wissen nicht mehr, was wahre Religion und was Zierat ist. Damit ist zugleich gesagt, daß die neue Religion der Maßstab für die Werte der vorhergegangenen ist und nicht umgekehrt.

7. Jede Religion weist in ihren Lehren auf die Zukunft. Prophezeiungen in irgendeiner Form sind daher als ein weiteres Kennzeichen

von Religionen aufzufassen. Diese Prophezeiungen geschehen in einer symbolhaften Sprache, in der sie bildhaft Dinge der Zukunft vorwegnehmen. Sie benötigen zu ihrem Verständnis die Fähigkeit, mit einem unterscheidenden Auge ihre Aussage wahrzunehmen. Die Prophezeiungen deuten den Menschen die Möglichkeiten der Zukunft an, soweit sie unbedingtes Schicksal sind und soweit sie bedingtes Schicksal und vom Handeln des Menschen abhängig sind. Den Prophezeiungen liegt zugrunde, daß den Menschen der Blick für eine nähere oder fernere Zukunft geöffnet wird. Religionsstifter bringen nicht alles auf einmal. Dennoch meint ein Großteil ihrer Gläubigen, sie müßten bereits alles gegeben und gebracht haben. Viele Aussagen der Religionsstifter sind also sprachliche Bilder und Symbole für einen Sinn, der hinter ihnen steht. Betrachtet man religiöse Aussagen unter dem Aspekt ihrer Symbolhaftigkeit, erschließen sich zu ihrem Verständnis ganz neue Dimensionen. So lohnt es sich, über die Aussagen der Propheten nachzudenken und sie zu meditieren.

Frage:
In welcher Beziehung steht der Glaube zur Religion?

Antwort:
Religion ist ein kulturelles Phänomen und mehr oder weniger eng mit der Entwicklung des Menschen in der Geschichte verbunden. Glaube hingegen gehört zum Wesen des Menschen. Glaube ist wie eine Kerze, welche die Fähigkeit hat, zu brennen.

Frage:
Wenn ich den Glauben habe, wozu brauche ich eine Religion oder die Kirche?

Antwort:
Eine Kerze hat zwar die Fähigkeit, zu brennen, wie wir alle die Fähigkeit haben, zu glauben. Sie kann aber niemals von allein brennen. Dazu benötigt sie eine Flamme, die ihren Docht entzündet. Diese Flamme entspricht der Religion. Damit die Kerze genügend Halt bekommt und auch keinen Schaden anrichtet, stellt man sie in einen Kerzenhalter. Die Kirche kann mit einem Kerzenhalter verglichen werden, wobei eine wahre Kirche genügend Stabilität besitzen muß, die Kerze aufrecht zu halten, sie aber nicht so hypertrophiert sein darf, daß sie die Flamme des Glaubens durch den Wildwuchs der Institution erstickt.

Frage:
Sie unterscheiden zwischen erstrangiger und zweitrangiger Religion. Erklären Sie bitte näher, was darunter zu verstehen ist, wie sie sich voneinander unterscheiden und welche Aspekte eine religiöse Lehre beinhaltet?

Antwort:

Jede religiöse Lehre scheint sich an den folgenden drei primären Aspekten zu orientieren: dem Prinzip der Einheit, der Relativität und der Entwicklung. Was das im Bereich der Religion bedeutet, möchte ich kurz erläutern: I. Beginnen wir mit der Einheit. Jede Religion versteht sich nicht isoliert, sondern greift auf ihre eigene Geschichte zurück. Die Geschichte der vorhergehenden Religionen wird als die eigene Geschichte gesehen. Als Beispiel mag hierfür der Koran dienen, in dem Mohammed die zu seiner Zeit bekannten Religionen als Vorstufen der eigenen interpretiert. Ein großer Teil des Korans beinhaltet dementsprechend Bestätigungen über Christus, Moses, Abraham usw. In anderen Religionen findet sioh die gleiche Tendenz. Ihr Ziel ist es, die Einheit der Geschichte zu bewahren. II. Das Prinzip der Relativität haben wir mit unserer Unterscheidung zwischen erstrangiger und zweitrangiger Religion schon angesprochen. Die erstrangige Religion oder der geistige Teil beinhaltet die Transzendentalität. Ich meine damit die zeitlos gültigen religiösen Wahrheiten, die gewissermaßen ontologischen Charakter besitzen. Die erstrangige Religion weist drei Attribute auf, die sich in jeder Religion, auch in der primitivsten, wiederfinden: a) die Vorstellung eines Schöpfers; b) Leben nach dem Tode; c) das dritte Prinzip, das in allen Religionen zu finden ist, ist das des Opferns. Diese Entwicklung bringt den Glauben mit sich, daß nur ein Schöpfer, eine Religion und eine Menschheit bestehen. Zugang zu diesen Attributen der erstrangigen Religion kann gefunden werden, wenn gewisse Fähigkeiten, gleichsam als Voraussetzung, entwickelt werden: Vertrauen, Hoffnung, Glaube, Wissen, Gewißheit, Liebe zu Gott und zu den Menschen! Als Mittel dazu, diese Fähigkeiten zu entfalten, dienen in allen Religionen Gebet und Meditation, die sich selbstverständlich entsprechend der Zeit entwickelt und verfeinert haben. Die zweitrangige Religion oder der praktische Teil bezieht sich auf Gebote, Verbote, Normen und Vorschriften, die das menschliche Zusammenleben innerhalb der Glaubensgemeinschaft und in Beziehung zur übrigen sozialen Umwelt regeln sollten. Zu ihnen gehören z. B. Anordnungen für die Ehe, für die Scheidung, für Strafen, für geschäftliche Angelegenheiten und dergleichen mehr. Weiter gehören die Regeln des religiösen Lebens über den Gottesdienst, das Fasten und die Rituale hierzu. Insbesondere dieser Bereich ist den geschichtlichen und gesellschaftlichen Entwicklungen unterworfen. Aber gerade er ist der Gegenstand von Fixierungen, Mumifizierungen und starren Haltungen mit Störungen im persönlichen und kollektiven Bereich (Vorurteile, Gruppenegoismus, Kriege usw.).

Frage:
Wie kommt es, psychologisch gesehen, zu starren Einstellungen und Vorurteilen?

Antwort:
Wie wir oben ausgeführt haben, lernt das Kind zunächst durch Nachahmung am Modell der Eltern und seiner näheren sozialen Umgebung. Entweder übernimmt das Kind die elterlichen Verhaltensmuster oder es rebelliert dagegen und wirft sie ab oder es kann keine hinreichend stabile Identifikationsrolle finden (indifferent). An dieser Stelle ist die erste Möglichkeit einer Fixierung gegeben. Der Betroffene hat zumeist keinen direkten Zugang zu den starren Inhalten und den Bedingungen ihrer Entstehung. Wir alle wurden in der Kindheit gestillt, aber keiner von uns kann sich daran und an die Einzelheiten erinnern. Somit wurden uns in allen Stufen der Entwicklung Informationen gegeben, die wir mehr oder weniger kritisch übernahmen und an denen wir nun festhalten. Die Folge ist, daß wir bewußt oder unbewußt warten, daß die anderen genauso handeln, wie es unserer Einstellung entspricht. Man erwartet, daß die anderen so handeln, wie wir es uns selbst vorgestellt haben. Die zweite Hauptquelle der Vorurteile – auch im religiösen Bereich – ist, wie wir sahen, die mangelnde Unterscheidung. Während wir den einen Aspekt, die Differenzierung von Religion und Kirche, schon ausführlich behandelt haben, ist ein weiterer Aspekt von großer Wichtigkeit. Dieser Aspekt hat etwas zu tun mit dem richtigen und falschen Lernen und der Entwicklung von Vorurteilen und Aberglauben. In der ersten Phase der Entwicklung war die Nachahmung eines Vorbildes bedeutsam. Hier kommt es darauf an, daß das Vorbild, das nicht schlecht zu sein braucht, nicht hinreichend differenziert übernommen wurde. Es kommt zu falschen Verknüpfungen, Schlußfolgerungen und Vorstellungen, mit ihren Folgen: Flucht in die Einsamkeit, in die Arbeit oder in die Krankheit.

Frage:
Warum ist die Einstellung vieler bekannter Persönlichkeiten, wie beispielsweise S. Freud, A. Adler und anderer Psychiater, Psychoanalytiker und Psychotherapeuten, der Religion gegenüber so kritisch?

Antwort:
Ein wesentlicher Grund der kritischen Grundeinstellung vieler Fachleute besteht darin, daß diese vorwiegend mit pathologischen Erscheinungen und mit seelischen Störungen zu tun haben. Sie übersehen deshalb zumeist, daß religiöse Kulthandlungen und Ausdrucksformen nicht notwendigerweise den gleichen irrationalen Charakter haben, wie er den Zwangsneurosen zugrunde liegt. Diese Fachleute unterscheiden nicht zwischen solchen irrationalen Ausdrucksformen, die

durch Verdrängungen unbewußter Triebe entstanden sind, und den positiven, schöpferischen Kultformen, die jedem Menschen als Fähigkeit innewohnen. Die rationale Kultform unterscheidet sich von der irrationalen vor allem durch ihre Funktion. Die rationale Kultform drückt Bestrebungen aus, die das Individuum als wertvoll anerkennt und die es glücklich machen, und nicht verdrängte Impulse, wie in der irrationalen Kultform. Zu berücksichtigen ist weiter, daß die kritische Einstellung beispielsweise S. Freuds nicht durchgängig ist. Die Haltung, die sich bei S. Freud gegenüber der Religion findet, ist durch das Wort Ambivalenz treffend zu kennzeichnen. Neben seiner kritischen und ablehnenden Haltung finden sich in Freuds Werk viele Textstellen, in denen er der Religion eine nicht nur bedeutsame, sondern eine positive Rolle zuspricht. Ein Mitarbeiter S. Freuds, der berühmte Psychoanalytiker und Begründer der Psychohygiene in Europa, Heinrich Meng, berichtete mir, daß Freud im Gespräch mit ihm auf seine Frage, »ob Freud die Religion tatsächlich als Neurose auffasse«, antwortete: »Ein Mensch kann ein richtiger Mensch werden durch eine richtige Religion.« Freud fügte hinzu: »Ich bin von den Christen enttäuscht, nicht vom Christentum.« Ein weiteres Wort von S. Freud scheint mir so bedeutsam, daß ich es an dieser Stelle zitieren möchte: »Wer die Großartigkeit des Weltzusammenhangs und dessen Notwendigkeit zu ahnen begonnen hat, der verliert sein eigenes kleines Ich. In Bewunderung versunken, wahrhaft demütig geworden, vergißt man zu leicht, daß man selbst ein Stück jener wirkenden Kräfte ist und es versuchen darf, nach dem Ausmaß seiner persönlichen Kraft ein Stückchen jenes Ablaufes der Welt abzuändern, der Welt, in der das Kleine doch nicht minder wunderbar und bedeutsam ist als das Große« (Sigmund Freud, Gesammelte Werke, Bd. VIII, S. 142 f.). Bei näherer Betrachtung läßt sich in sehr vielen Fällen feststellen, daß dort, wo die Autorität S. Freuds herangezogen wird, die Unsinnigkeit von Religion im großen und ganzen zu beweisen, eine Rationalisierung im Sinne der psychoanalytischen Theorie vorliegt. Diese Menschen versuchen – bewußt oder unbewußt –, durch solche Zitate und Aussagen die eigene Verantwortung gegenüber der Religion zu verschieben. Andere Psychiater und Psychotherapeuten zeigen eine ähnliche Ambivalenz.

Frage:
Gibt es noch andere Gründe dafür, daß eine so starke Ablehnung gegen neue Religionen und ihre Begründer besteht?

Antwort:
Wie wir bereits oben gesehen haben, ist ein wesentlicher Grund für die Ablehnung neuer religiöser Offenbarungen die Tendenz des Menschen, für das, was er einmal als richtig erachtet, einen Absolutheitsan-

spruch zu stellen. Wir haben diese Haltung als Fixierung und Neigung zur Verabsolutierung beschrieben. Inhaltlich lassen sich noch andere Gründe für eine irrationale Ablehnung oder rationalen Zweifel an einer Religion angeben. In der Vorstellungswelt des Gläubigen wird der Absolutheitsanspruch seines Glaubens dadurch gerechtfertigt, daß er Gründe dafür sucht. Plausible und naheliegende Gründe finden sich im Bereich des Körpers und der Dinge. Der Absolutheitsanspruch wird durch eine zusätzliche, nicht in der Religion, sondern im psychischen Geschehen begründete Idealisierung gerechtfertigt. In diesem Sinne werden beispielsweise die fleischliche Auferstehung, die Himmelfahrt, die unbefleckte Empfängnis usw. zu Kriterien des Glaubens. Die Idealisierung der eigenen Religion und der eigenen religiösen Gruppe geht zumeist Hand in Hand mit einer kritischen Abwertung anderer Religionen und ihrer Anhänger. Die Idealisierung findet sich auch hinsichtlich der Handlungsweisen der Propheten. Damit wird die Frage der Wunder angeschnitten, die oft – unabhängig von den tatsächlichen religiösen Inhalten – als Beleg und Beweis für die Gültigkeit einer Religion gehalten werden. Es finden sich oft kuriose Beispiele: »Mein Prophet hat die Toten lebendig gemacht, einen Stab in eine Schlange verwandelt, aus einem Felsen Wasser geschlagen. Die Wundertaten deines Propheten dagegen sind Scharlatanerie: Er hat es bestimmt mit einem Scheintoten zu tun gehabt, die Sache mit eurer Schlange ist nur eine Suggestion. Wenn euer Prophet auf Wasser gestoßen ist, war er bestimmt nur ein besserer Wünschelrutengänger.« Die Verkündigungen werden wörtlich genommen: »Der Erlöser kommt mit der Krone Davids auf dem Kopf, er wird von Engeln geleitet. Wenn er kommt, schwimmen die Straßen in Blut.« Oder: »Hammel und Löwe müssen zusammen dasselbe Wasser trinken, oder die Sterne müssen herunter stürzen.« Wer die Erfüllung dieser Prophezeiungen nur den Buchstaben nach erwartet, wird jedoch an ihrer Verwirklichung vorbeigehen.

Frage:
Warum sprechen die Gelehrten und religiösen Führer so schwer auf eine neue Religion an?
Antwort:
Diese Frage möchte ich mit einer orientalischen Geschichte zu veranschaulichen suchen.
In einer Karawane, die durch die Wüste zog, befand sich ein gelehrter Prediger, der so klug war, daß er 70 Kamele brauchte, jedes bepackt mit schweren Kästen, in denen sich nichts als Bücher der Gelehrten der Vergangenheit und Gegenwart befanden. Die Menge dieser Bücher war nur ein kleiner Tropfen des Wissens, das der Prediger in seinem Kopf

herumtrug. In der Karawane befand sich auch ein armer Kameltreiber, von dem bekannt war, daß er glaubte, der letzte Imam (der neue Prophet) sei gekommen. Es mußte so kommen, daß eines Tages der Prediger den Kameltreiber zu sich rufen ließ: »Du weißt, wie ich unter den Gelehrten unseres Landes und der ganzen Welt bekannt bin. Du siehst die 70 Kamele, die nur einen Schatten meines Wissens mit sich führen. Wie kommt es, daß du, ein einfacher Kameltreiber mit zerlumpten Kleidern, der du noch nicht einmal die einfache Kunst des Schreibens und Lesens beherrschst und noch nie eine richtige Schule, geschweige denn eine Akademie besucht hast, zu glauben wagst, der letzte Imam sei gekommen?« Der Kameltreiber stand bescheiden vor dem vornehmen Herrn und verneigte sich höflich und begann: »Effendi, Herr! Ich hätte es nie gewagt, vor dich zu treten und meine dürftigen Worte an dich zu richten. Aber nun hast du mich gefragt. Ich darf versuchen, das, was ich denke, an einem armseligen Beispiel zu zeigen: Herr! Du verfügst über wunderbare Kostbarkeiten des Wissens, die ich mit den glänzendsten Perlen des Meeres vergleichen möchte. Diese Perlen sind so kostbar, daß sie in weiche Velvettücher gehüllt und einer kunstvoll verzierten Truhe aufbewahrt werden müssen. Mein Wissen dagegen ist wie diese gewöhnlichen Steine, auf die unser Fuß hier in der Wüste tritt. Denk dir, die Sonne geht auf. Sie sendet ihre Strahlen zu uns. Herr, meine Frage an dich: Wer nimmt die Sonnenstrahlen auf und spiegelt ihren Schein? Deine kostbaren Perlen in ihren Gefängnishüllen oder meine dürftigen Steine am Rande des Weges?«[*]

Frage:

Auch die traditionellen Religionen versuchen sich heute – mit einer gewissen Variationsbreite – den gesellschaftlichen Erfordernissen anzupassen. Ist es daher überhaupt notwendig, einen neuen Ausgangspunkt zu suchen? Die Bemühungen der Kirche, der Zeit gerecht zu werden, finden sich sowohl in der evangelischen als auch in der katholischen Kirche, indem die Kirchen sich mit den sozialen Problemen konfrontieren.

Antwort:

Man könnte das Beispiel einer Schulklasse auf das religiöse Leben übertragen. Wenn ein Kind in das erste Schuljahr kommt, muß ihm der Lehrer die einfachen Grundlagen, wie das ABC und die Zahlen, zugänglich machen, obwohl der Lehrer viel mehr weiß, als er dem Kind jetzt und hier vermitteln kann. In den weiteren Klassen wird dem Kind ein anderer Lehrer – aufbauend auf dem, was der erste Lehrer vermitteln konnte – einen differenzierteren Wissensstoff anbieten. Im Gym-

---

[*] Diese orientalische Geschichte verdanke ich A. Faizi, dem ich dafür sehr verbunden bin.

nasium und auf der Universität geht dieser Prozeß im gleichen Sinne weiter. Wenn wir das Beispiel auf das religiöse Leben übertragen, wird uns die Beziehung der Religionsstifter zueinander deutlich.

Zu der Frage, ob man mit den bestehenden Institutionen weiterkommen kann, möchte ich Joachim Matthes aus seinem Buch *Religion und Gesellschaft* zitieren, wenn er in bezug auf die Lage des Christentums gegenüber diesen Problemen schreibt:

»Man hat diese Lage oft mit der Formel zu treffen versucht, daß das Christentum sich heute in einem neuen Heidentum in der modernen Welt und besonders in ihrer Gesellschaft gegenübersähe; diese Parallele übersieht aber, daß heute mit dem Christentum keine neue Wahrheit in eine alte Welt kommt, sondern sich eine alte Wahrheit gegenüber einer neuen Welt behaupten muß.«

Frage:
Welche Erklärung gibt es für das Vorhandensein eines Schöpfers?

Antwort:
Wir müssen uns bewußt sein, daß kein Mensch – auch kein Prophet – imstande ist, Gott zu beweisen. Die Wirklichkeit des Seins, in die auch unsere eigene Existenz eingeschlossen ist, stellt uns vor die Notwendigkeit, nach dem Schöpfer zu fragen, da die materielle Wirklichkeit nicht ausreicht, sich selbst, ihren Ursprung, ihr Vorhandensein und ihr Ziel zu erklären.

Es gibt eine Vielzahl von Überlegungen, von denen einige wesentliche in dem folgenden zusammengefaßt werden sollen:

1. Der Mensch ist ein Teil der Natur: In dieser Eigenschaft besitzt er zugleich die Fähigkeit, die Strukturen der Natur zu erkennen, zu unterscheiden und zu integrieren. Er verfügt somit über eine Fähigkeit, die keinem anderen Bereich der Natur zukommt. Es ist aber nicht denkbar, daß ein Teil der Natur, der Mensch, etwas besitzt, was in der Natur nicht vorhanden ist. Diese Fähigkeiten des Menschen sind daher nicht aus der Natur entstanden und bedürfen einer anderen Quelle der Erklärung.

2. Das Prinzip der Ordnung: Der Stoffwechsel einer Pflanze beispielsweise funktioniert mit einer faszinierenden Genauigkeit und spiegelt eine große Ordnung wider.

3. Das Prinzip der Bewegung: Die Materie, die uns noch so fest erscheinen mag, besteht aus einer Unzahl sich bewegender Elemente und Atomen. Bewegung findet sich in allen Dingen der Natur. Wer hat aber den Anstoß für die erste Bewegung gegeben? Das Naturgesetz, welches für jede Bewegung einen Anstoß fordert, kann hier zur Erklärung nicht dienen.

4. Das Prinzip der Zielsetzung (Finalität): Jede Pflanze beinhaltet

schon in ihrem Samenkorn einen bestimmten Plan ihrer Entwicklung, vom ersten Keimling bis zum Abwerfen einer Frucht. Dieser Plan scheint die gesamte Natur, die Welt und die Entwicklung des Menschen sowie des Menschengeschlechts zu durchziehen. Ein Plan ohne Planer aus einer Zufälligkeit heraus ist unmöglich.

5. Die Formgebung in der Natur geschieht auf dreierlei Art: zufällig, notwendigerweise und beabsichtigterweise. Nach den Grundsätzen der Wahrscheinlichkeit kann die Vereinigung von aufbauenden Elementen der Dinge und Lebewesen unserer Welt nicht zufällig sein, denn jede Wirkung setzt eine Ursache voraus.

Frage:

Warum kann man das Wesen von Gott nicht erkennen?

Antwort:

Die Erscheinungen der Welt lassen sich in vier Seinsstufen unterteilen: die Stufe der Mineralien; die Stufe der Pflanzen; die Stufe der Tiere; die Stufe der Menschen. Jede Stufe ist durch bestimmte Eigenschaften charakterisiert. Die Stufe der Mineralien durch Anziehung und Absetzung, die Stufe der Pflanzen durch Stoffwechsel und Wachstum, die Stufe der Tiere durch Verhalten und Gefühle, die Stufe der Menschen durch Bewußtsein. Jede Stufe verfügt außer den typischen Eigenschaften über die vorhergehenden Stufen. Umgekehrt aber kann keine Stufe Eigenschaften der ihr übergeordneten Stufe erreichen und erfassen. Gott ist seinem Wesen nach allen übrigen Stufen übergeordnet und entzieht sich daher dem Verstand des Menschen. Der Mensch kann wohl sich selber, Tiere, Pflanzen und Mineralien bewußt wahrnehmen und ihre Strukturen erkennen. Das Wesen Gottes bleibt dieser Art des Erkennens verschlossen.

Frage:

Mit meinen Augen sehe ich die Ordnung der Dinge, womit sehe ich aber, daß diese Ordnung ein Attribut Gottes ist? Welche Mittel stehen uns zur Verfügung, Gott zu erkennen?

Antwort:

Der Mensch verfügt über eine ganze Anzahl von Medien, durch die er erkennen kann. Diese Medien lassen sich in vier Gruppen unterteilen: a) die Sinne – der Körper; b) der Verstand; c) die Tradition; d) die Intuition.

Die Funktion aller vier Medien wird – mehr oder weniger – vom »Unbewußten« mitgesteuert.

Die Sinne: Jeder Mensch erfährt sich und seine Umwelt zunächst über die Sinne. Er tastet, sieht, hört, riecht, schmeckt usw. Seine Sinne sind ein notwendiger Weg, Informationen aus der Umgebung aufzunehmen, und ein brauchbares Mittel, Vorhandenes von nicht Vorhandenem zu trennen. Wir werden der Wahrheit dadurch auf den Grund kommen, daß wir sie überprüfen und in Augenschein nehmen. Die Mittel der Sinne sind jedoch kein vollständiger Maßstab. Sie geben durch Täuschungen hinreichend Möglichkeit, das Falsche für wahr und das Wahre für falsch anzunehmen. Für den, der in einer Eisenbahn den Bahnhof verläßt, bewegt sich mitunter nicht der Zug, sondern der Bahnhof. Zudem unterscheiden sich die einzelnen Menschen oft wesentlich in der Wahrnehmung. Was einem als rot erscheint, kann der andere durchaus als grün sehen. Womit der eine angenehme Gefühle verbindet, ist mitunter für einen anderen ein abscheuliches Gefühl verbunden. Der Verstand stellt die Beziehung der wahrgenommenen und erlebten und gespeicherten Inhalte her.

Der Verstand dient der Realitätsprüfung. Das Erlebnis, der Ofen ist heiß, er tut mir weh, und das zweite Erlebnis, der Ofen ist kalt, er tut mir nicht weh, er wärmt mich aber auch nicht, wird durch den Verstand zusammengefaßt. Der Verstand löst die scheinbaren Widersprüche auf. Der Ofen kann, wenn er geheizt wird, heiß sein, man kann sich an ihm verbrennen, wird aber auch von ihm erwärmt, er kann aber auch nicht geheizt werden und ist dann kalt. Weiter: Um den Ofen warm zu halten, benötige ich Brennmaterial. Der Verstand dient somit der Realitätsprüfung. Er würde beispielsweise den Satz »Der Ofen ist kalt, aber er brennt mich« für falsch erklären. Der Verstand ist eine der wichtigsten Waffen des Menschen, mit denen er seine kulturelle Entwicklung vorantreiben konnte. Er wird daher nur zu gern als einziger Maßstab der Wahrheit genommen: Ich glaube nur, was ich einsehen kann und was mir der Verstand sagt. So wichtig der Maßstab des Verstandes sein kann, so unzugänglich ist er, wenn er zum einzigen Maßstab wird. Wäre der Verstand der absolute Maßstab der Erkenntnis, so müßten alle Gelehrten, die rationale Argumente benutzen, zu weitaus mehr gleichen Schlüssen gelangen, als dies der Fall ist. So verstandesgemäß ein Argument sein mag, unter anderen Bedingungen, unter anderen Gesichtspunkten ist ihm ein anderes, ebenso rationales Argument entgegenzuhalten.

Die Tradition: Der Mensch als erkenntnisfähiges Wesen verfügt nicht nur über Gegenwart und Zukunft, sondern zugleich über eine Vergangenheit, die seine individuelle Erfahrung noch überschreitet. Man lernt durch Erfahrungen, die man selbst oder die andere vor einem gemacht haben. Der gesamte gesellschaftliche Fortschritt ist nur denkbar auf der Grundlage der Traditionen, der Tatsache, daß jeder Mensch nicht von vorn anzufangen braucht, sondern sich auf bereits gewonnene Erkenntnisse stützen kann. Zugleich aber ist die Tradition eine der Hauptquellen von Vorurteilen und Konflikten. Überlieferte Aussagen, die zu dem Zeitpunkt, da ihre Überlieferung begann, ihre Gültigkeit gehabt hatten, brauchen nicht zu jedem anderen Zeitpunkt das gleiche Maß an Gültigkeit zu besitzen. Eine andere Situation und eine andere Zeit machen andere, oft von der Tradition abweichende Erkenntnisse notwendig. Somit besitzt die Aussage: »Ich glaube nur, was in meinen Büchern steht, was meine Väter mir überlieferten, was in den heiligen Schriften steht« usw., keine absolute Bedeutung. Wird ihr diese zugemessen, wird aus dem Urteil ein Vorurteil.

Die Intuition: Ein weiteres Mittel der Erkenntnis ist das, was man in der poetischen Sprache als Stimme des Herzens, Eingebung, in der Sprache der Psychologie als Intuition und in der Sprache der Religion als Inspiration bezeichnet. Die Vorstellung von dem, was wichtig, gut, wahr und angemessen ist, taucht in einem Menschen auf, ohne daß er sich Rechenschaft über ihren Ursprung geben kann. Er vertritt diese Inhalte oft bei voller Überzeugung und hält an ihnen fest, weil er meint, daß die Stimme des Herzens nicht lügen kann. Ich fühle genau, daß das, was ich tue, richtig ist. In der Tat ist die Intuition und die mit ihr verbundene Phantasie oft genug das Mittel vollkommen unkonventioneller, schöpferischer und im tiefsten Sinne wahrer Erkenntnisse. Sie scheint eng mit dem Vertrauen zusammenzuhängen, das ein Mensch zu sich selber und den Kräften seines Glaubens hat. Oft genug jedoch erweist es sich, daß die Gewißheit der Richtigkeit einer Erkenntnis in umgekehrtem Verhältnis zu ihrer tatsächlichen Bedeutung steht. Hier kommt es mitunter soweit, daß je mehr der tatsächliche Boden einer Überzeugung schwindet, um so größer die Begeisterung wird, mit der sie vertreten wird. Gerade die Intuition hängt mit den tiefen Persönlichkeitsschichten des Menschen zusammen und wird, da ihre Ursachen zumeist im dunkeln bleiben, von den Kräften des Unbewußten mitgesteuert. So sehr die Intuition zur Quelle neuer Erkenntnisse werden kann, so sehr ist sie anfällig gegenüber nicht durchgearbeiteten, unbewußten Vorurteilen, Einseitigkeiten und festgefahrenen Einstellungen.

Das Unbewußte: Nur ein Teil der Motive menschlichen Verhaltens gelangt zum Bewußtsein und wird von ihm kontrolliert. Auf dieser Erkenntnis basiert die Psychoanalyse von S. Freud. Er formulierte eine Theorie des Unbewußten. Besondere Bedeutung innerhalb dieser Theorie kommt dem Sexualleben zu.
In der Positiven Psychotherapie ersetzen die beiden Grundfähigkeiten der Erkenntnis- und Liebesfähigkeit die Libido der Freudschen Theo-

rie. Die Libido ist gewissermaßen als energetischer Anteil in den Grundfähigkeiten angelegt. Daneben besitzt das Unbewußte in der Positiven Psychotherapie folgende zwei Funktionen:

Einmal ist es der Ort der noch nicht entwickelten, undifferenzierten Fähigkeiten und der menschlichen Energie. Im Unbewußten ruht somit alles, was im Menschen angelegt, aber noch nicht entfaltet ist, weil die Reifungsbedingungen noch nicht gekommen sind. Die Fähigkeiten sind Energiepotentiale, welche nach Verwirklichung streben.

Zum anderen ist das Unbewußte der Ort verdrängter und unterdrückter Aktualfähigkeiten und Medien. Die einzelnen Fähigkeiten haben bereits eine Auseinandersetzung mit der Umwelt durchgemacht; sie sind entweder von der jeweiligen Umwelt abgelehnt worden, die Umwelt hat keine hinreichenden Bedingungen für ihre Entwicklung geboten, oder andere Aktualfähigkeiten wurden in ihrer Bedeutung so weit herausgehoben, daß für weitere kein Platz zu bestehen schien.

Vor dem Hintergrund der Doppelfunktion des Unbewußten wird verständlich, warum nicht nur Erlebtes zu Störungen und Konflikten führt, sondern auch Nicht-Erlebtes.

Von seinem Wesen her ist das Unbewußte einer direkten Befragung unzugänglich. Es kann durch den Therapeuten erschlossen werden. In der therapeutischen Situation ist weniger das Unbewußte zugänglich als vielmehr die Inhalte, die noch bewußtseinsfähig sind und deshalb als vorbewußt bezeichnet werden.

»Wie sollte ich es wissen?«

»Ich habe einen Fall in meinem Leben, wo mein Verstand ausgesetzt hat. Das war die Verlobung und die Schwangerschaft. Da habe ich Dinge getan, die ich mir heute nicht erklären kann. Ich war richtig blöd, abhängig wie ein Schaf und empfindlich wie ein Kind. Ich bin hinter meinem damaligen Freund hergelaufen. Nachträglich fand ich das schlimm. Ich habe damals Dinge getan, die ich als bewußter Mensch nie tun würde. Heute versuche ich dagegen, sehr reflektiert zu sein. Wenn ich was mache, dann überlege ich es mir ganz genau. So was wie damals passiert mir nicht mehr.« (Mittel des Unbewußten, bezogen auf die Medien und die Aktualfähigkeiten: Sinne, Verstand, Sexualität, Treue, Vertrauen, Ehrlichkeit, Liebe, Zeit, Zweifel, Gewißheit.)

Es läßt sich zusammenfassen, daß die vier Mittel der Erkenntnis, für sich genommen, zwar wertvolle Aspekte darstellen, alle aber gewisse Schwächen haben. Für eine Realitätsprüfung, auch für die Frage nach dem Unbekannten und Unerkennbaren, kann daher nicht nur eines der Erkenntnismittel hinreichen. Uns stehen zu einer angemessenen Prüfung der Wahrheit alle Mittel der Erkenntnis zur Verfügung. Eine Einseitigkeit im Gebrauch der Mittel der Erkenntnis kann zur Einseitigkeit in der Erkenntnis führen. Dies bedeutet nichts anderes, als daß wir auch im Bereich der Religion mit unseren Augen sehen, mit unseren Ohren hören, mit unserem eigenen Verstand prüfen, mit den Erfahrungen unserer Traditionen messen und mit unserer Intuition, dem Gefühl unseres Herzens, versöhnen.

Frage:
Wenn die Mittel der Erkenntnis nicht absolut sind, wer vermittelt uns dann die religiösen Wahrheiten?

Antwort:
Die Wahrheit des Unerkennbaren, das über unserer Stufe steht und unseren Erkenntnismitteln nicht unmittelbar zugänglich ist, bleibt jedoch einem anderen Mittler überlassen. Um das Wesen dieses Mittlers, des göttlichen Offenbarers zu erläutern, wollen wir ein Beispiel wählen:
Die Wahrheit Gottes ist in einem Bild vergleichbar mit dem Glanz der Sonne, den wir mit unseren Augen nicht unmittelbar schauen können. Obwohl wir ohne die Sonne nicht leben können, erhalten wir von ihr nur die Strahlen des Lichts und der Wärme. Der Religionsstifter kann gedacht werden als ein reiner, fleckenloser Spiegel, der die Kräfte der Sonne widerspiegelt und sie unseren Augen erst faßbar macht. Da der Mensch nicht direkt mit dem Schöpfer in Verbindung treten kann, benötigt er für diese Beziehung den Spiegel des Offenbarers. Dieser vermittelt ihm, für seine Sinne faßbar, die religiösen Wahrheiten, entsprechend den Bedürfnissen seiner Zeit. Die Religionsstifter nehmen teil an der religiösen Wahrheit und teilen sie den Menschen entsprechend der Zeit mit.

Frage:
Ist nicht die existentielle Angst des Menschen die Ursache der Vorstellung eines Gottes und der Entstehung der Religionen?

Antwort:
Materialistische Philosophen und Wissenschaftler vertreten in der Tat die Auffassung, daß die Ursachen von Religiosität und Religion sowie die Gottesvorstellungen in der Unwissenheit und Furcht der Menschen begründet seien. Als Beweis nennen sie die Kulturformen der primitiven Menschheit, die versucht, durch Gebete und magische Riten feindliche Naturkräfte zu beschwichtigen. Da diesen Menschen die Naturgesetze noch unbekannt waren und sie deshalb viele Dinge nicht erklären konnten, schufen sie sich Götter, die sie für Naturerscheinungen, wie Donner, Blitz, Feuer, Sonne, Mond usw., verantwortlich machten. Im Gegensatz zur materialistischen Auffassung von Religion steht die Überzeugung, daß der Glaube an einen Gott einem grundle-

genden Bedürfnis des Menschen entspricht. Furcht, Angst und Unwissenheit waren sicherlich zu bestimmten Zeiten, aber auch in unserer Zeit, Bedingungen für das Entstehen gewisser Religionsformen. Die Ursache für die Vorstellung eines Gottes ist jedoch eine andere. Folgende Beispiele sollen dies belegen: Sonneneinstrahlung, Regen und ein fruchtbarer Boden sind Bedingungen für das Wachstum einer Pflanze. Wir können aber nicht sagen, die Pflanze sei durch die Sonneneinstrahlung, den Regen und den fruchtbaren Boden entstanden. Ein Kind lernt durch Lob, Nachahmung, Einsicht, aber auch durch Tadel, Bestrafung und Angst. Diese Faktoren stellen eine Bedingung für seine Weiterbildung dar, jedoch nicht ihre Ursache. Die Ursache findet sich vielmehr im Menschen selbst, in seiner in ihm wohnenden Fähigkeit, zu lernen, auf den Bereich des Glaubens zu übertragen. Der Mensch besitzt die Fähigkeit, Beziehung zu dem Unbekannten und Unerkennbaren aufzunehmen. Dies ist die Ursache des Glaubens und der Vorstellung eines Gottes. Durch die Erziehung und die Umwelteinflüsse, also die Entwicklungsbedingungen, wird diese Fähigkeit entwickelt, die Art ihrer Entwicklung bestimmt oder ihre Entwicklung verhindert.

Frage:
Wie stehen Sie zum Leben nach dem Tode? Ist nicht mit dem Tod alles aus?

Antwort:
Wir haben bereits öfter darauf hingewiesen, daß der Mensch eine Einheit von Körper, Umwelt (Seele) und Geist ist. Die Frage des Weiterlebens nach dem Tode stellt sich soweit nicht nur in einem Bereich, sondern hinsichtlich der Einheit des Menschen. In der Tat wurde die Frage eines Weiterlebens nach dem Tode für jeden der Bereiche in der Geschichte getrennt gestellt.

Körper: In der altägyptischen Religion geht die Auffassung bis zu parapsychologischen Vorstellungen, der Körper oder ein Körperäquivalent (Astral-Leib) würde den Tod überstehen und in seiner ursprünglichen Gestalt weiterexistieren oder wiederbelebt werden. Hinter diesen Vorstellungen mag der Wunsch des Menschen stehen, den Schritt über den Abgrund des Todes wieder rückgängig machen zu können, um die Ängste vor einer Trennung und damit die Angst vor dem Tode zu überwinden. Unsere Erfahrung und die Erkenntnisse der Wissenschaft lehren uns, daß der Körper in seiner ursprünglichen Form als beseelter Organismus mit dem Tode eine grundlegende Veränderung erfährt und einen Prozeß der Auflösung durchmacht. In diesem Prozeß der Auflösung teilt sich zwar die ursprüngliche Form des Körpers, jedoch die Grundelemente bleiben bestehen. Genau wie im Wachstum der Organismus durch Hinzunahme von Zellelementen heranwuchs, löst sich danach der Organismus wieder in seine Elemente auf.

Umwelt (Seele): Das Verhalten eines Menschen in seiner Umwelt, seine Ethik, seine Einstellung zu den Tugenden, seine Arbeitsmoral, seine Beziehung zu anderen und sein Verhältnis zur Erziehung sind nicht wie Schatten, die verschwinden, wenn das Licht ausgeht. Seine Handlungen, aber auch seine Einstellungen, seine Gedanken haben ihre Auswirkungen auf seine Umgebung, die sie oft entscheidend beeinflussen. In diesem Sinne lebt ein Erzieher in seinen Kindern weiter. Was er gepflanzt hat an gutem und schlechtem Samen, wird in dieser oder vielen weiteren Generationen hindurch aufgehen. In diesem Sinne lebt jeder Mensch durch eine Tradition weiter, in die er eingegangen ist, ohne daß man oft seinen Namen wußte. Werden die Fähigkeiten eines Kindes nicht oder unzeitgemäß entwickelt, zeigen sich die Folgen nicht nur in dem Kind allein. Denn das Kind wird diese »Informationen« weitergeben an die eigenen Kinder, die Mitmenschen, als Lehrer an fremde Kinder, als Arzt an seine Patienten usw.

Geist: Gehen wir von dem Grundsatz jeder Physik aus, daß nichts verlorengehen kann. Dies ist auch ein Grundsatz der Religionen, und wir müssen auch den Geist des Menschen unter diesem Gesichtspunkt sehen. Sicherlich sind mit der Vorstellung des Geistes eines Menschen Schwierigkeiten verbunden. Der Körper war, ebenso wie die umweltbestimmte Seele, durch Beobachtungen uns mittelbar und unmittelbar zugänglich. Der Geist betrifft jedoch einen Bereich, der einer Beobachtung nicht unmittelbar zugänglich ist. In diesen Bereich gehören die Fähigkeiten in ihrer ursprünglichen Form, die jedem Menschen, unabhängig von Krankheit und Gesundheit, innewohnen, Grundfähigkeiten und Aktualfähigkeiten.

Der Geist tritt nicht in den Körper des Menschen hinein. Ebensowenig wie der Körper eine Wohnstätte des Geistes ist, die von diesem wieder verlassen wird. Vielmehr ist der Geist mit dem Körper nur so verbunden wie dieses Licht mit diesem Spiegel. Wenn der Spiegel rein und vollkommen ist, wird das Licht der Lampe darin sichtbar. Wenn der Spiegel mit Staub bedeckt ist oder zerbricht, verschwindet das Licht. Nicht nur von seiten der Religion, sondern auch von seiten der Wissenschaft kann nach dem Leben nach dem Tode gefragt werden. Auch wenn ein Beweis in strengem Sinn nicht durchführbar ist, gibt die Wissenschaft Hinweise.

In der Intensivmedizin gibt es Situationen, in denen das, was ich meine, recht anschaulich wird. Ein Patient, der nach schwerem Schädel-Hirntrauma im Durchgangssyndrom wochen- oder monatelang komatär ist, besitzt dennoch die menschlichen Grundfähigkeiten. Ich werde versuchen, soweit wie möglich die Symptome seiner Krankheit zu behandeln. Ich werde aber auch versuchen, ihn anzunehmen im Hinblick auf seine Fähigkeiten, die in ihm schlummern, ähnlich wie er selbst schläft. Diese Annahme, die sehr viel Hoffnung in sich trägt, beinhaltet den Sinn meines Handelns. Wie sich die Fähigkeiten meines leidenden Partners entwickeln, ist offen. Er kann nach langer Zeit wieder zum Bewußtsein kommen, mit Hilfe einer verständnisvollen Umgebung wieder Beziehung zu sich und seiner Umwelt aufnehmen, vertraute Fähigkeiten zurückgewinnen oder neue Fähigkeiten als Ersatz für verlorene entfalten. Er kann aber auch tiefer ins Koma fallen und die Schwelle zum Tod überschreiten. Gerade hier, an der Schwelle des Todes, tritt noch einmal die Bedeutung der Grundfähigkeiten unabweisbar in den Vordergrund, ähnlich wie sie bei der Geburt eines Menschen im Vordergrund stand. Der Sterbende überschreitet den Bereich des ihm Bekannten und begibt sich durch den Tod in den des Unbekannten und uns Unerkennbaren. Dieser Vorgang ist ebenso wie die Geburt und das ganze Leben keine isolierte Privatsache, sondern betrifft uns alle, vor allem die, die die nähere Umgebung des Sterbenden ausmachen. Dieser Vorgang betrifft nämlich uns alle, Angehörige, Pflegepersonal, Ärzte, den begleitenden Therapeuten, auch nur den, der scheinbar zufällig die Szene des Sterbens betritt, und macht uns betroffen.

Nun stellt sich die Frage, sind wir selber in der Lage, mit diesem meist beängstigenden und unheimlichen Unbekannten in Beziehung zu treten und damit auch offen auf die Bedürfnisse des sterbenden Partners im Zustand des Sterbens einzugehen, ohne daß meine Ängste mich dazu zwingen, hinter leerer Geschäftigkeit einer Apparate-Medizin Zuflucht zu nehmen, sich hinter der Maske der abgebrühten Gleichgültigkeit zu verstecken, in der panischen Verleugnung des Geschehens sich blind zu stellen oder im Sturm der überwältigenden Gefühle handlungsunfähig und damit unfähig zur Hilfeleistung zu sein. Sterben in diesem Sinne ist nicht nur ein biologisches, sondern – für unser Erleben viel wichtiger – ein soziales Geschehen, das uns einerseits mit unseren eigenen Trennungsängsten konfrontiert, zum anderen aber auch uns drängend mit dem Gedanken unseres eigenen Sterbens vertraut macht. Damit sind wir an einem wesentlichen Punkt der Sinnfrage, nämlich bei der Frage, ob wir auch dann noch etwas als sinnvoll empfinden können, wenn es, wie unser Leben, nicht ewig währt, sondern in einer Trennung, in einem Sterben zu enden scheint.

Die Frage nach dem Leben nach dem Tode stellt sich jedem Menschen, der seine Existenz und die seiner Mitmenschen zeitlich begrenzt sieht. Dieses ist auch der Grund, warum sich der Mensch immer mit diesem

Thema beschäftigt hat und sich immer wieder mit ihm beschäftigen wird. Er wird jedoch bald an eine Grenze seines menschlichen Erkenntnisvermögens stoßen. Das Leben nach dem Tode läßt sich nicht vorstellen, und jeder Versuch, es sprachlich zu beschreiben, kann sich nur bildhaft verdeutlichen, was man von seiner Erfahrungswelt auf das überträgt, was jenseits unserer Erfahrung steht. Nicht nur die Frage nach dem Leben nach dem Tod, sondern auch die Frage nach dem Wesen Gottes, nach den Gründen des schicksalhaften Leidens und die Frage der Schuld stellen uns vor die Grenze der menschlichen Erkenntnis. Wir geraten mit diesen Fragen in eine Erkenntnissphäre, die wir nicht überwinden können. Nichtsdestoweniger haben diese Fragen eine faszinierende Wirkung. Man beschäftigt sich häufig mit ihnen und benutzt sie oft als Austragungsort für eigene Unzulänglichkeiten. Man verwechselt das unbedingte Schicksal, das uns keine Alternative läßt, mit dem bedingten Schicksal, in das wir tätig eingreifen können und für das wir persönlich verantwortlich sind. Die oft verzweifelte Frage nach dem Wesen des Schöpfers und dem Sinn des Todes wird zu einer Flucht aus der Lebenswirklichkeit.

Persönliche und zwischenmenschliche Probleme, wie Erziehungsprobleme mit den Kindern, Kontaktstörungen, Ehekonflikte, berufliche Mißerfolge, werden dann zum wesentlichen Teil als bedingtes Schicksal erlebt und auf das Konto Gottes, der Religionen oder der gesellschaftlichen Mächte gestellt, obwohl diese Probleme durch persönlichen Einsatz hätten gelöst werden können. Die beiden fundamentalen Fragen nach dem Wesen des Schöpfers und dem Sinn des Todes betreffen alle Menschen.

Frage:
Wie stehen Sie zur Wiederverkörperung (Reinkarnation)? Kommt man in irgendeiner Gestalt wieder auf die Welt zurück, hat man vor seinem Leben schon einmal gelebt?

Antwort:
Ich glaube daran, daß die Attribute und Eigenschaften eines Menschen in dieser oder ähnlicher Form ihre Entsprechung finden und so gewissermaßen weiterleben. Das Wesen und die Wirklichkeit der Dinge können nicht zurückgebracht werden.

Frage:
Sie sagten, daß die Religionen eine Einheit von »Diesseits« und »Jenseits«, also dem Leben vor und nach dem Tode, annehmen. Läßt sich eine solche Behauptung wissenschaftlich nachweisen?

Antwort:
Man kann in der Tat sagen, daß viele Wissenschaften eine aufgeschlossene Haltung gegenüber der Religion zeigen. Die zeitgemäße Bedeu-

tung des Glaubens, auch hinsichtlich des Lebens nach dem Tode, soll durch eine Äußerung des Wissenschaftlers Wernher von Braun auf der Tagung der Nobelpreisträger in Lindau 1971 angedeutet werden: »In unserer modernen Welt scheinen viele Menschen zu glauben, die Wissenschaft habe ›religiöse Gedanken‹ unzeitgemäß gemacht und man müsse sie daher als überholt betrachten. Die Wissenschaft hat jedoch gerade für den religiösen Skeptiker eine große Überraschung bereit: Sie sagt eindeutig, daß in unserer Welt nichts – nicht einmal das kleinste Partikelchen – verschwinden kann, ohne eine diskrete Spur zu hinterlassen. Denken Sie einmal einen Augenblick darüber nach, und Ihre Gedanken über Sterblichkeit und Unsterblichkeit werden niemals mehr die gleichen sein. Die moderne Wissenschaft sagt, daß nichts wirklich spurlos verschwinden kann. Die Wissenschaft kennt keine totale Auflösung oder Vertilgung. Alles, was sie kennt, ist Verwandlung. Wenn Gott dieses fundamentale Grundprinzip auch auf das unbedeutendste Teilchen seines grenzenlosen Universums anwendet, ist es dann nicht nur vernünftig, zu vermuten, daß dieser göttliche Grundsatz auch für sein Meisterstück, die menschliche Seele, Anwendung findet? Alles, was mich die Wissenschaft lehrt – und nicht aufhört mich zu lehren –, bestärkt mich in meinem Glauben an die Fortsetzung unserer geistigen Existenz im Leben nach dem Tode. Denn nichts verschwindet, ohne eine Spur zu hinterlassen, und Vergehen ist nur Verwandlung.«

Der Psychiater Prof. Dr. Ian Stevenson von der Universität Virginia, der seit 20 Jahren die verschiedensten auf ein Leben nach dem Tod hindeutenden Indizien untersucht, erklärt dazu:

»Es verdichten sich die Beweise dafür, daß wir nach dem Tod tatsächlich weiterleben. Ich hielte es für ein Gebot der Klugheit, sich innerlich auf diese Möglichkeit vorzubereiten.«

Wir betonen das, was von Weizsäcker postuliert hat: »Der Tod aber ist nicht ein Ereignis. Er ist umfassend Ordnung, und sein Abglanz ruht auf jedem Wandel, jedem Untergang, jedem Schlaf und jedem Abschied. Er, als Gesetz, bestimmt auch die Farbe des Erlebens – er ist die Farbe des Leidens.« »Der Tod ist nicht der Gegensatz zum Leben, sondern der Gegenspieler der Zeugung und Geburt; Geburt und Tod verhalten sich wie Rückseite und Vorderseite des Lebens, nicht wie logisch einander ausschließende Gegensätze. Leben ist: Geburt und Tod.«

Hier wird deutlich, daß Religion und Wissenschaft gerade in ihrer Zielsetzung ihre wesentliche Gemeinsamkeit haben.

Fünftes Kapitel:
Das goldene Zeitalter der Zukunft

Alles, was geschieht und uns zustößt, hat einen Sinn;
doch ist es oft schwierig, ihn zu erkennen. Auch im
Buch des Lebens hat jedes Blatt zwei Seiten. Die eine,
obere, schreiben wir Menschen mit unserem Planen,
Wünschen und Hoffen, aber die andere füllt die Vor-
sehung, und was sie anordnet, ist selten unser Ziel
gewesen.

Orientalische Weisheit

Ende oder Anbruch?

»Es war einmal ein Vater, der mit seinem kleinen Sohn in ein fernes
Land reiste. Sie stiegen auf den Gipfel eines Berges, wo sie die Nacht in
einer Hütte verbrachten. Als der Morgen dämmerte, vertrieb die Sonne
die Dunkelheit und färbte die schneebedeckten Bergesgipfel mit hell-
leuchtendem Rot.

Der Sohn erwachte. Er sah den glühenden Himmel und die flammen-
farbenen Bergesgipfel. Er war ein kleiner Bub und konnte nur durch
den oberen Teil des Fensters hinausschauen. Er verstand nicht den hel-
len Glanz, der ihn erschreckte. Er sehnte sich nach der Geborgenheit
von früher, als er noch zu Hause bei seiner Mutter gewesen war, und er
wünschte, er hätte diese Reise nie unternommen. Er glaubte sicher, daß
es an dem fremdartigen neuen Himmel nur Unheil und Feuer gebe.

Die aufsteigende Sonne erwärmte den Schnee, der so lange Zeit kalt und
festgefroren am Bergabhang gelegen hatte. Sie löste die Schneemassen
und sandte sie als donnernde Lawinen in das Tal hinab.

Das furchtbare Dröhnen erschreckte den kleinen Sohn noch mehr als
der flammende Himmel. Er lief zu seinem Vater und schüttelte ihn. Er
weckte ihn auf und schrie:

›Vater, Vater! Wach auf! Wach auf! Das Ende der Welt ist da!‹

Der Vater öffnete die Augen. Er konnte alles deutlich durch das Fenster
sehen, das noch zu hoch war für die Augen seines Sohnes.

Er sah die von der Sonne gefärbten Bergesgipfel in ihrem Morgenfeuer.
Er hörte das Donnern der Lawinen, die von den wärmenden Strahlen
der Frühlingssonne gelöst wurden. Er wußte, daß die Schneemassen
bald frisches Wasser und neues Leben in das ausgetrocknete Land da
unten bringen würden. Er verstand diese Dinge. Er nahm seinen Sohn
an der Hand, um ihn zu beruhigen.

›Nein, mein Sohn‹, sagte er, ›es ist nicht das Ende der Welt. Es ist der
Anbruch eines neuen Tages.‹« (nach W. Sears)

Das Verhältnis zur Zukunft, das einen wesentlichen Teil der Zielerweiterung ausmacht, bereitet vielen Menschen Schwierigkeiten. Die Konzepte der Zukunft reichen von: »Was nutzt es, wenn ich plane, es kommt ja doch anders« (19jähriger gehemmter Student) bis hin zu: »Ich werde alles, was auf mich zukommen kann, einkalkulieren. Ich muß einfach die Situation beherrschen, oder ich fühle mich unwohl« (43jähriger Geschäftsmann mit zwanghaften Zügen).

»Wenn ich noch nicht einmal die Zeit bis zum Abend richtig einteilen kann und mir immer was dazwischenkommt, kann ich ja bald meine Planerei aufgeben.« Der Patient stellte dabei nicht nur sein hochstrukturiertes Verhältnis zur ›Pünktlichkeit‹ in Frage, sondern schloß darüber hinaus sein Verhältnis zur Zukunft ein: »Was soll denn das Leben für einen Sinn haben, wenn alles anders läuft, als man es sich vorgestellt hatte.« Gefragt wurde nach dem Verhältnis zwischen einer kontrollierbaren und einer unkontrollierbaren Zukunft, und zwar vor dem Hintergrund der perfektionistischen Angstabwehr des Patienten. Es entwickelte sich folgender Dialog:

Therapeut: »Was Sie früher erlebt haben, ist für Sie eine lebensgeschichtliche Tatsache (Vergangenheit). Was Sie jetzt tun und erleben, haben Sie unmittelbar vor sich und können es auch gut kontrollieren (Gegenwart). Nur mit der Zukunft, dem, was im nächsten Augenblick oder in den nächsten zwanzig Jahren geschieht, ist es anders.«

Patient: »Ja, ich glaube, das trifft das, was ich meine.«

Therapeut: »Versuchen wir uns das einmal an einem einfachen Beispiel zu überlegen. Nehmen wir einmal an, Sie wollen mit Ihrem Auto von Wiesbaden nach Frankfurt fahren. In Frankfurt wollen Sie einen Vortrag besuchen. Sie wissen, was Sie erwartet und was Sie brauchen. Sie nehmen Ihre Wagenpapiere mit, Schreibzeug für den Vortrag, weil Ihnen Ihre Erfahrung sagt, daß es sich lohnt, manches aufzuschreiben. Sie kontrollieren, wieviel Benzin im Tank ist, und überlegen sich, ob dieses Benzin in Anbetracht dessen, was das Auto an Benzin braucht, für die Hin- und Rückfahrt ausreicht. Sie tun alles, was ein guter Autofahrer tut, bevor er losfährt. Für alle Fälle nehmen Sie sich auch etwas Geld mit. Wenn Sie um 20 Uhr in Frankfurt sein müssen, werden Sie auch rechtzeitig losfahren. Obwohl Sie alles menschenmögliche getan haben, kann es doch passieren, daß etwas dazwischenkommt, womit Sie nicht gerechnet haben.«

P.: »Der Reifen kann platzen, ich kann in einen Stau kommen, es kann auch ein Unfall passieren, und wenn bis dahin alles gutgegangen ist, kann vor dem Vortragssaal ein Schild stehen: Wegen Erkrankung des Referenten fällt der Vortrag aus. Und das hasse ich gerade so.«

T.: »Obwohl das alles eintreten kann und alle Ihre Vorkehrungen zunichte gemacht werden können, würden Sie dann aber darauf verzichten, Ihren Tank aufzufüllen oder Ihre Papiere mitzunehmen?«

P.: »Eigentlich nicht. Dann würde mein Plan noch viel störanfälliger werden. Und ich würde ja mit meinem Wagen wegen Benzinmangels auf der Autobahn stehenbleiben.«

T.: »So ähnlich verhält es sich auch mit der Zukunft. Einen Teil davon können Sie aufgrund Ihrer früheren Erfahrungen und Ihrer augenblicklichen Situation recht gut planen. Und das ist auch wichtig. Nur so können Sie die Gefahr und vermeidbare Störungen so klein wie möglich halten. Dann gibt es aber auch einen Teil der Zukunft, den können Sie nicht von der Gegenwart aus bewältigen. Den müssen Sie erst auf sich zukommen lassen. Sie können nicht planen, was der Vortragende sagen wird. Das müssen Sie ihm überlassen. Sie wissen auch nicht, ob Sie vielleicht von anderen Teilnehmern angesprochen werden und wie Sie deren Fragen beantworten. Das können Sie erst dann erfahren, wenn die Situation auf Sie zugekommen ist. Welche Erfahrungen Sie dann damit machen, ist nicht mehr Zukunft, sondern bereits Vergangenheit, die Sie wieder für neue Situationen heranziehen können.«

P.: »Wissen Sie, ich habe mir immer gedacht, wenn ich etwas ganz genau plane, dann muß auch alles klappen. Wenn was dazwischenkam und ich zum Beispiel lange warten mußte, war das für mich schrecklich. Wenn ich mir das aber so richtig überlege, ist doch gerade die ungeplante Zukunft das eigentlich Interessante ...«

Die Beziehungen zwischen Menschen sind geprägt von einer ganzen Anzahl solcher Momente ungeplanter Zukunft. Wir wissen nicht, wie unser Partner reagiert, haben dennoch bestimmte, in der Vergangenheit geformte Erwartungen. Je weniger wir einen Menschen kennen, um so größer ist das Wagnis der ungeplanten Zukunft, ein Grund für viele, auf den Kontakt mit anderen Menschen außer den vertrauten Partnern zu verzichten. Die subjektive Vorstellung von der Zukunft ist nicht abstrakt, sondern hängt sich an konkreten Inhalten auf. Bei dem Patienten war dies vor allem die Pünktlichkeit, deren Enttäuschung die Hoffnung auf eine gute Zukunft zunichte zu machen schien.

Zukunft nach Maß?

Wir müssen, so hat es den Anschein, mit dem Widerspruch leben, daß wir Zukunft planen können und planen müssen, daß sich aber die Zukunft nicht notwendigerweise unseren Plänen gemäß gestaltet. Dies gilt für unsere persönliche Zukunft genauso wie für die Zukunft der Menschheit. Dieser Mangel an Kontrollierbarkeit läßt viele Menschen und Institutionen resignieren. Die verantwortungsvolle Planung der Zukunft ist eine unserer wichtigsten Aufgaben. Wir wissen aber auch, daß immer mehr an perfekter Planung allen Bemühungen zum Trotz einen Rest an Unsicherheit übrigläßt, zu dem wir uns bekennen müssen und für den wir ebenfalls verantwortlich sind. Diese Überraschungen erfordern von uns andere Fähigkeiten als die des technokratischen Perfektionismus. Dieser ist für sie einfach nicht das richtige Instrument, so wie ein Messer nicht das richtige Instrument ist, Erbsen zu essen. Die Fähigkeit, die hier gefordert wird, hat mit Phantasie und Intuition zu tun, die besondere menschliche Fähigkeiten sind.

Intuition und Phantasie reichen über die unmittelbare Wirklichkeit hinaus und können all das beinhalten, was wir als Sinn einer Tätigkeit, Sinn des Lebens, Wunsch, Zukunftsmalerei oder Utopie bezeichnen. Phantasie ist somit im Sinne der Sinngebung und Sinnfindung eine im höchsten Maße moralische Fähigkeit, die auf die Entwicklung des einzelnen ebenso wie auf die Entwicklung der Menschheit Einfluß nimmt. Sie ist der Bereich, in dem Ziele und Wünsche entwickelt, in dem Ziel-Projektionen durchgespielt und in dem aus dem individuellen und kollektiven Unbewußten schöpferische und zerstörerische Kräfte frei werden. Gerade dieser Kräfte wegen dürfen wir nicht so tun, als wären Phantasie und Intuition etwas Kindisches, Minderwertiges, sondern müssen positiv in allen vier Lebensbereichen zu ihnen Beziehung aufnehmen:

Anregungen und Überlegungen zum Weltfrieden
1. Beitrag der Politiker zur transkulturellen Begegnung

Kulturelle Einheiten lassen sich auf einer Landkarte abgrenzen. Dies weist uns darauf hin, daß sie in irgendeiner Form mit dem zwischenmenschlichen Zusammenleben, den geographischen Voraussetzungen einer Landschaft, der gemeinsamen Geschichte und dem erreichten sozioökonomischen Stand zu tun haben. Innerhalb einer solchen gedachten Einheit erkennen wir Untergruppen, die sich durch andere Sitten teilweise von anderen Gruppen abheben oder sich mit dem Lebensstil anderer Kulturkreise überschneiden. Die letzte Erscheinung können wir heute in vielfacher Form als Auseinandersetzung zwischen den traditionsgebundenen agrarorientierten Gesellschaftsformen und der industriellen Gesellschaft beobachten, wie sie akut in Ländern der Dritten Welt und im Orient auftritt.
Gesellschaftsformen, Produktionsformen und Weltanschauungen ver-

mischen sich mit kulturellen Eigenarten. Die transkulturelle Betrachtungsweise kommt also mit den großen überlieferten Kulturen nicht aus, sondern muß Subkulturen, Gruppen, Lebensgemeinschaften und die Familie berücksichtigen.

Wir können heute die in unserer eigenen Gruppe gültigen psychosozialen Normen nicht mehr als absolut betrachten, sondern müssen sie mit anderen möglichen Werthaltungen vergleichen. Damit wird uns unsere Sichtweise der Dinge nicht genommen, sondern durch andere Sichtweisen ergänzt. Dieser Aspekt wird angesichts der Tatsache lebenswichtig, daß in jedem Land der Welt Ausländer leben und arbeiten und unter jeweils besonderen Schwierigkeiten zu leiden haben. Umgekehrt erscheint es den Gastländern oft als ein Problem der Identität und des Selbstbewußtseins, wie sie mit den Sitten und Gebräuchen der Fremden fertig werden können.

Es scheint, als stünde hier die Unfähigkeit, mit diesem Problem zu leben, in direktem Verhältnis zur Aggression und zur Apathie, mit denen Menschen und Gruppen auf die Herausforderung reagieren.

Das soziale Feld, das uns umgibt, die Gesellschaft, beinhaltet Normen und Spielregeln des Zusammenlebens, die zu einem Teil brüchig, wenn nicht gar ungültig und unzeitgemäß geworden sind. Sie mögen früher ihre aktuelle soziale Funktion besessen haben, sind aber heute veraltet und dienen nicht mehr dem Individuum. Sie unterdrücken es, weil sie nicht in die Zeit passen.

So kann man in unserer Zeit nicht mehr von dem Bezugssystem der Familie, der Sippe, des Stammes oder der Nation ausgehen, sondern muß die Bedürfnisse der ganzen Menschheit im Auge haben. Damit ist nicht gesagt, daß die Familie und weitere soziale Einheiten keine Bedeutung mehr hätten. Sie sind Teile der Einheit der Menschheit, die ohne sie nicht erreicht werden kann.

Auf der vorangegangenen Entwicklung baut der Weltstaat als übergreifende Organisation auf. Sein Prinzip ist die dynamische Strukturierung. Gesellschaftliche Zusammenarbeit als eine der möglichen Ausdrucksformen des Gruppenbewußtseins wird somit entworfen und planmäßig angewandt.

Der Weltstaat ist die einzig mögliche Grundlage der Stabilität für die Ortsgemeinden in aller Welt. An ihn geben alle Nationen willig den Anspruch ab, Krieg zu führen, und alle sonstigen Rechte, die für die Menschheit als Ganzes von Bedeutung sind. Auch hier gilt – wesentlich – das Prinzip der Entwicklung, das verhindern hilft, daß die Organisation mumifiziert und ihren eigentlichen Sinn verliert.

Politische Verantwortung

Die transkulturelle Begegnung fällt arbeitsteilig zunächst in das Ressort der Politiker, die es zu ihrer Sache gemacht haben, wie auch immer legitimiert, für andere Entscheidungen zu treffen und für die Gruppe, die sie repräsentieren, politisch Verantwortung zu tragen. Sie haben damit für uns sogar lebenswichtige Aufgaben übernommen. Ihr Handlungsspielraum ist mehrfach determiniert: durch die partiellen Interessen der von ihnen vertretenen Gruppen, durch deren kurzfristige und langfristige Ziele, durch die damit verbundenen vorherrschenden Ängste und durch die eigenen persönlichen Fähigkeiten und Probleme. Die Handlungen eines Politikers werden dadurch mitbestimmt, zu welcher Zeit er in welcher Kultur aufgewachsen ist, welches Maß an emotionaler Wärme und Vorbild ihm seine Familie gab, welche Beziehungen er zu seinen Mitmenschen entwickeln konnte und welche Bedeutung damit Menschen für ihn haben. Weiterhin sind ausschlaggebend die Sinnvorstellungen, die er aus seiner Religion und Weltanschauung erhält, und das Instrumentarium an Wissenschaft und Technologie, das ihm zur Verfügung steht.

Konsequenzen

Die Entwicklung der heutigen Zeit führt dazu, daß sich der Politiker mit den transkulturellen Problemen beschäftigen muß. Dabei wird eines in der heutigen Zeit immer unübersehbarer: Die Zukunft kann auf lange Perspektive gesehen nicht mehr durch die rücksichtslose Durchsetzung einzelner Gruppeninteressen und nationaler Herrschaftsansprüche gesichert werden. Das Aufflammen des nationalen und weltanschaulichen Fanatismus und die Verabsolutierung der eigenen Gruppeninteressen mögen zwar zu einer narzißtischen Befriedigung führen, die allerdings in der Regel von kurzer Dauer ist und mit einer fast gesetzhaft folgenden Kränkung bezahlt wird. Die Geschichte der Völker bietet Beispiele genug. Die Zukunft kann auf lange Sicht nur im Hinblick auf die Bedürfnisse der gesamten Menschheit gesichert werden.
Diese Überlegungen, am Beispiel des Politikers ausgeführt, beschränken sich nicht auf ihn. Dadurch, daß der Mensch als soziales Wesen sein Leben nur mit den anderen Menschen zusammen gestalten kann, kommt jedem von ihnen ein politisches Mandat zu. Aufgaben lassen sich delegieren, Verantwortungen nicht.
Die Verwirklichung des Weltfriedens ist eine dringende Notwendigkeit unserer Zeit. Solange die seitherigen Verhältnisse bestehen bleiben, solange ist auch kein glücklicher Zustand für den Menschen zu errei-

chen. Ziel eines solchen Vorgehens kann nicht sein, auf seine kulturellen, gruppenspezifischen, familiären und persönlichen Eigenarten zu verzichten. Vielmehr erscheint gerade die Verwirklichung der individuellen Einzigartigkeit wie auch der kulturellen Einzigartigkeit wichtig, wenn auf der anderen Seite Möglichkeiten bestehen, die auftretenden Konflikte zu verarbeiten. Auf die Sprache übertragen: Es ist wichtig, daß jeder seine gelernte Sprache beibehält, aber er sollte auch eine Sprache sprechen können, mit deren Hilfe er sich mit den anderen verständigen kann. Eine solche »Sprache« versucht die transkulturelle Psychotherapie als Metakommunikation, als Kommunikation über Konflikte, zu erreichen.

2. Beitrag der religiösen Führer

Die Sehnsucht des Menschen nach einem Unbekannten – wir formulieren es absichtlich so vage, weil das Unbekannte für jeden Menschen und in jeder Situation eine eigene Gestalt gewinnen kann – hat dazu geführt, daß er die ganze Weltgeschichte hindurch auf die Stifter der Religionen angesprochen hat.

Religionen und Weltanschauungen sind es, die den Sinn im Leben vorgeben. Der Glaube an sie gibt dem einzelnen Menschen und der Gesellschaft das Bezugssystem, in dem er sich begreifen lernt und nach dem er sich in seinen Handlungen zu richten versucht. Diese religiös-weltanschaulichen Sinnangebote haben damit existentielle Bedeutung. Sie beinhalten zugleich eine große Gefahr: a priori gesehen scheinen sie sich jeder Kritik und sachlichen Prüfung zu entziehen. Verabsolutiert können sie sich aus dem ursprünglichen Zusammenhang lösen, sich verselbständigen und gegen ihre primären Ziele zurückschlagen. Dabei wird übersehen, daß Religionen und Weltanschauungen, selbst wenn der Glaubenskern zeitlos wahr ist, in der äußeren Schale den Bedingungen der Zeit unterworfen sind und sich der Relativität der Werte beugen müssen.

Ähnlich wie die Politiker sind die religiösen und weltanschaulichen Führer und Würdenträger letztendlich für die Weltsituation mitverantwortlich. Dabei zeichnet sich ab, daß trotz der Identität und Unverwechselbarkeit der einzelnen Weltanschauung und Religion ihr Konkurrenzkampf untereinander nicht mehr zeitgemäß ist und nur ihre Unglaubwürdigkeit belegt.

Die Handlungen eines religiösen Führers werden von verschiedenen Faktoren beeinflußt, die wir in folgendem zusammengefaßt haben. Mit ihrem eigenen Verhältnis zur Religion sind die Eltern das Vorbild der Kinder. Durch sie werden sowohl die religiöse Fixierung, das mumifizierte Festhalten an religiösen Dogmen, die zur Schau getragene

Gleichgültigkeit oder die manifeste Abwehr dieser Themen wie auch das ambivalente Verhältnis zu Religion und Weltanschauung vorgeprägt.

Die Beziehung eines Menschen zum »Ur-Wir« hängt zunächst von dem Verhältnis ab, das seine Eltern gegenüber Religion und Weltanschauung haben. Da die Eltern für das Kind, zumindest in den ersten Lebensjahren, gottähnliche Funktionen annehmen, also allmächtig, allwissend und unangreifbar sind, wird nicht selten die Art und Weise, in der man als Kind Vater und Mutter erlebt hat, auf die Erwartungen übertragen, die man gegenüber Gott bzw. dem »Unbekannten und Unerkennbaren« hegt. So kann ein ungerechter Vater oder eine erdrückende Mutter den Grundstein zur Vorstellung von einem ungerechten Gott oder einer ungerechten Welt legen oder auch die Zukunft als verbaut, unsinnig und hoffnungslos erscheinen lassen.

Konsequenzen

Im Gegensatz zu der beschriebenen geschlossenen Gesellschaft ist die heutige Gesellschaft eine offene Gesellschaft. Das heißt, die verschiedenen weltanschaulichen, ideologischen und religiösen Bezugssysteme sind nicht mehr an bestimmte geographische Orte gebunden, sondern bestehen gleichzeitig und treten zueinander in Konkurrenz. Wir können heute die in unserer eigenen Gruppe gültigen psychosozialen Normen nicht mehr als absolut betrachten, sondern müssen sie mit den anderen möglichen Werthaltungen vergleichen. Damit wird uns unsere Sichtweise der Dinge nicht genommen, sondern durch andere Sichtweisen ergänzt.

3. Beitrag der Wissenschaftler

Das zwanzigste Jahrhundert muß sich für die Explosion des Wissens um die Phänomene dieser Welt und für die »Implosion« innerhalb des Menschen entscheiden. Um diesen Entschluß fassen zu können, muß sich jederman die Grundgedanken und die Sittenlehre, von der der moderne Mensch wirklich leben kann, bewußt machen und einverleiben.

In allgemeiner Form sind Theorien abhängig von Weltanschauungen, Menschenbildern und Ideologien. Vernunft im Sinne der sozialen Intelligenz ist jene Instanz, welche die gelernten Verhaltensmuster und Inhalte auf ihren zeitgemäßen Charakter hin befragen kann. Denken hilft dabei, die Folgen einer Handlung abzuschätzen und mit der eigenen Risikobereitschaft zu vergleichen.

Der Verstand bietet jedoch nicht den absoluten Maßstab, den sich manche von ihm erhoffen. Selbst wenn alle Menschen ihren Verstand walten ließen, kämen sie nicht notwendigerweise zu den gleichen Ergebnissen. Wird die Vernunft als das wesentliche oder sogar ausschließliche Kriterium der Erkenntnis aufgefaßt, kommt es zu typischen Haltungen. Dann zeigt sich entweder eine Neigung zu sinnesfeindlicher Askese oder zur Skepsis gegenüber Intuition, Tradition und Phantasie.

Schon vor über 2500 Jahren wurde diese Problematik von dem chinesischen Philosophen Laotse mit folgenden Worten beschrieben: »In alter Zeit machte die Natur die Menschen und das Leben einfach und friedfertig, und die ganze Welt war glücklich. Aber dann erlangte der Mensch Kenntnisse, und das Leben wurde kompliziert. Die Menschheit machte Erfindungen und verlor ihre Unschuld. Die Menschheit zog von den Feldern in die Städte und begann Bücher zu schreiben. Da entstand alles Elend, und da brachen die Tränen aus den Augen der Philosophen. Der weise Mann wird die Städte meiden, das verderbende und entnervende Netz der Gesetze und der Zivilisation. Er wird sich im Schoß der Natur verstecken, weit von der Stadt, von den Büchern, von giftigen Beamten und von erfolglosen Weltverbesserern. Die geheime Weisheit dauernden Glücks ist Gehorsam zur Natur, das schlichte Wandeln auf den stillen Wegen der Erde.«

In diesem Sinne kann auch das Verhältnis eines Wissenschaftlers zum Beruf als gestört gelten, wenn auf der anderen Seite seine Emotionalität verödet. Man fragt daher nach den Beziehungen eines Wissenschaftlers zu den folgenden fünf Kategorien:

Wie ist das Verhältnis des Wissenschaftlers zu sich selbst?
Nimmt er sich Zeit für seine Bedürfnisse wie Schlaf, Nahrung, Freizeit, Weiterbildung usw.?

Wie ist das Verhältnis zum Partner?
Hat man einen guten Kontakt zu seiner Frau, zu seinem Mann, zu seinen Kindern? Nimmt man sich Zeit für sie, hat man Vertrauen zu ihnen, fördert man nur Gehorsam und Höflichkeit oder legt man Wert auf offenen Meinungsaustausch, nimmt man Rücksicht auf die Familie?

Wie ist das Verhältnis zu der sozialen Umgebung?
Wie ist das Verhältnis zu Verwandten, Freunden, Kollegen, Landsleuten, anderen Menschen überhaupt? Ist man kontaktbereit, gesellig, hat man Vorurteile, Ängste oder Aggressionen gegenüber einzelnen Personen oder Gruppen?

Wie ist das Verhältnis zum Beruf?
Habe ich freiwillig den Beruf gewählt oder wurde ich zu diesem Beruf gezwungen? War nichts anderes da, was ich werden konnte; interessieren mich die Aufgaben, die mir gestellt werden; arbeite ich nur, um Geld zu verdienen und um mir etwas zu leisten, oder ist der Beruf für mich eine Sinnerfüllung, ein inneres Bedürfnis geworden? Habe ich Konflikte in meinem Beruf; werde ich überfordert, unterfordert; gefällt mir zwar der Beruf, aber komme ich mit den Kollegen nicht aus; wie kann ich einen Beitrag zur gesellschaftlichen Entwicklung leisten?

Wie ist das Verhältnis zur Zukunft?
Bin ich mit der Gegenwart zufrieden oder unzufrieden; sehe ich Entwicklungsmöglichkeiten oder Stillstand; kann ich auch mit einer angemessenen Bedürfnisbefriedigung in Zukunft rechnen; welche Ziele habe ich und welches sind die Grundlagen meines Orientierungssystems; habe ich mein Orientierungssystem selbst erworben oder habe ich es einfach von anderen übernommen; welche Bedeutung hat für mich überhaupt das Leben; wie verarbeite ich Schwierigkeiten, die in den anderen Bereichen auftreten; bin ich bereit, zu experimentieren; bin ich bereit, offen meine Meinung zu sagen und gerecht zu sein, auch auf die Gefahr hin, die freundlichen Blicke der anderen zu verlieren?

Konsequenzen

Ein Mensch benötigt nicht nur Informationen im Sinne der Ausbildung und Leistung. Er benötigt auch eine emotionale Basis, um dieser Ausbildung Herr zu werden. Zwar kann reine Ausbildung als Charakterbildung wirken; nur gerät sie dann aus der Kontrolle und wird zur Quelle von Konflikten, Auseinandersetzungen und Störungen. Bewußte Leistung heißt nicht nur die Bereitschaft, etwas zu leisten, sondern auch, sich des Leistungszieles bewußt zu sein: Warum, wozu und wofür arbeite ich eigentlich?
Für mich? Für meine Familie? Für die Menschheit? Oder gegen sie? »Jede Arbeit, die im Geist des Dienens verrichtet wird, ist Gottesdienst.« Diese Aussage ist die Grundlage einer neuen Arbeitsethik, welche die Arbeit als gesellschaftliche Funktion reflektiert. Arbeit ist in der heutigen Zeit einerseits Selbstzweck, andererseits zum Mittel der Durchsetzung persönlicher Interessen geworden. Das, was in früherer Zeit eine Sinnerfüllung in der zunehmenden Beherrschung der Natur fand, erscheint jetzt losgelöst von jeder über das augenblickliche Wohlergehen hinausgehenden Sinngebung. Die Arbeit, selber äußerst rationalisiert, ist unter dem Aspekt ihres Sinnes, der Frage des »Wozu«,

zutiefst irrational, dient dem Machtkampf der Interessen und der momentanen Bedürfnisbefriedigung. Langfristige Überlegungen werden für sie selten angestellt. Jede Arbeit muß daher auf ihren wirklichen Wert geprüft werden. Arbeiten, die sich schädigend für das Individuum, aber auch für die Gesellschaft auswirken, sollen nach Möglichkeit »gereinigt« oder abgeschafft werden.

Wir wissen, daß die Einstellung zur Arbeit eine wesentliche Grundlage für psychische und psychosomatische Störungen darstellt. Die sukzessive Veränderung der Art der Arbeit und damit zusammenhängend der Einstellung zu ihr, gibt optimale Gewähr für eine fortschreitende Kultur.

4. Die Verantwortung des einzelnen

Wie alle Überlegungen zum einzelnen Menschen, die letztlich über seine körperliche, seelische und geistige Organisation hinaus in seinen historischen und situativen Umweltbedingungen hineinreichen, führt die Diskussion der Umweltfaktoren notwendigerweise wieder zum einzelnen Menschen zurück. In ihm kristallisieren sich die Fähigkeiten und das Bewußtsein seiner selbst in Vergangenheit, Gegenwart und Zukunft. Vergangenheit ist lernbar. In der Gegenwart leben und handeln wir. Zur Zukunft hingezogen zu sein aber ist das Wesen der Phantasie. Zum Unbekannten hingezogen zu sein ist das Wesen der Phantasie. Die Fähigkeit der Phantasie bringt es mit sich, daß man ein Risiko trägt, den Schritt hinaus in das Unbekannte wagt, die Last des Zweifels auf die Schulter nimmt und doch immer in der Hoffnung lebt, irgendwo eine neue Fähigkeit oder eine Grenze (die ebenfalls Teil der eigenen Wirklichkeit ist) zu entdecken. Gäbe es keine Neugier der Phantasie, gäbe es keinen Zweifel und keine Angst; ohne Zweifel und Angst jedoch gäbe es keine Entwicklung und keinen Fortschritt, aber auch keine Selbstfindung des Menschen.

Die Fähigkeit der Phantasie entwickelt sich schon früh, zu einer Zeit, in der das Kind noch nicht zwischen Wirklichkeit und Vorstellung unterscheiden und klare Kausalbeziehungen herstellen kann. Sie entfaltet sich im Spiel. Der Verlauf dieser Entwicklung wird davon beeinflußt, in welcher Weise familiäre Konzepte die Bereitschaft beinhalten, auf die Phantasie und ihre Inhalte einzugehen.

Diese Erkenntnisse haben unmittelbare Bedeutung für Selbsthilfe und Psychotherapie. Es ist aus der Sozialpsychologie bekannt, daß wir um so eher bereit sind, einen Menschen zu akzeptieren, je mehr Ähnlichkeiten wir bei ihm mit uns selbst oder unseren uns vertrauten Wunschbildern entdecken. Die Grundfähigkeiten sind vor diesem Hintergrund die Basis, auf die wir uns zunächst zurückziehen können, wenn schwere Störungen unsere Beziehungen zu einem Partner beeinträchtigen. Ich verfüge über diese Grundfähigkeiten, und auch mein Partner, der für mich zur Zeit Probleme bietet, verfügt über sie. Damit greifen wir auf das Fundament der zwischenmenschlichen Beziehung zurück: das mitfühlende Gemeinschaftsbewußtsein. Dieses ist eine Voraussetzung für die zwischenmenschlichen Beziehungen in kleinen und kleinsten Gruppen und sicher auch eine Voraussetzung für die Idee des Weltfriedens. Dieses mitfühlende Gemeinschaftsbewußtsein wird zu dem gemeinsamen Nenner, auf dem wir uns in der Selbsthilfe treffen können. Auch wenn die Konflikte unsere Wahrnehmung des anderen verzerrt haben und ich nicht mehr in der Lage bin, ihn in seiner Ganzheit zu sehen, sondern nur noch die Eigenarten von ihm verspüre, mit denen er mich verletzt, und ihm in meinem Zorn alle seine sonst guten Fähigkeiten abspreche, so kann ich ihm doch eines nicht absprechen: seine Grundfähigkeiten und damit seine Menschlichkeit. Dies bedeutet im weiteren, daß ich trotz meiner Kränkung und Enttäuschung Beziehung zu seinen Fähigkeiten und seinen Entwicklungsmöglichkeiten – mit mir oder ohne mich – aufnehme. Genausowenig wie ich meinem Partner die Grundfähigkeiten absprechen kann, kann er mir die meinen durch seine Kritik nehmen.

Damit wird der Konflikt selber nicht bagatellisiert, verharmlost. Es wird aber eine Ebene geschaffen, auf der es unmöglich wird, Menschen auf die Stufe von Ungeziefer zu stellen und sie damit der unbedenklichen Vernichtung preiszugeben.

Unsere Überlegungen führen uns zu drei Prinzipien, die gleichermaßen in der Kultur, in der Religion und Psychologie Bedeutung besitzen.

Das Prinzip der Entwicklung: Dieses Prinzip sagt uns, daß alles, was wir und andere wissen, im Laufe der Entwicklung unter den verschiedenen Bedingungen unterschiedlicher Kulturen und Milieu- sowie Erziehungssituationen gelehrt wurde. Weiter, daß das Gelernte entsprechend den Entwicklungsbedingungen wieder umgelernt werden kann: »Jedes Zeitalter hat seine eigenen Probleme und jede Seele ihre besondere Sehnsucht.«

Es verhält sich hier ähnlich wie mit dem Schüler, der zu Beginn seiner Schulzeit erst das Alphabet lernen muß, bis er später lesen und noch später selber schreiben kann. Entsprechend seinem Entwicklungsstand werden ihm seine Lehrer gerade das geben, was er in seiner Entwicklungsstufe benötigt.

Das Prinzip der Relativität: Jemand, der andere Meinungen hat oder andere Werte vertritt, ist deshalb kein Dummkopf oder ein ungebildeter oder schlechter Mensch. Es gibt keine schlechten Menschen. Allenfalls ist es so, daß sie nicht anders können, weil sie es nicht anders lernen konnten. Sie müssen geführt und herangebildet werden, selbst wenn dieser Weg beschwerlicher ist als das einfache Urteil, sie seien schlecht, dumm, böse und verdorben. Selbst wenn ein Verhaltensgestörter nicht als Kranker im Sinne der klassischen Medizin gilt, ist er doch kein Verbrecher, über den der Stab gebrochen werden müßte. Er bedarf des gleichen Verständnisses, das auch dem Kranken zuteil wird. Unter anderen Situationen, zu einer anderen Zeit, im Urteil anderer Menschen, können seine Einstellungen durchaus als richtig oder angemessen gelten. Es leuchtet ein, daß auch die Normen und Gesetze der Gesellschaft und Religion durch die Jahrtausende hindurch Änderungen unterworfen, relativ sein mußten. Mit anderen Worten: Die religiös-gesellschaftlichen Werte zum jeweiligen Zeitalter und in der jeweiligen Gesellschaft sind relativ, nicht absolut.

Das Prinzip der Einheit: Was wir und andere im Verlauf der Entwicklung gelernt haben, wird in Zusammenarbeit mit anderen Menschen den Anforderungen der Zeit entsprechend verwirklicht. Wir können uns nur dann weiterentwickeln, wenn wir mit anderen Menschen und anderen Kulturen in Kontakt treten. Die Vielfalt von Menschen, Glaubensrichtungen und Einstellungen ruft einerseits Ängste, Aggressionen und Unsicherheitsgefühle hervor, andererseits gibt sie uns die Chance, unsere Erfahrungen zu kontrollieren und sie den Anforderungen der Zeit anzupassen. Auch wenn die religiös-gesellschaftlichen Werte relativ und von den Bedingungen der Entwicklung abhängig sind, ist jedoch von Anbeginn ihre Quelle gleich geblieben. Das heißt, daß die Völker aller Rassen dieser Erde ihre Glaubenskräfte aus derselben Quelle schöpfen. Das bedeutet, daß alle Hochreligionen gemeinsamen Ursprung haben, daß alle einem Ziel zustreben, daß sie sich in ihrer Absicht, die Menschheit einer Vollkommenheit zuzuführen, auf dem Hintergrund der Dimension der Zeit ergänzen.

Die Verschiedenheiten der einzelnen Kulturen, Religionen, Wissenschaften und Familienmitglieder können die Ursache von Liebe und Harmonie sein, wie dies die folgenden Beispiele aus der Musik, Architektur und Pflanzenwelt bildlich verdeutlichen:

In der Musik werden viele verschiedene Noten in der richtigen Weise miteinander verbunden und ergeben somit einen vollen Akkord.

Jedes Gebäude ist aus vielen verschiedenen Steinen erbaut. Jeder Stein ist von den anderen in einer Weise abhängig, so daß, wäre er an falscher Stelle eingefügt, das ganze Gebäude darunter leiden würde; wenn nur ein Stein fehlerhaft eingemauert ist, so ist der ganze Bau unvollkommen.

Und würden wir einen Garten sehen, in dem alle Pflanzen sich in Art, Farbe und Duft gleichen, so würden wir ihn nicht schön, sondern eher langweilig und eintönig finden, denn gerade diese erfreulichen Gegensätze geben dem Garten seinen Reiz und seine Schönheit.

Damit ist ein weiterer Prozeß verknüpft, nämlich der Abbau emotionaler Schranken und Vorurteile, die gegenüber fremden Denk- und Empfindungsweisen bestehen, die das Fremde als etwas Aggressives, Bedrohendes empfinden lassen und dort schon Abwehr provozieren, wo zunächst Verständnis am Platze wäre.

Erst dieses umfassende Modell macht milieutherapeutische Eingriffe, familien- und psychotherapeutische Interventionen und Selbsthilfeaktivitäten möglich, die sich auf den verschiedenen Ebenen gegenseitig ergänzen. Darüber hinaus eröffnet sich ein Ausblick auf einen Bereich, der nicht mehr Domäne des Therapeuten ist, sondern politische und wirtschaftliche Belange betrifft, die die gesellschaftlichen Rahmenbedingungen des menschlichen Zusammenlebens weitgehend definieren.

Nur den Samen

Ein junger Mann betrat im Traum einen Laden. Hinter der Theke stand ein älterer Mann. Hastig fragte er ihn: »Was verkaufen Sie, mein Herr?« Der Weise antwortete freundlich: »Alles, was Sie wollen.« Der junge Mann begann aufzuzählen: »Dann hätte ich gerne die Welteinheit und den Weltfrieden, die Abschaffung von Vorurteilen, Beseitigung der Armut, mehr Einheit und Liebe zwischen den Religionen, gleiche Rechte für Mann und Frau und ... und ...« Da fiel ihm der Weise ins Wort: »Entschuldigen Sie, junger Mann, Sie haben mich falsch verstanden. Wir verkaufen keine Früchte, wir verkaufen nur den Samen.«

Literaturverzeichnis

Abdu'l-Baha, *Beantwortete Fragen*, Frankfurt am Main 1972.
Abdu'l-Baha, *Ansprachen in Paris*, Frankfurt am Main 1973.
Abdu'l-Baha, *Das Geheimnis göttlicher Kultur*, Frankfurt am Main 1973.
Adler, A., *Individualpsychologische Behandlung der Neurosen*. In: *Praxis und Theorie der Individualpsychologie*, Fischer Taschenbuch 6236.
Ammon, G., *Dynamische Psychiatrie*, Darmstadt 1973, S. 163–169
Baha'u'llah, *Ährenlese*. 27. Kapitel, Frankfurt/Main 1961.
Baha'u'llah, *Worte der Weisheit – Verborgene Worte*, Frankfurt am Main 1973.
Battegay, R., «Narzißmus in seiner physiologischen und psychopathologischen Dimension». In: *Zeitschrift für Positive Psychotherapie*, Heft 1, 1979.
Benedetti, G., Die Welt des Schizophrenen und deren psychotherapeutische Zugänglichkeit. In: *Schweiz. med. Wochenzeitschrift* 84, S. 1029, 1954.
Berscheid, E. und E. H. Walster, *Interpersonal Attraction*, Massachusetts 1969.
Bilz, R., *Die unbewältigte Vergangenheit des Menschengeschlechts*, Frankfurt/Main 1967.
Bernstein, B., «Soziokulturelle Determinanten des Lernens», in: *4.Sonderheft der Kölner Zeitschrift für Soziologie und Sozialpsychologie*, 52–79, 1959.
Darwin, Ch., Biografische Skizze eines kleinen Kindes. In: Ch. Darwin, *Gesammelte kleine Schriften*. Hrsg. E. Krause und E. Günther. Leipzig 1885.
Dreikurs, R., *Überwindung falscher gesellschaftlicher Normen*. In: *Die Wirklichkeit und das Böse*. Hrsg. U. Derbolowsky. Hamburg 1970.
– *und E. Blumenthal, Eltern und Kinder, Freunde oder Feinde?* Stuttgart 1973.
Graf Dürckheim, K., *Der Ruf nach dem Meister*, Weilheim/Obb. 1973.
Erikson, E. H., *Einsicht und Verantwortung*, Stuttgart 1964.
Esslemunt, J. E., *Baha'u'llah und das neue Zeitalter*, Frankfurt/Main 1963.
Frankl, V., *Psychopathologie des Zeitgeistes*, Wien 1955.
Freud, A., *Einführung in die Technik der Kinderanalyse*, Fischer Taschenbuch 42111.
–, *Wege und Irrwege der Kinderentwicklung*, Bern/Stuttgart 1968.
Freud, S., *Vorlesungen zur Einführung in die Psychoanalyse*, Gesammelte Werke Bd. 11, Frankfurt/Main 1961.
Furutan, A., *Mothers, Fathers and Children*, Oxford 1980.
Hofstätter, P. R., *Gruppendynamik*, Hamburg 1957.
Jacobi, J., *Die Psychologie von C. G. Jung*, Olten 1971.
Jacobsen, R., *Kindersprache, Aphasie und allgemeine Lautgesetze*, Uppsala 1941.
Jaspers, K., *Philosophie*. 3 Bde. Berlin/Göttingen/Heidelberg 1956.
Jordan, D. C., Durchbruch zur Selbstverwirklichung. In: *Baha'i-Briefe*, Heft 37, 1969.
Lévi-Strauss, Cl., «The Family». In: Shapiro, H. L. (Hrsg.), *Man, Culture and Society*, New York 1956.
Mitscherlich, A., *Krankheit als Konflikt. Studien zur psychosomatischen Medizin II*, Frankfurt/Main 1967.

Niemöller, M., Vortrag an d. Weltkonstituante 1968 Interlaken. In: *Baha'i-Briefe*, Heft 35, S. 907–913, 1969.

Peseschkian, N., Lerne zu differenzieren, eine wichtige Aufgabe und Voraussetzung für die Gruppenpsychotherapie. In: *Die Wirklichkeit und das Böse*. Hrsg. U. Derbolowsky. Hamburg 1970.

–, Differenzierungsanalyse innerhalb der Gruppe. Vortr. a. d. Arbeitstagung d. Deutsch. Arbeitskreises für Gruppenpsychotherapie und Gruppendynamik (ADGG), Göttingen 7. bis 10. Okt. 1971.

–, Was ist Psychotherapie? Lerne zu differenzieren. Vortr. a. d. 9. internat. Kongreß f. Hypnose. Uppsala 1. bis 4. Juli 1973.

–, Kosmetische Chirurgie – und dann? In: *Medical Tribune* 8/42, S. 37, 1973.

–, Leistungsmotivation unter psychotherapeutischem Aspekt. In: *Gesundheit heute und morgen*. Hrsg. H. Karl, Wiesbaden. 10. Jg., H. 3/4, 1974.

–, Neue Behandlungsmöglichkeiten vegetativer Fehlsteuerung, dargestellt an einem Fall von Ulcus duodeni. Was haben Höflichkeit und Ordnung mit Magen- und Darmbeschwerden zu tun? Vortrag auf der 14. Tagung d. Arbeitskreises f. Neurovegetative Therapie, 3. Symp. d. Deutsch. Gesellschaft f. ärztl. Hypnose und Autogenes Training. Mainz 21. bis 24. Nov. 1973.

–, Kopfschmerzen in Abhängigkeit von sozialen Normen-Konflikten. Was haben Ordnung und Pünktlichkeit mit Kopfschmerzen zu tun? Vortr. a. d. Internat. Kopfschmerz-Symposion. Innsbruck 21. bis 23. April 1974.

–, Actual Capabilities as Aspects of Connotation in Interpersonal and Social Origination of Conflict Handling. Vortr. a. d. 5th Internat. Congress of Social Psychiatry. Athen 1. bis 7. Sept. 1974.

–, Psychotherapy as Re-Education. Vortr. a. d. 5th Internat. Congress of Social Psychiatry. Athen 1. bis 7. September 1974.

–, The Meaning of Norm-Conflicts in the Development of Psychosomatic Diseases. Vortr. a. d. 12th Internat. Congress of Internat. Medicine. Tel Aviv 8. bis 13. Sept. 1974.

–, Zum Beispiel Höflichkeit. In: *Sexualmedizin* 3, S. 506–510, 1974.

–, *Positive Psychotherapie. Theorie und Praxis einer neuen Methode*, Frankfurt 1977.

–, *Der Kaufmann und der Papagei: Orientalische Geschichten als Medien in der Psychotherapie*, Fischer Taschenbuch Bd. 3300, 1979.

–, »Der Körper sagt Nein«. Ein Beispiel für die »Positive Psychotherapie«, in: *Sexualmedizin*, 8, 115–118, 1979.

–, »Krankheitsmodelle: Jeder sieht etwas Richtiges, aber nicht alles«, in: *Erfahrungsheilkunde*, Bd. 28, 9, 718–722, 1979.

–, *Psychotherapie des Alltagslebens; Training zu Partnerschaftserziehung und Selbsthilfe*, Fischer Taschenbuch Bd. 1855, 1977.

–, *Positive Familientherapie; Eine Behandlungsmethode der Zukunft*, Fischer Taschenbuch Bd. 6761, 1982.

Rousseau, J. J., *Emilie ou sur l'education*. 1762. Deutsch: *Emil oder über die Erziehung*, Paderborn 1963.

Sager, C. J. und H. Singer Kaylan, *Handbuch der Ehe-, Familien- und Gruppen-Therapie*, München 1972.

Schmidbauer, W., Verwundbare Kindheit. In: *Praxis-Kurier* 3, S. 20, 1972.

Strotzka, H., *Einführung in die Sozialpsychiatrie*, Rowohlt-Taschenbuch, 1965.

Schön, D., »Psychologie der Generationsbeziehungen: Großeltern, Großelternsurrogat, Tradition«, unveröff. Arbeit, 1969.

Watzlawick, P., Beavin, J. H. u. Jackson, D. D., *Menschliche Kommunikation, Formen, Störungen, Paradoxien*, Bern 1969.
Weizsäcker, V. und D. Wyss, *Zwischen Medizin und Philosophie* Göttingen 1957.

Verzeichnis der Geschichten

Nossrat Peseschkian

Psychotherapie des Alltagslebens
Training zu Partnerschaftserziehung und Selbsthilfe
Band 1855

Der Kaufmann und der Papagei
Orientalische Geschichten als Medien
in der Psychotherapie
Band 3300

Positive Familientherapie
Eine Behandlungsmethode der Zukunft
Band 6761

Positive Psychotherapie
Band 6783

Psychosomatik und Positive Psychotherapie
Transkultureller und interdisziplinärer Ansatz
Band 11713

Auf der Suche nach Sinn
Psychotherapie der kleinen Schritte
Band 6770

33 und eine Form der Partnerschaft
Band 6792

Fischer Taschenbuch Verlag

fi 407 / 9

Geist und Psyche
Begründet von Nina Kindler 1964

Psychologische Ratgeber

Raymond Battegay
**Psychoanalytische
Neurosenlehre**
Band 12233

Eric Berne
**Was sagen Sie,
nachdem Sie
»Guten Tag«
gesagt haben?**
Band 42192

G. Biermann (Hg.)
**Kinder-
psychotherapie**
Handbuch zu
Theorie und Praxis
Band 12039

Leon Chertok
Hypnose
Band 42102

Gion Condrau
**Einführung in die
Psychotherapie**
Geschichte, Schulen,
Methoden, Praxis
Ein Lehrbuch
Band 42115

Heinrich Deserno
**Die Analyse und
das Arbeitsbündnis**
Kritik eines
Konzepts
Band 12131

Maurice Dongier
Neurosen
Band 42241

Ella Freeman
Sharpe
Traumanalyse
Band 11818

Anna Freud
**Einführung in
die Technik der
Kinderanalyse**
Band 42111

Gesellschaft für
wissenschaftliche
Gesprächs-
psychotherapie
**Die klientenzen-
trierte Gesprächs-
psychotherapie**
Band 42149

Tilmann Habermas
**Zur Geschichte
der Magersucht**
Band 11825

Peter Hamann
Kinderanalyse
Zur Theorie
und Technik
Band 11890

Fischer Taschenbuch Verlag

fi 356 / 15 a

Geist und Psyche

Begründet von Nina Kindler 1964

Psychologische Ratgeber

Evelyn Heinemann/
Udo Rauchfleisch/
Tilo Grüttner
**Gewalttätige
Kinder**
Psychoanalyse
und Pädagogik
in Schule, Heim
und Therapie
Band 10760

Karen Horney
Selbstanalyse
Band 12571

Sheldon B. Kopp
**Das Ende
der Unschuld**
Ohne Illusion
leben
Band 11375

Michael L. Moeller
Anders helfen
Band 11013

H. Nagera (Hg.)
**Psychoanalytische
Grundbegriffe**
Band 42288

Erich Neumann
**Zur Psychologie
des Weiblichen**
Band 42051

Gertrud Orff
**Die Orff-Musik-
Therapie**
Band 42193

Badi Panahi
**Grundlagen
der modernen
Psychotherapie**
Band 12021

N. Peseschkian
**Psychosomatik
und Positive
Psychotherapie**
Band 11713

Erving und
Miriam Polster
Gestalttherapie
Band 42150

Carl R. Rogers
**Therapeut
und Klient**
Band 42250

Ernst Simmel
**Psychoanalyse und
ihre Anwendungen**
Band 11348

Daniel Widlöcher
**Was eine Kinder-
zeichnung verrät**
Band 42254

Hans Zulliger
**Umgang mit
dem kindlichen
Gewissen**
Band 42324

Fischer Taschenbuch Verlag

fi 356 / 18 b

Geist und Psyche

Begründet von Nina Kindler 1964

Psychoanalyse

Stavros Mentzos
**Neurotische Kon-
fliktverarbeitung**
Band 42239
Hysterie
Band 42212

Herausgegeben von
Stavros Mentzos
Angstneurose
Band 42266

M. Mitscherlich
Erinnerungsarbeit
Zur Psychoanalyse
der Unfähigkeit
zu trauern
Band 11617

Herausgegeben von
Humberto Nagera
**Psychoanalytische
Grundbegriffe**
Band 42288

Badi Panahi
**Grundlagen
der modernen
Psychotherapie**
Ihre Quellen in
Wissenschaft und
Philosophie
Band 12021

Herausgegeben von
Harald Pühl/
W. Schmidbauer
**Supervision und
Psychoanalyse**
Selbstreflexion der
helfenden Berufe
Band 10599

David Rapaport
**Gefühl und
Erinnerung**
Band 11817

J. Reichmayr
**Spurensuche in
der Geschichte
der Psychoanalyse**
Band 11727

Ernst Simmel
**Psychoanalyse und
ihre Anwendungen**
Ausgewählte
Schriften
Band 11348

Hans Strotzka
Macht
Ein psychoanaly-
tischer Essay
Band 42303

D.W. Winnicott
**Von der Kinder-
heilkunde zur
Psychoanalyse**
Aus den
»Collected Papers«
Band 42249

Fischer Taschenbuch Verlag

fi 350 / 3 b